古典文獻研究輯刊

三八編

潘美月・杜潔祥 主編

第 5 冊

版本學傳習錄（上）

曹之著、司馬朝軍修訂

國家圖書館出版品預行編目資料

版本學傳習錄（上）／曹之著、司馬朝軍修訂 -- 初版 -- 新北
市：花木蘭文化事業有限公司，2024〔民 113〕
序 8+ 目 6+236 面；19×26 公分
（古典文獻研究輯刊 三八編；第 5 冊）
ISBN 978-626-344-708-0（精裝）
1.CST：古籍 2.CST：版本學
011.08   112022571

古典文獻研究輯刊
三八編 第 五 冊   ISBN：978-626-344-708-0

版本學傳習錄（上）

作　　者　曹之（著）、司馬朝軍（修訂）
主　　編　潘美月、杜潔祥
總 編 輯　杜潔祥
副總編輯　楊嘉樂
編輯主任　許郁翎
編　　輯　潘玟靜、蔡正宣　美術編輯　陳逸婷
出　　版　花木蘭文化事業有限公司
發 行 人　高小娟
聯絡地址　235 新北市中和區中安街七二號十三樓
　　　　　電話：02-2923-1455 ／傳真：02-2923-1452
網　　址　http://www.huamulan.tw 信箱 service@huamulans.com
印　　刷　普羅文化出版廣告事業
初　　版　2024 年 3 月
定　　價　三八編 60 冊（精裝）新台幣 156,000 元

版本學傳習錄（上）

曹之著、司馬朝軍修訂

作者簡介

曹之（1944 年 10 月 4 日～ 2021 年 11 月 1 日），河南滎陽人。生前長期擔任武漢大學信息管理學院教授、博士生導師。代表作有《中國印刷術的起源》、《中國古籍版本學》。《中國古籍版本學》1995 年獲教育部全國高校優秀教材一等獎，1997 年獲國家級教學成果獎二等獎；《中國印刷術的起源》1998 年獲教育部第二屆人文社會科學研究成果獎二等獎；《中國古籍編撰史》獲 2003 年教育部第三屆人文社科研究成果獎二等獎。主編《中國圖書文化史叢書》。曹先生精心營造了一個「大文獻學」體系，培養了眾多的弟子，開創了一個以實證為特色的文獻學流派。

司馬朝軍，上海社會科學院歷史研究所研究員，曹門第一個博士研究生，志在光大師說。

提　　要

本書建立了中國古籍版本學的完整體系，全面論述了中國古籍版本學的基本理論。其中，古籍版本學史、寫本源流、雕版起源、考訂一書版本源流等內容尤富新意。本書分概論、源流、鑑定三編，大體上根據曹之先生《中國古籍版本學》並加以濃縮、修改，刪去了部分章節，也增補了若干內容。附錄司馬朝軍所擬增訂版《中國古籍善本書目》標書論證方案。這部分內容也是對前面主幹的補充與拓展。

本書為司馬朝軍教授主編的「文獻學傳習錄」中的一種，可供高等學校文科各專業使用，也是古籍整理、圖書館學、出版發行等專業人員以及文史愛好者的必備參考書。

追悼業師泊如齋先生

司馬朝軍

一

道上忽聞師火化，同群剎那淚滂沱。
兩行倦鳥迷歸路，一代名家委逝波。
豈戀江南春夢好，不堪人世病魔多。
櫻花館裏音容在，談笑風生入古歌。

二

師法千秋有異同，卅年苦鬥樹門風。
高文未許三曹敵，直節堪為一代雄。
四庫全書開曠路，千家舊注啟新蒙。
神州正作存亡戰，瓣瓣心香祭泊翁。

三

一路劬勞關廢興，薪傳接力賀來人。
先師創業垂今古，後輩追蹤掃故塵。
四庫新書齊破立，千家舊注共沉淪。
狂夫喜作黃錢譜，半惜清茶半惜春。

第一版曹之先生自序

曹　之

　　浩如煙海的中國古籍是一筆極可寶貴的文化遺產，它向人們展示了中華民族極為燦爛的古代文化。版本學僅僅是它的一個側面，嘗鼎一臠，或可領略嘉肴之旨。

　　我於 1985 年承乏編寫之役，該書忝列國家教委「七五」教材編選計劃。近幾年來，已有數種古籍版本學專著問世，這些著作各有所長，受到人們的重視。除了利用時賢的研究成果之外，本書試圖在以下七個方面有所作為：

　　（一）建立中國古籍版本學的完整體系；

　　（二）完善中國古籍版本學的基本理論；

　　（三）研究中國古籍版本學的發展歷史；

　　（四）重視寫本在版本源流中的歷史地位；

　　（五）重視雕版印刷起源在版本源流中的歷史地位；

　　（六）鑒定古籍版本，既重形式，更重內容；

　　（七）把考訂一書版本源流作為中國古籍版本學的重要研究課題之一。

　　在寫作過程中，我採用化整為零的方法把全書分為數十個專題，各個擊破。在撰寫各個專題的時候，既重文獻資料，更重實物證據。例如我寫「毛晉刻書」專題時，一方面查閱了大量有關毛本的書目、題跋等，單在《四庫全書總目》裏，我竟找到有關毛本的 102 條資料；另一方面，又認真研究了傳世毛本《十七史》、《津逮秘書》、《禪月集》、《中吳紀聞》、《神農本草經疏》等。然後對文獻和實物進行綜合分析，寫出初稿。為了發掘更多、更新的文獻資料，我披閱了不少古代圖書，飽嘗了大海撈針的痛苦和歡樂；為了獲得更多的實物

證據，我曾多次外出訪書，經眼古籍，日有所增。就是這樣，一個專題接著一個專題，五易寒暑，六易其稿，終於殺青付梓。儘管如此，由於古籍版本情況複雜，加上本人學識卑陋，缺點甚至錯誤肯定不少。「嚶其鳴矣，求其友聲。」我期待著同志們的批評。

在寫作過程中，先後得到廖延唐、廖源蘭、劉昭芸、徐孝宓、陽海清、崔建英、冀淑英、魏隱儒、王紹曾、鄭如斯以及武漢大學圖書情報學院彭斐章、謝灼華、查啟森、喬好勤諸先生的幫助，武漢大學出版社趙捷同志也提出不少修改意見，在此一併致謝。

著者
1990 年國慶節於珞珈山望湖樓

第二版曹之先生自序

曹　之

　　時光荏苒，歲月如流。《中國古籍版本學》從 1992 年 5 月付梓，至今已逾十五春秋。十五年來，該書已經三次重印，承賜教育部獎勵一項、國家級獎勵一項，並忝列《國學精粹叢書》，在臺灣以繁體字版行。盛名之下，其實難副。撫心自問，本人學慚窺豹，業愧囊螢，該書的問題實在不少。加之在第三次印刷時，雙眼白內障已發展到不能正常工作的地步，校對託人代庖，錯訛未能悉改，從而貽誤讀者，常有負罪之感。十五年來，修訂工作如蠶之吐絲，如蜂之釀蜜，一星星，一點點，未嘗稍息。每有所得，輒標記書眉：有疑似處，或打「？」；有錯訛處，或打「X」；有肯綮處，或用朱筆；有增補處，或以墨書。天長日久，密行端楷，密密麻麻，朱墨燦爛，幾無隙紙。此次修訂，堪稱累年修訂之小結。茲將修訂內容說明如下。

　　首先，《古籍版本學史略》是本次修訂的重點內容之一。長期以來，學界關於古籍版本學歷史的發展源流聚訟紛紜，莫衷一是，原因在於標準不明。我認為，衡量古籍版本學產生、發展的標準有四條：一是同書異本，這是古籍版本學的物質基礎。二是同書異本的研究，這是古籍版本學的學術基礎。三是善本問題，這是研究版本源流、版本鑒定的目的。四是版本學專著、版本目錄等，這是版本學研究的標誌性成果，也是古籍版本學研究的結晶。據此，我擬把古籍版本學研究的歷史分為四期：先秦兩漢為古籍版本學的產生期；魏晉南北朝和隋唐五代為古籍版本學的發展期；宋元為古籍版本學的成熟期；明清為古籍版本學的繁榮期。此章內容重新撰寫，是修訂用力最多的一章。

　　其次，中國印刷術的起源關係到古籍版本從寫本到印本的劃時代轉變，是研究古籍版本源流的關鍵之一。目前，對於這個問題的研究仍然薄弱，根據

片言隻語匆忙作出結論的研究者仍然屢見不鮮。雕版印刷是社會文化長期積累沉澱的產物，應該全方位、多學科地加以研究。本人不揣鄙陋，已有專著《中國印刷術的起源》於 1994 年在武漢大學出版社出版。儘管印刷術起源是古籍版本學的重要內容之一，但在這次修訂時，還是把此章內容全部刪掉。刪掉它，旨在簡約，非輕視也。對印刷術起源有興趣的讀者，可參看《中國印刷術的起源》一書，該書也同時列入武漢大學出版社的修訂出版計劃，本人擬於近期進行大幅度修訂。

另外，插圖由原來的 34 幅增至 133 幅。在我國古代，「圖」和「書」的關係非常密切，「圖書」二字並稱，就反映了「圖」和「書」的歷史淵源關係。漢代劉向、劉歆等《七略》因為沒有為圖譜設立專類，而受到宋代鄭樵的苛責：「歆、向之罪，上通於天！」（《通志‧圖譜略》）《七略》的功勳彪炳史冊，不重視圖譜，雖然不能說是「滔天罪行」，但確為美中不足。插圖為古代出版的光榮傳統，應該發揚而光大之。

最後，修訂本還對不少問題進行反思。關於古籍數量、歷代抄書、歷代刻書、西夏刻書、毛晉刻書、四堡刻書、新安刻書、版本鑒定、歷代避諱、歷代字體、版本作偽、古籍善本等，幾乎每個章節都增補了新的內容，恕不一一贅述。

在修訂本出版的時候，我仍然有誠惶誠恐的感覺，因為古籍數量太多，版本繁雜，水平所限，不可能畢其功於一役。我只能這樣說：修訂本只是階段性成果，而非最終成果。如果天假有年，我準備第二次、第三次修訂。古籍版本學與時俱進，修訂的過程是漫長的，它伴隨著圖書流傳的始終。「路漫漫其修遠兮，吾將上下而求索。」生命不息，修訂不止。

本書在修訂過程中，得到「985」工程項目、武漢大學重大科研項目《四庫全書總目匯考》和武漢大學教務處的資助，武漢大學出版社副編審嚴紅女士多所用心，江蘇鹽城師範學院姜漢卿先生多所指正，武漢大學圖書館黃鵬和李玉安二先生、博士生馬劉鳳和王海剛、碩士生霍豔芳和章良等亦鼎力襄助，在此一併致謝。

曹之

2006 年 11 月 6 日於泊如齋

修訂版序言

司馬朝軍

曹之先生在原版的引論部分設有「最基本的訓練」一小節，略云：

為了勝任古籍版本學的研究工作，研究人員應著重進行如下幾個方面的基本訓練：

第一，必須具備廣博的文史知識。古代天文、曆法、音樂、地理、職官、禮俗、宗法等都與今日不同，甚或大相徑庭。今日學科如林，學者專攻其一，而古人治學就沒有那麼多學科可供選擇，往往山海包容，以博取勝。從漢代的鄭玄到清代的乾嘉學派，無一不是博大精深。作為反映他們學術成果的古籍，往往兼收並蓄、搜羅無遺，從而內容就顯得斑駁陸離，不一而足。從事古籍版本學研究的人，如果不具備廣博的文史知識，就難以開展工作。宋鄭樵《通志·藝文略》云：「古人之言所以難明者，非曰書之理意難明也，實為書之事物難明也。」要弄明書之事物，非懂文史不可，多多益善。

第二，必須具備目錄學和校勘學知識。版本學、目錄學、校勘學是三門互為依存、相得益彰的學科，因此，治版本的人必須兼治目錄、校勘二學。在目錄學方面，要把古典目錄學作為重點，熟悉歷代公私藏書目錄和史志目錄的收書範圍和分類情況，一旦需要查找某書，如探囊取物，不假思索，就能信手拈來。例如要找宋代某書，很快就能想起《郡齋讀書志》、《直齋書錄解題》、《宋史·藝文志》、《崇文總目》等。在校勘學方面，要懂得對校、本校、他校、理校等基本校書方法，善於比較同書異本的內容差別。如果條件許可，最好自己能夠親自點校一書，這對自己提高最大。例如研究印刷術

起源，常常有人抓住片言隻語，就匆忙作出結論。如果能夠運用目錄學和校勘學知識，弄清這些片言隻語的版本源流，結論就會更加準確一些。

第三，必須熟練掌握各類文史工具書的使用方法。研究古籍版本學需要廣博的文史知識，但是人們的記憶能力畢竟有限，人的大腦不可能像計算機那樣貯存大量信息。這就需要工具書作為得力助手。治版本的人，必須熟練掌握各類文史工具書的功用、體例和使用方法。例如藏書印在各種古籍版本中屢見不鮮，為了弄清古籍版本的流傳源流，我們必須能夠識讀印文。如果不能識讀，就要熟悉收錄各種藏書印的工具書。例如孫學雷、董光和編《中國國家圖書館古籍藏書印選編》（線裝書局 2004 年版）收錄了國家圖書館分館 170 萬冊古籍的近 6000 方印章（共 10 冊），可謂藏書印之淵藪。除了可以作為古籍書影使用之外，該書是一部識讀古籍藏書印的一部重要工具書，要熟悉這部書的查找方法。

第四，必須熟讀版本學家所寫的古籍題跋、書目提要和有關專著。古籍題跋和書目提要雖然不是系統的版本學講義，沒有讓你從第一章讀到最後一章，但是每篇題跋或提要都是版本學家精心考證版本的結晶，正反映了他們鑒定版本的方法。凡是已有定評的版本學家，他們所寫的題跋或提要，全部就說明著「應該怎樣鑒定版本」。他山之石，可以攻玉。借鑒前人的經驗，是不斷提高自己的重要方法。除了書目題跋、提要之外，還應該認真研讀有關版本學專著。

當然，鑒定古籍版本是一項實踐性很強的工作，光是紙上談兵是不夠的。傅增湘、王重民為什麼能夠成為海內外知名的古籍版本學家？一個重要原因就是他們親手鑒定的書實在太多。《藏園群書經眼錄》著錄了傅增湘鑒定的 4500 種古籍，《中國善本書提要》著錄了王重民鑒定的 4300 種古籍，這兩個數字還不是他們鑒定圖書的全部。我們要盡可能多多參加鑒定版本的實踐活動。

以上所述本是學習版本學的基本目標與任務，也是學習版本學的路徑與方法。現在將它移到序言部分，這是為了開宗明義。曹先生是一位成功的導師，循循善誘，誨人不倦。我今生今世最大的幸事就是成為他的開門弟子，

在他的親自指導下改變命運。我以自身的經歷告訴大家,曹先生所指示的門徑無一不是他幾十年寶貴經驗的總結。如果我們一一遵行,入門不難,深造也是指日可待的。

司馬朝軍

2023 年 6 月 4 日於震旦園

目次

第一編　古籍版本學引論

第一章　古籍版本與古籍版本學

　　浩如煙海的古籍是中華文化的載體。從版本的角度進行研究很有必要。既然稱為「古籍版本學」，那就必須從理論上加以論證。本章擬就古籍版本學的定義、研究對象、研究內容、與相關學科的關係、研究的意義、研究方法、古籍的結構、版本類別等問題加以論述。

一、什麼是古籍

　　人們常常用「浩如煙海」「汗牛充棟」等詞語形容我國古籍數量之多。截止目前，我國現存古籍還沒有較為精確的統計數字，這是因為：

　　（一）我國歷史悠久，古籍數量實在太多，加上許多古籍正在清理之中，確實不易統計；

　　（二）古籍收藏單位太多，分布地區太廣（包括臺灣省在內），確實不便統計；

　　（三）1950 年以來，除了地方志、善本書等少數門類的古籍之外，尚未對所有傳世古籍進行過認真的普查。

　　儘管如此，根據有關資料，我們還是可能對傳世古籍數量作一個粗略的估計。

　　《魏書‧陳奇傳》云：「奇冗散數年，高允與奇讎溫古籍。」這是「古籍」二字見於古代文獻的最早記載之一。在對傳世古籍數量進行估計之前，首先必須弄清「古籍」二字的含義，否則，不明確「古籍」的範圍，就無法進行估計。那麼，到底什麼是古籍呢？近年論者聚訟紛紜，莫衷一是。歸納起來，有以下四種說法：

　　（一）以裝訂形式作為標準，凡是線裝書都叫古籍。這種說法貌似有理，其實並不恰當，因為古籍除了線裝之外，還可能是卷軸裝、旋風裝、經摺裝、蝴蝶裝、包背裝等，把線裝以外的其他形式排斥在外，顯然不妥。另外，即使是線裝書，也不一定都是古代製作的，例如章太炎、章士釗等人的作品都出過線裝本，當然不能把它們算做古籍。

　　（二）以語言表達形式為標準，凡是用古代漢語寫成的著作都叫古籍。這種說法有兩個局限性：其一，我國是一個多民族的國家，除了漢語之外，還有蒙語、藏語、滿語、維吾爾語等眾多的少數民族語言，把古人用其他語種所寫的書排斥於「古籍」之外，顯然是不妥的；其二，近代甚至現代，還有一些人（如馬一浮、楊樹達、劉永濟、黃焯等人）用古代漢語著書立說，顯然不能把他們的著作當做「古籍」。

　　（三）以著者時代作為標準，凡是古人所著之書都叫古籍。這種說法主張把新版平裝本也包括進去，例如中華書局點校本《二十四史》都是古人所著，也屬於「古籍」。這裡「古籍」的概念是廣義的，不能算錯。就學術價值而言，許多古籍的新版平裝本往往比古代許多本子要好得多，是真正的善本書，因為許多平裝本都是聘請有關專家綜合各種本子校勘過的，比較接近原書的本來面目，確實值得重視。但是，很多圖書館出於保管和利用的特殊需要，往往採用「古籍」的狹義概念，即認為古代抄寫、印刷的圖書才叫「古籍」。這樣做也有道理。首先，就保管的角度而言，古代抄寫、印刷的圖書具有文物價值，宋元刻本甚至被當做無價之寶，而平裝本物雖美而價也廉，就目前來說，還談不上文物價值，二者應該區別對待。其次，就利用的角度而言，雖然現在出了不少古籍平裝本，但是，絕大多數古籍還沒有整理，還沒有出過平裝本，讀者查找古代資料，主要依靠古代抄寫、印刷的圖書。而這些圖書都具有文物價值，失而不可復得，在讀者範圍、借閱制度等方面與平裝古籍也應有所區別。另外，就版本的角度而言，古代抄寫、印刷的圖書與古籍新版平裝本也大不一樣，需要將二者加以區分，進行專門的研究。基於上述原因，本書所採取的正是「古籍」的狹義概念。

　　（四）以成書年代作為標準。其中，又有三種不同的說法：一是以 1840 年鴉片戰爭為界，凡是盤 40 年以前抄寫、印刷的圖書都叫古籍。這種說法把清代後期的大量圖書排斥在外，顯然不妥；二是以 1919 年五四運動為界，凡是 1919 年以前抄寫、出版的圖書都叫古籍。這種說法把近代資產階級革命家

的著作劃入「古籍」之中，也不妥當；三是以 1911 年辛亥革命為界，凡是 1911
年以前抄寫、印刷的圖書都叫「古籍」。這種說法得到了絕大多數人的認可，
因為 1911 年辛亥革命推翻了中國歷史上最後一個封建王朝，從此，中國社會
進入一個新的歷史時期。成書年以 1911 年為界，既包括了 1911 年以前的卷軸
裝、旋風裝、經摺裝、蝴蝶裝、包背裝、線裝等各種裝訂形式的圖書，又排除
了 1911 年以後的古籍新版平裝本；既包括了清代後期的圖書和用少數民族語
言寫成的古籍，又排除了近人用古代漢語寫成的著作、近代資產階級革命家的
著作。當然，這裡所謂成書年是因時而異、與時俱進的。現在把時間下限定在
1911 年，再過幾百年（甚至數十）這個時間下限肯定要變化。

綜上所述，本書所謂古籍的概念是狹義的，是指 1911 年以前抄寫、出版
的圖書。但是需要指出，上述時間下限是粗線條的。出於保管和利用的需要，
民國時期出版的線裝圖書（古人所著），通常仍然當做古籍看待。

二、版本與古籍版本學

什麼是版本？什麼是古籍版本學？古籍版本學的研究內容是什麼？論者
各執一詞，迄無定論。

「版本」釋名

《說文解字》釋「版」：「判也，從片，反聲。」（段玉裁《說文解字注》
云：「片也，舊作判也，淺人所改，今正。」）釋「片」：「判木也，從半木，凡
片之屬皆從片。」據此，「版」之本義是「片也」，「片」是「半木」之意。那
麼，「版」字為什麼當片講呢？因為「版」是木之解體，已非全木，木解體而
為片，有建築房屋、製作家具等功能，當然也可以作為製作簡牘、雕刻文字之
用。段玉裁說：「凡施於宮室器用者，皆曰版。今字作板。」〔註 1〕這就是說，
版、板二字為古今字。《說文解字》釋「牘」：「書版也。」

《說文解字》釋「本」：「木下曰本，從木，一在其下。」說明「本」的
本意是樹根，引申而為根基、原始、本原等。「本」作為底本講，始見於劉向
《別錄》：

> 一人讀書，校其上下，得謬誤，為「校」。一人持本，一人讀書，
> 若怨家相對。〔註 2〕

〔註 1〕《說文解字注》卷七釋「版」，上海古籍出版社，1981 年版。
〔註 2〕馬楠：《劉向〈別錄〉「一人持本」考述》，《文史哲》2021 年第 1 期。

為什麼稱書為「本」呢？清葉德輝《書林清話‧書之稱本》云：

> 今人稱書之下邊曰書根，乃知本者，因根而計數之詞……吾謂
> 書本由卷子折疊而成，卷不如折本翻閱之便，其制當興於秦漢間……
> 《太平御覽》學部正謬誤類引《劉向別傳》曰：「讎校者，一人持本，
> 一人讀折，若怨家相對，故曰讎也。」夫不曰持卷，而曰持本，則
> 為折本可知。

這就是說，書之稱本，源於折本的「因根而計數」。這種解釋有三個問題值得
商榷：第一，葉氏所謂折本，是指那種行款皆有定制的冊頁裝。古籍裝訂史告
訴我們：直到唐代，卷軸裝仍然是一種主要的裝訂形式。韓愈《送諸葛覺往隨
州讀書》詩云：「鄴侯家多書，插架三萬軸。一一懸牙籤，新若手未觸。為人
強記覽，過眼不再讀。偉哉群聖文，磊落載其腹。」〔註3〕鄴侯李泌的三萬卷
藏書都是卷軸裝，唐代卷軸之盛於此可見一斑。漢代劉向所整理的國家藏書，
不可能是冊頁裝。第二，書根是指冊頁裝書籍的下部，這個名稱是後代才有
的，劉向所在的漢代還沒有書根這個詞。既然沒有，何能因根而計數？第三，
本和書的區別何在？葉氏也沒有講清。其實，劉向所謂本，並非書之同義語。
書是指中書、太史書、臣向書、臣富參書等據以校勘的中外藏書，而本專指校
勘之後尚未抄寫的定本。這和現在的情況有些相似，付印稿一般不能稱為書，
只能稱為稿本。《余嘉錫論學雜著‧書冊制度考》曾對本字做過很好的解樣：

> 尋《風俗通》之意，「一人持本」者，持竹簡所書改易刊定之本；
> 「一人讀書」者，讀傳寫上素之書也。以油素之書寫自竹簡，則竹
> 簡之書為原本，故呼曰「本」。其後簡策之制既廢，寫書者借人之書
> 傳錄，則呼所借者為「本」。《後漢書‧延篤傳》注引《先賢行狀》
> 曰：「延篤欲寫《左氏傳》，無紙，乃借本諷之。」是其事也。凡書無
> 不可傳寫者，因有「書本」之名矣。

這樣解釋，符合「本」的原意，因為無論校勘之後尚未抄寫的定本也好，或者
據以傳錄的借本也罷，都有原始、根據的意思。只是到了後來，因為「凡書無
不可傳寫」，「書」「本」二字才逐漸通用，沒有那麼嚴格的界限了。例如《梁
書‧任昉傳》：「昉雖家貧，聚書至萬餘卷，率多異本。」這裡「本」就是書。
北齊顏之推《顏氏家訓‧書證》列舉了江南本、河北本、俗本等，其中「本」
也是「書」。

〔註3〕《全唐詩》卷三四三，上海古籍出版社1988年版。

「版本」二字連用始於宋代，據《宋史・李覺傳》：

　　　淳化初，上以經書版本有田敏輒刪去者數字，命覺與孔維詳定。

這是「版本」一詞見於宋代文獻最早的記載之一。當然，宋代「版本」二字見諸文獻記載者還有多處，例如：

　　　《韓文考異》大字以國子監版本為主，而注其同異，辨其是非，

　斷其取捨。〔註4〕

　　　尹少稷強記，日能誦麻沙版本書厚一寸。〔註5〕

不過，宋代所謂版本單指刻本，並不包括寫本在內。元明以後，隨著雕版印刷的發展和圖書製作方式的複雜化，「版本」二字的含義逐漸擴大，成為一書各種本子的總稱。也就是說，除了刻本之外，還包括寫本、活字本、套印本、插圖本、石印本，等等。最後，我們似可對「版本」的定義作出如下表述：由特定工藝製作的、具有特定形式和內容的圖書物質形態。

古籍版本學及其研究內容

早在先秦兩漢，版本隨著圖書的產生而產生；秦漢以後，版本又伴隨著圖書的發展而發展。歷史把圖書、版本、讀者三者緊緊地攢在一起，不可分離。版本是讀者不可一日或缺的親密伴侶，許多人對它進行過深入的研究，遂成專門之學。古籍版本學的研究對象是寫本、拓本、刻本、活字本、套印本、插圖本等一切形式的圖書版本。其中，寫本和刻本是其重點研究對象，因為無論從圖書版本的發展歷史來看，還是從圖書版本的流傳情況來看，寫本和刻本都是我國古籍的主要組成部分。那麼，什麼是古籍版本學呢？古籍版本學是研究古籍版本源流以及古籍版本鑒定規律的一門學科。版本源流有廣狹二義：從廣義上說，是指古籍製作方式的演變源流；從狹義上說，是指每種圖書版本的演變源流。

古籍版本學的研究內容應該包括以下五個方面：

第一，古籍版本學的基本理論，其中包括古籍版本學的研究對象及其研究內容，古籍版本學與相關學科的關係，研究古籍版本學的意義和方法等。

第二，古籍版本學的發展歷史，其中包括古籍版本學的發展階段，各階段的同書異本研究、善本觀、標誌性成果等。

第三，古籍製作方式的演變源流，其中包括寫本源流、刻本源流等。

〔註4〕朱熹《晦庵集・與伯謨書》。
〔註5〕陸游《老學庵筆記》卷五。

　　第四，單種（含叢書）圖書版本的演變源流，其中包括版本數量、版本系統、版本優劣等。

　　第五，古籍版本鑒定的規律，其中包括內容和形式兩個方面。

　　以上五個方面的內容緊密聯繫，缺一不可。古籍版本學的基本理論關係到古籍版本學的體系建設，是古籍版本學的總綱，綱舉目張。目前，關於這方面的研究仍然是一個薄弱環節。

　　古籍版本學不是從天上掉下來的，不是人為製造的一門學科。它有自己悠久的歷史，古人在這方面已經作了大量的研究工作，今天的古籍版本學研究正是古人版本學研究的繼續。研究古籍版本學史是為了借鑒古人的研究成果，把當代的研究工作推向前進。綜觀版本學史，可知影響版本學發展的因素有三個：一是社會的安定情況。社會安定與否是包括古籍版本學在內的所有學科得以發展的決定因素。二是圖書版本的數量。圖書版本是古籍版本學研究的對象，是古籍版本學得以發展的物質基礎。三是整個學術發展的情況。學術繁榮需要版本學的幫助；版本學繁榮也需要學術研究的推動。在學術活動中，目錄學和校勘學的發展情況尤其重要。古籍版本學同目錄學、校勘學的關係非常密切，「一損俱損，一榮俱榮」。以上三個因素互相聯繫，缺一不可。鑒於上述因素的影響，我們擬把古籍版本學的發展歷史劃分為四個時期：（一）從先秦到兩漢為版本學的產生時期；（二）從魏晉南北朝到隋唐五代為版本學的發展時期；（三）宋元為版本學的成熟時期；（四）明清為版本學的繁榮時期。或者認為，古籍版本學始於清代，清代以前還沒有這門學問。這種說法值得研究。古籍版本學研究同任何事物一樣，經歷了一個從小到大、從弱到強、從低級到高級的發展過程。清代古籍版本學成就之大、水平之高，並不是一蹴而就的，它是在前人研究的基礎上逐步發展起來的。沒有前人的基石，就不可能有清人的高樓大廈。正如人的一生要經歷童年、青年、成年的成長過程一樣，儘管童年和青年時期不大成熟，甚至幼稚可笑，但同樣要一視同「人」。童年和青年是長大成人的必由之路。沒有童年和青年，也就沒有成年。同理，古籍版本學也要經歷從童年、青年到成年的成長過程。如果說，清代版本學處於壯年時期，那麼清代以前的版本學就是童年、青年和成年時期，否定這一點，就違背了事物發展的規律。

　　研究古籍製作方式的演變源流，研究歷代抄書或刻書情況，是為了從整體上把握歷代圖書版本的製作情況，為鑒定古籍版本和考訂一書的版本源流作好準備。它像山水名勝的導遊圖，先給遊客描繪一條清晰的旅遊路線，告訴遊

客各個旅遊點的方位、內容和特點。遊客沿著指定的路線，可以準確到達各個旅遊點。如果沒有這張導遊圖，遊客就可能多走彎路，甚至迷失方向，墜入五里霧中。例如當你研究了古代泥活字的發展源流之後，知道宋代畢昇泥活字沒有傳本，流傳至今者只有清代翟金生、李瑤泥活字數種。這樣，在鑒定版本的時候，就不會輕易把其他活字本說成是畢昇泥活字本。或者認為，從事古籍版本鑒定沒有必要過多地研究古籍製作方式演變源流。這種觀點也值得商榷。從事古籍版本鑒定必須研究古籍製作方式演變源流，不瞭解古籍製作方式演變源流，就不能做好古籍版本鑒定。這就好像鑒定一件新的產品，如果不瞭解產品製作的工藝流程，那就無從鑒定。只有科學的工藝流程，才可能生產出第一流的產品；非科學的工藝流程，只能生產偽劣產品。從工藝流程入手鑒定產品，才是抓住了根本，才能得出正確的結論。古籍版本同新產品一樣，它是特定製作流程的產物，查一查它的製作流程，就大體知道了它的優劣。既然如此，一個從事古籍版本鑒定的人，怎麼能置古籍製作方式演變源流於不顧呢？

　　古籍製作方式的演變源流與單種圖書版本的演變源流有著十分密切的關係：一方面，研究古籍製作方式的演變源流可以促進單種圖書版本演變源流的研究，某朝某代抄書、刻書情況如何，事先心中有數，可以減少甚至避免單種圖書版本演變源流研究中的盲目性。另一方面，研究單種圖書版本的演變源流反過來也能促進整個古籍製作方式演變源流的研究。對於單種圖書的版本源流知之越多，就越能把握整個古籍的製作方式演變源流，因為整個古籍製作方式的演變源流是單種圖書版本演變源流的總和。

　　鑒定古籍版本不外內容、形式兩途：在內容方面，包括審查卷數、編例、學術源流、名物制度、內容時限、篇目、文字等；在形式方面，包括審查書名頁、序跋、卷端、避諱、牌記、行款、字體、刻工、裝訂、紙張、藏書印、室名等。或者認為，鑒定古籍版本，只要抓住版式、字體、紙張等形式特徵就行了，不必深究內容。此說不全面，任何事物的存在，都表現為內容和形式兩個方面。這兩個方面互相聯繫，缺一不可。譬如瞭解一個人，不僅要知道他的外貌衣著、高矮胖瘦，而且更重要的是要知道他的脾氣性格、興趣愛好等內在特徵。如果單純「以衣貌取人」，就會犯極大的錯誤。《纂圖互注揚子法言》通行本為刻印俱佳的明顧氏世德堂本，宋代建本傳世既久，漫漶模糊，不為世重。當年傅增湘曾取二本對勘一過，訂正世德堂本二百餘字，增補脫漏多處。為此傅增湘感慨繫之，他說：

> 夫世德堂本開板宏朗，精美悅目，號為善本，非兼金不易致，
> 豈意其奪訛盈目，轉不如此陋刊坊本之為愈乎！以此知讀者貴得古
> 本，要必悉心玩誦，乃知其勝。惜乎皮相者多，而真賞者日少，為
> 足歎也！〔註6〕

這裡所謂皮相，即通常所謂觀風望氣。皮相僅能知其外表，真賞才能知其裏層。

三、古籍版本學與相關學科的關係

古籍版本學與目錄學、校勘學是互為依存、相得益彰的關係。正因為三者是一家之學，所以劉向才能集三者於一身。不惟劉向，後來的晁公武、尤袤、陳振孫、錢曾、紀昀、黃丕烈、顧廣圻，直到現代的張元濟、傅增湘、王重民等，無一不是集目錄學、校勘學和版本學於一身。

古籍版本學與目錄學的關係

首先，古籍版本學離不開目錄學，這主要表現在以下三個方面：（一）考證一書的版本源流離不開目錄學（詳第三編第十三章第二節）。（二）鑒定古籍版本離不開目錄學。鑒定古籍版本固然要以圖書本身的種種特徵作為依據，但是古籍書目這個輔助工具也是必不可少的。（三）古籍版本鑒定成果的揭示離不開目錄學。鑒定成果出來以後，必須運用目錄加以宣傳，這樣的目錄通常叫做版本目錄。有些版本目錄著錄過於簡單，僅記宋本、明本而已。余嘉錫《藏園群書題記序》云：

> 余謂欲著某書之為何本，不當僅言宋刊本、明刊本已也，刻書
> 之時有不同、地有不同、人有不同，則其書必不盡同，故時當記其
> 紀元干支，地當記其州府坊肆，人當記其姓名別號。又不第此也，
> 更當記其卷帙之分合、篇章之完闕、文字之同異，而後某書之為某
> 書與否，庶乎其有可考也。

由此看來，編纂一部高質量的版本目錄，並非易事。

同樣，目錄學也離不開古籍版本學，這主要表現在以下兩個方面：（一）書目著錄離不開版本學。一般書目著錄包括書名、卷數、著者、版本等項內容，版本項與版本學的關係不言而喻。此外，書名、卷數、著者等項內容也與版本學有關。例如同書異名就有個版本問題，知道了不同版本的同書異名，在著錄書名的時候，就不至於張冠李戴。（二）目錄學的任務是辨章學術、考鏡源流，

〔註6〕《藏園群書題記・宋本纂圖互注揚子法言跋》，上海古籍出版社1989年版。

指導讀書門徑。要完成這個任務，也離不開版本學。大家知道，古籍同書異本大量存在，作為一個指導讀書門徑的推薦書目，單單開列書名、著者是遠遠不夠的，必須指出何為善本。張之洞《書目答問·略例》云：「讀書不知要領，勞而無功；知某書宜讀而不得精校精注本，事倍功半。」《書目答問》在著錄各書版本時，採用如下標準：「多傳本者舉善本，未見精本者舉通行本，未見近刻者舉今日見存明本。」這個標準既注意了內容的完整性，又注意到版本的實用性，因而受到人們的重視。魯迅指出：「我以為倘要弄舊的呢，倒不如姑且靠著張之洞的《書目答問》去摸門徑去。」〔註7〕

古籍版本學與校勘學的關係

首先，古籍版本學離不開校勘學。要從內容上鑒定古籍版本，離開校勘，不克成功。例如北京圖書館藏有一部《漢書》，每頁書口均記明正統刊刻年代和書工姓名，《北京圖書館善本書目》定為宋刻明正統修本，王重民先生利用校勘的方法證明該書當是明正統間翻刻宋景祐本，他說：

> 持校百衲本《二十四史》影印景祐本《昭帝本紀》，有改正原書誤字處，有翻刻手民誤刻處，然其行款一遵原式，無或稍爽，實為明代中葉翻宋本之尤佳者。《昭紀》頁一上師古注：「仔，美稱也。」景祐原本「稱」作「貌」。一下如淳注：「謂之液者，言天地和液之氣所為也」，原本脫「所」字。二上應劭注「鉤盾宦者近署」，原本「宦」作「官」。四上蘇林注：「核，音移」，原本「移」誤作「榜」；又如淳注：「移，《爾雅》：『唐棣移也』」，原本上「棧」字誤作「移」，八上如淳注：「一月一更，是謂卒更也」，原本脫「也」字。以上六則，正統本皆較原本為優，疑為翻刻時所枝改。惟頁五上應劭注：「三年中鳳凰北下東海海西樂鄉。」「北」原作「比」。七下應劭注：「後丞相御史復問有所請」，「問」原作「間」。並是翻刻時手民之誤，原本是也。〔註8〕

這是利用校勘鑒定版本的一個例子。

同樣，校勘學也離不開古籍版本學。這主要表現在選擇底本方面。一本書的版本源流猶如一團亂麻，經過一番爬梳整理，誰是源，誰是流，孰善孰惡，一清二楚。校勘時，以善本作為底本，其他本子擇善而從。

〔註7〕《魯迅全集》卷三《而已集·讀書雜談》，人民文學出版社1989年版。
〔註8〕王重民：《中國善本書提要·漢書》，上海古籍出版社1983年版。

古籍版本學與書史的關係

古籍版本學和書史是既互相聯繫又互相區別的兩門學科。圖書和版本是不可分割的。沒有圖書的版本和沒有版本的圖書都是不存在的。這就決定了兩門學科的相關性：二者都要研究圖書的製作歷史，其中包括雕版印刷的起源、刻書史（官刻、家刻、坊刻）等。但是，「圖書」這個概念的內涵十分豐富，舉凡內容、製作方式、書籍制度、著作方式、編纂情況、體例沿革、發行辦法、收藏源流等都與圖書有關。相對而言，「古籍版本」的內涵要小得多，它僅僅反映了圖書的一個側面。這就決定了兩門學科的區別性：第一，研究對象不同：書史把自古至今的一切圖書作為自己的研究對象，而古籍版本學主要研究辛亥革命以前所製圖書的各種版本。第二，研究內容的廣度和深度不同。書史研究的內容範圍比版本學的要寬，書史研究刻書史著眼於宏觀，言其大略；而古籍版本學研究刻書史則著眼於微觀，具體而微。另外，書史也不研究一本書的版本源流和鑒定版本的規律。第三，學科性質也不完全相同：書史是歷史學的分支，屬於史的範疇；而古籍版本學雖然也有不少史的內容，但版本鑒定和考訂一書的版本源流講的是方法問題，這部分內容又帶有應用學科的性質，其實踐性是相當強的。

四、研究古籍版本學的意義

研究古籍版本學固然有利於考訂、校讎、收藏和賞鑒，但這並不是我們的最終目的。那麼，對於今天來說，研究古籍版本學的意義何在？

弘揚傳統文化的需要

古籍版本學研究古籍版本的產生和發展，這些內容是中國古代文化史的重要組成部分。德國哲學家黑格爾在《歷史哲學》中指出：

> 當長江、黃河已經哺育出精美輝煌的古代文化時，泰晤士、萊茵和密西西比河上的居民，還在黑暗的原始森林中徘徊。

中國是一個具有五千年文字記載的文明古國，文字載體經歷了竹木、綠帛、紙張等演變過程，圖書製作方式也經歷了手寫、印刷等過程。印刷術是中華民族對於整個人類所貢獻的重大發明之一，美國卡特等一些外國學者對此深有研究，並出版了一些專著。作為生長在印刷術故鄉的華夏子孫，更有必要弄清雕版印刷術發生、發展的全過程，對於這項重大發明的解釋權應當屬於我們。

在中國歷史上，圖書製作（包括抄書、刻書）確實是一件值得大書特書的偉大事業。就時間而言，儘管頻頻改朝換代，但是抄書、刻書卻像接力賽跑一樣，一代一代向遠方延續，大量的藏書目錄、史志目錄正是歷代人民辛勤工作的記錄。就地區而言，如果說唐代雕版印刷還是星星之火，那麼，到了宋代，官刻、家刻、坊刻三大系統則已鼎足而立，到了明代，已形成燎原之勢。除了邊遠地區之外，全國絕大多數地區都有本地的刻本（或寫本）流傳到今，不少方志的藝文一目，連篇累牘，反映了一方著書、刻書之盛。就技術而言，從寫本到刻本、從刻本到活字、從墨版到套印、從單一字書到上圖下文、從黑白版畫到恒版拱花……一步一個腳印，一版一個變化，反映了古代勞動人民在技術上精益求精、勇於創新的可貴精神。就人才而論，畢昇、陳起、王禎、毛晉、金簡等出版家早已家喻戶曉。成千上萬的寫工篝燈呵凍、露抄雪纂，蠅頭小字記載了他們生活的辛酸；成千上萬的刻工握刀向木，一筆一畫，默默地奉獻了自己的一生，至今難以考出他們的真實姓名。以上問題都有待我們進行深入研究。研究這些問題，對於弘揚民族文化，也是一份極有意義的工作。

讀書治學的需要

古籍版本學研究版本鑒定，而版本鑒定的最終目的是為了讀書治學。常常聽到一些人說，版本學與己無關。常常看到一些出版社不願出版版本學專著，理由是讀者面太窄。其實，版本學論著的讀者面不是太窄，而是太寬，寬到無以復加的地步。版本學與每一個有文化的人都有關係，這種關係還不是一般的關係，而是密切相關。在你讀書的時候，如果不講究版本，就可能鬧出笑話，唐代趙璘講過一個故事：

> 京兆龐嚴及第後，從事壽春，有江淮舉人姓嚴，是《登科記》誤本倒書龐嚴姓名，遂賫舟丏食就謁。時郡中止有一判官，亦更不問姓氏，便詣門投刺，稱從侄。龐之族人甚少，覽刺極喜，延納殷勤，便留款曲，兼命對舉匕筯。久之，語及族人，都非龐氏之事，龐方訝之，因問至竟郎君姓名，曰：「某姓嚴。」龐撫掌大笑曰：「君誤矣，余自姓龐，予君何事！」揖之令去，其人尚拜謝叔父，從容而退。〔註9〕

舉人嚴氏因為讀了誤本《登科記》，丏食投親，最後鬧得不亦樂乎。可見，讀

〔註9〕《因話錄》卷四。

書不能不講版本。當然，對於高層次的治學而言，研究版本就更加重要了。首先，研究古籍版本學有利於我們弄清版本源流。其次，研究古籍版本學有利於我們辨真偽、別善惡。古籍版本數量眾多，良莠不齊，或卷帙錯亂、殘缺不全；或挖改描補、以假亂真；或錯誤百出、豕亥相望。如果懂得古籍版本學，便可明察秋毫、分清善惡，否則就會黑白顛倒、貽誤後人。竺可楨〔註10〕在閱讀古典文獻的時候，十分注意版本考證。周培源指出：

> （竺可楨）把自然科學引入版本校勘學的領域。例如，他考證說，王之渙《涼州詞》：「黃沙直上白雲間，一片孤城萬仞山。羌笛何須怨楊柳，春風不度玉門關。」這是很合乎涼州以西玉門關一帶春天情況的。玉門關是古代通往西域絲綢之路的必經之地，唐代開元時代，寫邊塞詩的詩人，對於安西玉門關一帶春天幾乎每天日中都要刮起黃沙、直衝雲霄的情況是熟悉的。但後來不知在何時，王之渙《涼州詞》第一句便被改成「黃河遠上白雲間」。到如今，書店流行的唐詩選本，統沿用改過的本子。實際上，黃河和涼州及玉門關談不上有什麼關係。竺可楨先生這番考證，比起一般的考證更進一步，更帶有科學性，所以更有說服力。〔註11〕

這也說明竺可楨先生治學嚴謹求是，一絲不苟。

發展現代出版事業的需要

歷代刻書情況是古籍版本學研究的重要內容之一。古人把刻書當作化身千億、功德無量的事業，有許多經驗值得今天借鑒。例如古代刻書是多渠道的，大而言之，可分官刻、家刻、坊刻三大系統，三大系統各有利弊，互相補充。現在的出版工作亦可擴大出版渠道，鼓勵自費出版好書。自費出書和古代的家刻有些相似，你寫了一本好書，只要有錢，就可以付梓刊行，這是緩解出書難的一個方法。關於校勘問題，古人嚴謹的出版態度也是值得我們學習的。武漢大學圖書館藏清刻顧祖禹《讀史方輿紀要》校樣有不少眉批，錯別字一一標出，要求挖改，甚至有「此頁不佳，宜劈」「刻手不用心」「此刻手即遣去」等字眼，表現出刻書者認真負責、一絲不苟的刻書態度。關於裝幀問題，古籍

〔註10〕 竺可楨（1890 年 3 月 7 日～1974 年 2 月 7 日），字藕舫，浙江省紹興縣東關鎮人，中央研究院院士、中國科學院院士，氣象學家、地理學家、教育家，中國近代地理學和氣象學的奠基者，浙江大學前校長。

〔註11〕 《自學成才要有文史知識》，載《文史知識》1982 年第 5 期。

從卷軸裝發展到冊頁裝，經歷了經摺裝、旋風裝等不同形式，插圖本的大量出現，反映了古人對於出版形式的重視和孜孜不倦的創新精神。關於廣告和版權問題，古人也給我們做出了很好的榜樣。古籍的牌記就兼有廣告和申明版權的功能：一方面，牌記堪稱廣告，它往往用簡練的文字，說明內容之精、形式之好，非他書所可比；另一方面，牌記又是版權聲明，說明刻書時、刻書地和刻書者，非他人所可侵。又如圖書發行問題，古代基本是出版發行一體化，出版家既出書又賣書，信息靈通，市場行情瞭如指掌。現在，圖書發行已經衝破了「只此一家，別無分店」的單一發行體系，初步建立了圖書發行網絡，這也許就是從古人那裏學來的。總而言之，在出版發行方面，能夠古為今用者還有很多，今後應當加強這方面的研究。

發掘文物、保護文物的需要

古籍是歷史的產物，其數量不會與日俱增，只會越來越少。時代久遠的古籍，例如宋元刻本，不用說都是價值連城的珍貴文物，就是明刻本以及清代乾隆以前的刻本，也都成為古籍善本了。過去，人們一提起文物，就想到古墓出土的鍾鼎彝器，似乎還沒有真正把古籍包括在內。其實，古籍也是貨真價實的歷史文物。就文物價值而言，庋藏古籍的圖書館和庋藏鍾鼎彝器的博物館相比，也毫不遜色。從某種意義上說，古籍版本學家也是考古學家，研究古籍版本就是考古，他們所考之古，不是鍾鼎彝器，而是古代圖書。一部古色古香、裝幀典雅的古籍經過他們考證之後，是宋本、是元本，一清二楚，這還不是考古嗎？現在一些大型圖書館不少古籍尚在書庫沉睡，甚或連窗委棟、塵封蠹蛀，其中不乏善本。我們呼籲有關部門採取緊急措施，搶救文物、保護文物，盡快把積壓的古籍整理出來。當然，還有許多圖書館雖然沒有積壓古籍，館藏古籍均已編目上架，但是，對所有古籍的版本鑒定是否都很準確呢？也不見得，一些珍本往往隱藏其中，也有待於我們進一步覆查。可以斷言，隨著時間的推移，古籍的文物價值將會越來越明顯地表現出來。隨著民眾生活水平和鑒賞能力的提高，古籍的收藏將會越來越熱。

圖書館工作的需要

圖書館工作包括採購、流通、編目等內容，負責採購的如果不懂版本，購進誤本，甚或造成經濟上的重大損失。據悉，某大學藏有一部號稱「宋版」的《史記集解正義》，該書目錄後有「淳化壬辰臨安陳氏萬卷堂刊行」牌記，書

根有藏書家手書「宋刻本《史記》」「高郵王氏藏書」等字樣。高郵王氏即指清代著名訓詁學家王念孫、王引之父子。既是名家藏本，就更令人堅信不移。於是某大學圖書館便當作宋刻本以鉅資購藏。後經專家鑒定，此本實非宋本，而是明嘉靖四年（1525）金臺汪諒翻刻南宋紹興本，因為「淳化」為北宋太宗年號，當時杭州稱「餘杭郡」，不稱臨安，臨安是南渡以後才有的名字。另外，當時杭州也沒有「陳氏萬卷堂」書鋪。牌記字體也與正文迥異，牌記所在之頁的版框也較正文略小，魚尾也與正文版心不同。拿來明嘉靖四年（1525）金臺汪諒刻本核對，版式行款均同，書賈挖去汪諒刻書牌記、卷端柯維熊校書題名以及柯氏跋文，偽刻「淳化壬辰臨安陳氏萬卷堂刊行」牌記，冒充宋刻。負責流通的不懂版本就不能真正做好讀者服務工作。儘管每天到圖書館查閱古籍的讀者多少不等，但就目的而言，可以把他們分為查找資料和高層次研究兩大類型；就閱讀能力而言，把他們分為粗通古文和精通古文兩大類型。對於精通古文的高層次讀者，可出示各種沒有標點、沒有注解（或注解簡單）的線裝本；對於粗通古文的查找資料者，可出示各種帶有標點、注解詳明的平裝本。這樣做，既有利於延長古籍的壽命，也能使讀者如願以償。如果不瞭解線裝本和平裝本的區別，就不可能因人而異、區別對待。當然，光知道線裝本和平裝本的區別，還遠遠不夠，要真正做好高水準的讀者服務工作，必須熟悉線裝書的各種版本。負責編目的不懂版本，目錄的版本項就寫不出來。因為古籍著錄決不是簡單的方法問題，而是學術性很強的一項工作。每種古籍，都要經過自己親手鑒定以後，才能正確地寫出版本項。過去，在古籍編目中鬧了不少笑話，如有的人不知著名刻書家毛晉，把「毛刻本」當作「毛毛草草的刻本」；有的人不知古代刻書聖地福建麻沙鎮，把「麻沙本」當作「麻麻（馬馬）虎虎的刻本」；有的人不知「聚珍版」就是木活字本，把「聚珍版」當作「非常珍貴的本子」；有的人不知刻本、活字本的區別，把明代華堅銅活字本《蔡中郎集》著錄為「明正德十年（1515）錫山華堅蘭雪堂銅活字刻本」，等等，不一而足。這些人如果不認真學習，就不能勝任古籍編目工作。

五、古籍版本學的研究方法

研究古籍版本學有認識問題，也有方法問題，其中，認識問題是首要的，認識問題解決了，方法問題便可迎刃而解。

研究古籍版本學有什麼方法呢？最常見的方法有文獻考證法、比較研究法、實驗研究法、計量研究法等。

文獻考證法

所謂文獻考證法就是把古籍版本放到特定的歷史環境中去研究。古籍是歷史的產物，其內容無不打上歷史的，烙印，要把古籍版本放到特定的政治、經濟、文化環境中去考察。只有這樣，才能得出正確的結論。例如研究明代藩府刻本，光列出藩刻書目遠遠不夠，關鍵在於弄清藩王為什麼能夠刻書？為什麼刻本質量比較好？有什麼特定的歷史背景？這就需要查閱大量歷史文獻，認真考證一番。不但要知其然，而且要知其所以然，對於一種具體版本的鑒定，必須全方位地加以論證。找出的理由越多，結論可能就越可靠，越是無懈可擊。否則，僅僅抓住一兩條理由，就匆忙得出結論，這個結論往往是不可靠的。所以，有人建議把版本鑒定叫做版本考證，是有道理的。

比較研究法

所謂比較研究法就是通過比較版本異同，鑒定版本。這裡，比較大致包括以下三個方面：

（一）同書前後不同卷頁互相比較，看版框大小、行款字體、學術風格等是否一致。如果不一致，就要找出原因。例如武漢大學圖書館藏宋魏慶之《詩人王屑》二十卷，前十卷版寬 13cm，四周雙邊，綿紙，字的寫法較規範；後十卷版寬 13.8cm，左右雙邊，竹紙，字的寫法不規範。兩相比較，說明前十卷和後十卷不是一種版本，結合其他條件，可以得出如下結論：前十卷是清道光古松堂刻本，後十卷為後人補配。

（二）同書異本互相比較。同書異本在內容和形式上往往有很大差別，通過比較，就可以辨別是非。有時候，一個本子眾口異詞，爭論不休，「山窮水盡疑無路」。然而，把同書異本拿來一比，就真相大白，「柳暗花明又一村」了。

（三）同古籍書影進行比較。

實驗研究法

所謂實驗研究法，就是運用現代科學技術（例如物理化學實驗），對古籍版本進行鑒定。顯微分析就是其中最簡單的一種，造紙技術史專家潘吉星先生曾經詳細介紹過這種方法：

> 用一個 40 倍的放大鏡，在紙張最差處觀察。麻紙在紙面上有麻繩頭；皮紙上有小皮片，這是由於造紙時韌皮沒有打碎的緣故；竹紙在紙面上有筋頭；再生紙的紙面上總有沒完全打碎的原紙；如果

是混合紙，會在紙面上發現兩種或多種原料的痕跡。鑒定紙的原料有助於瞭解紙的時代和產區。麻紙在唐代以後很少，所以，發現是麻紙，就有可能是唐代以前的紙張。皮紙不早於南北朝。竹紙起於北宋。機製紙不能早於清末。另外，根據紙張上的簾紋，也能初步斷定紙張形成的時間和地區。一般說，簾子是用竹片做的。但北方得到竹子很困難，常用一種萱草的莖杆製做簾子，簾紋較粗。因此，簾紋較粗的紙可能是北方生產的紙、簾紋較細的紙可能是南方生產的紙。早期的紙簾紋較粗，晚期的紙簾紋較細。〔註12〕

計量研究法

所謂計量研究法，就是通過計量分析研究版本。任何一種物質形態都表現為一定的數量，任何事物的發展都是從量變到質變的演變過程。數量的多寡，可以反映物質形態在某個特定階段的某些特徵。例如古籍行款有無規律可循？錢亞新先生對清江標《宋元本行格表》進行了如下計量分析：

行　數	經	史	子	集	合　計	百分比
四	3				3	0.27
五	4	1	1		6	0.4
六	4	1			5	0.5
七	12	4	2	6	24	2.14
八	38	17	16	12	83	7.2
九	20	38	27	41	126	11
十	82	82	82	113	359	31
十一	29	33	59	48	169	14.6
十二	45	15	50	46	156	13.55
十三	33	19	29	25	106	9.1
十四	13	30	22	8	73	6.2
十五	4	6	11	9	30	2.6
十六	3	2	1	4	10	0.9
十七				1	1	0.09
十八		1			1	0.09

〔註12〕《中國造紙技術史》，載《北圖通訊》1986 年第 4 期。

				十九	1	1	0.09
二十	3					3	0.27
合 計	293	249	300	314		1156	
百分比	25.3	21.6	26	27.1			100

通過分析可以看出：八行本占著錄總數的 7.2%，九行本占 11%，十行本占 31%，十一行本占 14.6%，十二行本占 13.55%，十三行本占 9.1%，十四行本占 6.2%，其他各行本的總和占 7.35%。為什麼十行本那麼多呢？第一，半頁十行，字形大小適中，便於閱讀。第二，宋元刻本「要計算每版上的字數，為了實用，當然以十行最易於達到計算的目的」。〔註13〕

以上各法常常兼用，其中文獻考證法用得最多，也是基本的方法。

六、古籍的結構

古籍的單頁版式

古籍（線裝）單頁版式包括版框、界行、版心、魚尾、象鼻、天頭、地腳、書耳等名稱（圖1），現分別介紹如下：

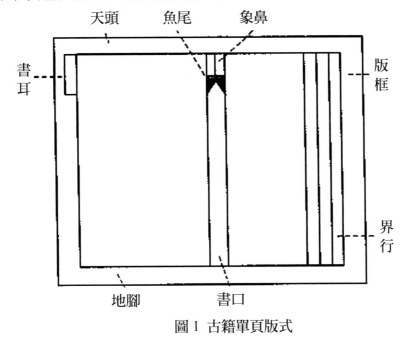

圖 1 古籍單頁版式

〔註13〕《江標與〈宋元本行格表〉》，載《文獻》1986 年第 4 期。

版框——也叫邊欄，指一張印頁四周的圍線。版框有很多種：以欄線的條數分，有四周單邊、左右雙邊、四周雙邊等。四周邊欄只有一條圍線的，叫四周單邊；左右邊欄各有兩條線組成的，叫左右雙邊；四周邊欄都是兩條圍線的，叫四周雙邊，四周雙邊又叫文武欄。以欄線的圖案分，有卍字欄、竹節欄、博古欄等。卍，本來是古代符咒或宗教的標誌。佛教認為，它是「萬德吉祥」之意。武則天長壽二年（693）規定它的讀音作「萬」。用卍字組成的欄線，叫卍字欄，例如明金陵富春堂刻《邪袍記》用的就是這種欄線；用竹節圖案組成的欄線，叫竹節欄，例如有一種清刻本《陶淵明集》用的就是這種欄線；用各種樂器圖案組成的欄線，叫博古欄，例如清內府五色抄本《金剛經》用的就是這種欄線。

界行——字行之間的分界線。界行和欄線有朱墨二色，紅色欄線叫朱絲欄，黑色欄線叫烏絲欄。界行淵源有自，當是模仿簡牘時代並列單簡的產物。

版心——也叫中縫、書口、版口，指每頁正中較窄的一格，格內常常刻有書名、卷次、頁碼、字數和刻工姓名。

魚尾——版心全長四分之一處的魚尾形標誌。魚尾種類很多。以魚尾數量區分，有單魚尾、雙魚尾、三魚尾等：版心只有一個魚尾的，叫單魚尾；版心有兩個魚尾的，叫雙魚尾；版心有三個魚尾的，叫三魚尾。以魚尾的方向區分，有對魚尾和順魚尾：兩個魚尾方向相反者，叫對魚尾；兩個魚尾方向相同者，叫順魚尾。以魚尾的虛實圖案區分，有白魚尾、黑魚尾、線魚尾、花魚尾等：只有魚尾外部輪廓的，叫白魚尾；魚尾輪廓用墨填實的，叫黑魚尾；魚尾由線條構成的，叫線魚尾；魚尾由圖案構成的，叫花魚尾。魚尾源於簡策時代編簡上的三角形契口，用於固定編繩。契口下方多有篇名、篇次，從而成為篇名、篇次等檢索文字的標誌。到了雕版時代，三角形契口逐漸演變為魚尾，並成為書名、卷次等檢索文字的提示符。今日的書名號「《》」亦當由此演變而來。〔註14〕

象鼻——連接魚尾和版框的一條線。這條線有粗細之別，粗的叫大黑口或闊黑口，細的叫小黑口、線黑口或細黑口。黑口本「發明於建本，因為面向大眾，印的數量多，裝起來費事，有了黑口，折疊時容易找齊，大為方便」〔註15〕。沒有象鼻的，叫白口。白口刻有文字的，叫花口。

天頭——也叫書眉，是指上欄以外的空白處。

〔註14〕何遠景：《魚尾的起源》，載《文獻》1999 年第 4 期。

〔註15〕《趙萬里談古籍版本》，載《中國典籍與文化》1994 年第 1 期。

地腳——下欄以外的空白處。

書耳——也叫耳格或耳子，是指版框外邊上端的小方格，用以書寫篇名、室名等。因為宋元時代書用蝴蝶裝，書耳正好在左上方，一翻就看到篇名了。

古籍的外形結構

古籍（線裝）的外形結構包括書衣、書籤、書名頁、書首、書根、書腦、書脊等名稱，現分別介紹如下：

書衣——也叫書皮，指包在全書最外層的一張紙，這張紙較厚，有保護全書的作用。明末毛晉汲古閣的書衣多用宋箋藏經紙或宣德紙，清初錢曾述古堂的書衣多用自造五色箋紙。

書籤——貼在書衣左上方的一個長方形紙條或絲條，上面標有書名，書籤常常請名人或師長題寫。

書名頁——書衣之後題有書名的一頁。

書首——也叫書頭，指書的上端。

書根——書的下端截面。線裝書不便宜立，多平放在書架上。為了翻檢的方便，藏書家常常在書根上題上書名、冊數和冊次。因為書根截面較小，書名多題簡稱。冊數一般用「凡X」或「X止」表示。

書腦——裝訂線右邊的部分。

書脊——也叫書背，指裝訂線右側的截面。

副頁——也叫護頁、扉頁，是夾在書衣和書名頁之間的空白頁子。其作用是保護書頁，防潮防蛀。

包角——用細絹所包訂線一側上下之角，既美觀又有保護作用。

襯紙——修補舊書時，在書頁內所加的白紙。

金鑲玉——修補舊書時，因書品太小，不可剪裁，書頁之內襯一張長於書頁上下兩端的白紙。因為原書舊頁如金之黃，新襯白紙如玉之白，故名。

書帙——包裝卷軸裝書籍的外衣，因為往往一書多軸，容易混雜，為了避免混雜，就用布帛或竹簾把一部書的許多卷軸包在一起。清王士禛云：「書曰帙者，古人書卷外必用帙藏之，如今包裹袱之類。宋真宗取廬山東林寺《白居易集》，命崇文院寫校，包以斑竹帙送寺。嘗於秀水項氏見王右丞畫一卷，外以斑竹帙裹之，云是宋物，帙如細簾，其內籠以薄繒，故帙字從巾。」[註16]

〔註16〕（清）王士禛：《香祖筆記》卷12，上海古籍出版社1982年版。

書套——書函的一種，指保護古籍的外套。這種外套多以草板紙為裏、外敷藍布製成。書套有四合套、六合套之分。外露書首、書根，僅包前後左右四面的書套叫四合套；前後左右上下六面全包起來的書套，叫六合套。書套多用於我國北方地區。南方濕度大，圖書加上書套容易發黴。

木匣——書函的一種，指那種專門盛放珍貴圖書的木製匣子。木匣比書套更結實。

夾板——夾在圖書上下的兩塊木板。製作方法是：先找兩塊木板，大小和書衣相當，再在板的兩端各穿兩孔，最後穿帶繫緊。

高廣——書頁的長度和寬度。書寫時，一般長度在前，寬度在後，以釐米為計算單位，寫作 cm，中間以 X 連接。

書品——有兩個意思：一是指書籍的大小，例如開本較大的本子，通常稱之為書品寬大；一是指書籍的新舊完損程度，例如破損嚴重的本子，通常稱之為書品太壞。

古籍的內部結構

古籍內部結構及其與版本有關的主要名稱有序、目錄、跋、凡例、卷首、卷末、附錄、外集、卷端、小題和大題、牌記、墨釘、墨圍、陰文、白文、行款、藏章、幫手等。

序——正文之前說明寫作經過、刊刻情況、學術源流等內容的文字（詳第三編第十章第二節）。

目錄——正文之前的篇章名目，它包括了全書的所有篇名。

跋——圖書在流傳過程中寫上的有關版刻源流、流傳源流的文字（詳第三編第十章第二節）。

凡例——全書編製體例的說明文字。

卷首——正文之前獨立成卷的部分。其內容大多是聖諭、先人著述文字或著者生平資料（行狀、神道碑、墓誌、傳記等）。把聖諭放在卷首，以示榮遇。例如明劉基《誠意伯文集》卷首冠以其孫劉廌編《翊運錄》，《翊運錄》集劉基所得御書詔誥及行狀事實，取誥中「開國翊運」之語為名；《四庫全書總目》卷首冠以清高宗弘曆所頒關於編纂《四庫全書》的聖諭，正如《四庫全書總目·凡例一》所說：

> 是書卷帙浩繁，為亙古所無，然每進一編，必經親覽。宏綱巨
> 目，悉稟天裁。定千載之是非，決百家之疑似。權衡獨運，衷鈙斯

　　昭。睿覽高深，迴非諸臣管蠡之所及。隨時訓示，曠若發蒙。八載
　　以來，不能一一碑記。謹錄歷次恭奉聖諭為一卷，載諸簡端。

真是百般吹捧，不遺餘力。把先人著述文字放在卷首，以示孝心。例如宋戴復
古《石屏集》卷首載其父戴敏詩十首；清程鴻詔《有恒心齋文》卷首有《有恒
心齋前集》，專錄先人文字。把著者生平資料放在卷首，以便讀者瞭解著者身
世和寫作背景。例如清朱次琦《朱九江先生集》卷首有門人簡朝亮所撰年譜；
清顧壽楨《孟晉齋文集》卷首有其弟顧家相所撰年譜；明鄧顯麒《夢虹奏議》
卷首有《大明一統志》中的鄧顯麒傳。

　　卷末——正文之後獨立成卷的部分。其內容多是後人著述文字、著者生
平資料、著者同人賦贈之作或與正文相關的一些內容。在正文之後附上他人
的作品，古人叫做「附驥而行」。附驥而行者大多是後輩或同輩的少量著述文
字，間或也有把長輩著述文字附在後面的。後輩著述文字附驥而行者如明李
昱《草閣集》末附其子李轅《筠谷集》一卷；明鍾復《雲川文集》末附其子
鍾同遺文四篇；清沈翼機《澹初詩稿》末附其子沈廷薦《見山堂詩鈔》一卷；
清宋犖《綿津山人詩集》末附其子宋至《緯蕭草堂詩》一卷。同輩著述文字
附驥而行者如元《丁鶴年集》末附其長兄詩九首、次兄詩三首、表兄詩五首；
明黃衷《矩洲集》末附其弟黃裳《樗亭集》一卷；明孫陞《孫文恪集》末附
其繼室楊文儷著作一卷。同輩、晚輩著述文字同時附驥而行者如宋羅願《鄂
州集》末附其兄羅頌、其弟羅頎、其侄羅似臣之文，還有明代羅氏後裔著《月
山錄》一卷；清曹一士《四焉齋詩集》末附其繼室陸鳳池《梯仙閣課餘》一
卷、其女曹錫珪《拂珠樓偶鈔》二卷。長輩著述文字附驥而行者如宋黃庭堅
《山谷集》末附其父《伐檀集》；宋王楙《野客叢書》末附其父《野老紀聞》；
元洪希文《續軒渠集》末附其父洪岩虎詩。卷末附錄著者生平資料者如宋穆
修《穆參軍集》卷末附錄穆修遺事一卷；明高攀龍《高子遺書》卷末附錄誌
狀年譜一卷；清汪立名編《白香山詩集》卷末附錄年譜二卷。卷末附錄著者
同人賦贈之作者如明談修《惠山古今考》卷末有同人賦贈之作三卷；明朱珪
編《名蹟錄》卷末附錄同人贈言一卷。卷末附錄有關正文內容者如清喻昌《醫
門法律》卷末附錄《寓意草》四卷，皆其所見臨床病例；明趙崡是陝西周至
人，靠近長安古都，酷愛金石，時挾紙墨拓碑，積三十餘年，所蓄拓本頗豐，
《石墨鐫華》即其所題跋尾 253 種之彙編。該書卷末附錄二卷詩文，記其求
索訪拓之苦。

附錄——正集之後的附加部分，和卷末的情況基本相同。

外集——正集之外的部分。一般地說，它比卷末、附錄的篇幅要大。其內容主要包括以下三個方面：（一）釋家以佛理為內學，以儒論為外學，因此，釋家別集均以無關佛理的儒理作品作為外集；儒家以儒論為內學，以佛理為外學，因此，儒家別集均以無關儒理的佛理作品作為外集。例如，清江沅《染香庵文集》將入禪文字編為外集一卷；清釋敏膺《香域內外集》十二卷，其中內集五卷皆釋家語錄偈語；外集七卷是無關佛理的詩文。（二）和內集不同文體、不同內容的作品。例如清陸隴其《三魚堂文集》外集六卷為奏議公牘；明吳訥《文章辨體》外集五卷、清徐籯《未灰齋文集》外集八卷、清盛大士《蘊愫閣文集》外集四卷皆駢文；清章學誠《文史通義》外篇三卷為群書序跋及論學書札；清葉昌熾《奇瓠顧文集》外集一卷為壽序；清劉鳳誥《存悔齋集》外集四卷為試體詩賦。（三）補遺之作。例如清孫星衍《芳茂山人文集》外集五卷為其雜文之未刊者；唐劉禹錫《劉賓客文集》外集十卷為遺詩 407 首、遺文 22 篇。余嘉錫指出：

> 凡人之作詩文，有不及存稿者，有自以為不滿，隨時刪去者。其編集之時，若出於其子弟門人及朋友之手，則去取謹嚴，此類皆所不收。傳之既久，後人偶得遺稿，惜其放失，則又搜輯成帙，或遂重為編定，雜入原書卷第之中。其較為矜慎者，乃不敢以亂原次，別編之為外集。夫既出於其人之所棄餘，則自視其內集為膚淺。而又因時代既遠，鑒別難精，往往雜入偽作。名愈盛者，其偽愈多。〔註17〕

卷端——每卷正文前兩三行表示書名、著者、編纂校刊姓氏、版刻情況的文字。

小題和大題——小題指篇名，大題指書名。古籍卷端書名寫在篇名之下者，叫做「小題在上，大題在下」。

牌記——刻書者用以宣傳刻書情況的特殊標識。

墨釘——正文中表示闕文的墨色方塊，如「■」。

墨圍——為了強調「注」「疏」等有關字眼，在其四周圍上墨線，如匯、圓等。

陰文——筆劃凹下的字，多用於「注」「疏」等字。

白文——只有正文、不含注疏的本子。

〔註17〕《古書通例》卷三《古書之分內外篇》，上海古籍出版社 2001 年版。

行款──書頁版面的行數和字數，一般以半頁為計算單位，稱「X 行 XX 字」。

藏章──也叫藏書印，是古籍在流傳過程中鈐上的印章。

幫手──指藏章、序跋等可以幫助鑒定版本的一些東西。

七、古籍版本的類別

古籍版本的種類非常複雜，現按照刻印時間、刻印地點、刻印單位、裝訂形式、製版工藝、寫本種類、字體、行款、紙張、顏色、版式、刻印質量、內容、用途、流傳、價值等類別擇要介紹如下：

以刻印時間區分

就刻印朝代先後而言，有宋刻本、元刻本、明刻本、清刻本、三朝本、遞修本、舊刻本等；就同書異本的刻印先後而言，有初刻本、重刻本、翻刻本、影刻本、初印本、後印本等。

宋刻本──宋朝刻的書，其中又可分為北宋本和南宋本。

元刻本──元朝刻的書。

明刻本──明朝刻的書。

清刻本──清朝刻的書。

三朝本──南宋時，國子監刻書甚多，到了元朝，其書版被運入杭州西湖書院，稍事修補，繼續刷印。明朝洪武八年（1375），又將書版運至南京國子監，再次修補印行。因為這些書版歷經宋元明三朝修補刷印，故名。

遞修本──書版殘缺，經過多次修補而印成的書。例如三朝本就是遞修本的一種。

舊刻本──刻印時代不詳的早期刻本。

初刻本──同書異本之中的最早刻本。

重刻本──根據原刻本重新付刻的本子。其行款版式不一定與原刻本相同。

翻刻本──也叫覆刻本，是指嚴格按照原刻本的內容、行款、版式重新付刻的本子。

影刻本──按照原刻本逐頁影摹刻印而成的本子。和翻刻本相比，影刻本更酷似原刻本，幾可亂真。

初印本——書版刻成之後初次印成的本子。

後印本——初印本之外同一書版的其他印本。一般地說，後印本不如初印本好，因為書版經過多次刷印之後，常常漫漶不清，甚或斷裂變形。

以刻印地點區分

就國內而言，有浙本、建本、蜀本、江西本、平陽本等。就國外而言，有朝鮮本、日本本、越南本、梵本等。

浙本——即浙江刻本，浙江是我國古代刻書中心之一。浙本之中又有杭州本、越州本、嚴州本、衢州本、婺州本等。

建本——又叫閩本，即福建刻本。福建是我國古代刻書中心之一。建本之中又有建陽本、麻沙本、泉州本等。麻沙是福建建陽縣的一個小鎮，因刻書而著稱於世，麻沙所刻的書叫麻沙本。

蜀本——又叫川本，即四川刻本。四川是我國古代刻書中心之一。蜀本之中又有成都本、眉山本等。

江西本——即江西刻本，江西是我國古代刻書中心之一。江西本之中又有江州本、建昌本等。

平陽本——即平陽刻本，平陽又叫平水，在今山西臨汾一帶，是金代和元代北方刻書中心。

朝鮮本——即古代朝鮮用漢字刻印的書。因朝鮮古稱高麗，故又稱高麗本。孫慶增《藏書紀要·鑒別》云：外國所刻之書，高麗本最好。五經四書、醫藥等書，皆從古本。凡中夏（即中國）所刻，向皆字句脫落、章數不全者，高麗竟有完全善本。

日本本——古代日本用漢字刻印的書，又叫和刻本。日本本印工精巧，但字體和裝訂形式不如朝鮮本美觀、大方。字行間或有平假名或片假名，以便日本人閱讀。據王寶平等編《中國館藏和刻本漢籍書目》著錄，中國藏有和刻本3063種。

越南本——古代越南用漢字刻印的書。

梵本——用古代印度文字書寫的佛經。我國古代高僧到「西天」取經，帶回的多為梵本。

以刻印單位區分

以刻印單位區分，有官刻本、家刻本和坊刻本。官刻本簡稱官本，其中有

京本、監本、興文署本、經廠本、殿本、藩本、局本、揚州詩局本、書院本、欽天監本、太醫院本、漕司本、茶鹽司本、轉運使司本、提刑司本、公使庫本、布政使司本、郡本、府本、州本、縣本、州府縣學本等。家刻本種類繁多，著名者如黃善夫本、汲古閣本、涂禎本、陸元大本、朱承爵朱氏文房本、郭雲鵬本、王延喆本、范欽天一閣本、金山錢氏本、張海鵬本、胡克家本、南海伍氏本等。坊刻本更是多如牛毛，著名者如陳宅書籍鋪本、建安余氏本、榮六郎書籍鋪本、金陵唐氏本、新安黃氏本、掃葉山房本、金臺汪氏本、金臺岳家本等。

官刻本——各級政府及其附屬機構所刻的書。

家刻本——私人所刻的書。

坊刻本——書商所刻的書。

京本——即京城官本的簡稱。地方刻書常以京本為真本，大量翻刻，福建書商亦常託名京本以售欺。鄭振鐸《西諦書話·京本通俗小說》云：

> 閩書賈為什麼要加上「京本」二字於其所刊書之上呢？其作用大約不外表明這部書並不是鄉土的產物，而是「京國」傳來的善本名作，以期廣引顧客的罷。

監本——國子監刻本。自從五代國子監刻印儒家經典以後，歷代國子監都刻了不少書，成為官方刻書的主要部門。明朝先後設立南京國子監和北京國子監，它們所刻的書，分別叫做南監本和北監本。

興文署本——元代興文署所刻的書。興文署是元代中央主管刻書的部門。

經廠本——明代經廠所刻的書。經廠是明代司禮監下屬專門刻書的機構，是明代中央刻書的主要部門之一。經廠本也叫司禮監本。

殿本——清代武英殿所刻的書。武英殿是清代中央刻書的主要部門。

內府本——明清兩朝宮廷內部刻印的書。

藩本——明代藩王在封地藩府所刻的書。

局本——清代各省地方官書局所刻的書。

揚州詩局本——清康熙間揚州詩局所刻的書，主持者為江寧織造曹寅。

書院本——各地書院所刻的書。

公使庫本——宋代各地公使庫所刻的書。

汲古閣本——汲古閣所刻的書。汲古閣主人為明末清初著名刻書家毛晉，故汲古閣本又叫毛刻本。

　　陳宅書籍鋪本——南宋臨安府棚北大街睦親坊南陳宅書籍鋪所刻的書。陳宅書籍鋪主人陳起，是宋代著名出版家。

　　建安余氏本——宋代福建建安余氏所刻的書。余氏世代刻書，是中國刻書史上少有的刻書家。

以裝訂形式區分

　　以裝訂形式區分，有卷子本（一名卷軸裝本）、經摺裝本、旋風裝本、蝴蝶裝本、包背裝本、線裝本等。

以製版工藝區分

　　以製版工藝區分，有寫本、拓本、刻本、活字本、套印本、鈐印本、石印本、影印本、餖版、拱花等。

　　寫本——人工抄寫而成的書。

　　拓本——把鑄刻在金石器皿上的文字圖案用紙拓下來裝訂而成的書。拓本又有墨拓本、朱拓本、初拓本等名稱：用墨色拓印的，叫墨拓本；用朱色拓印的叫朱拓本；初次摹拓的本子叫初拓本。

　　刻本——雕版印刷而成的書。

　　活字本——用活字擺印而成的書。

　　套印本——將書中的正文、評點等不同內容分別各刻一版，然後用不同顏色依次加印在一起而成的書。

　　鈐印本——將印章直接鈐蓋在紙上而成的書。

　　石印本——用藥墨將文字寫在特製藥紙上，再將藥紙上的字跡移置在石版上，然後滾刷油墨印成的書。

　　影印本——將原書逐頁照相製版印成的書。

　　餖版——這是一種彩畫的印刷方法：把畫面按顏色、深淺分刻若干小版，然後刷上顏色，逐塊加印在一起。據說古代有一種五色小餅，像花卉禽獸珍寶之形，以盒盛放，名叫餖飣。餖版，大抵色彩斑駁陸離，同餖飣有些相像，故名。

　　拱花——也是一種圖畫的印製方法：用凸凹兩版嵌合，使畫面部分拱起，就像使用鋼印的效果一樣。

以寫本種類區分

　　以寫本種類區分，有寫本、稿本、抄本、舊抄本等。

寫本——成書時以手寫形式流傳的本子。例如《永樂大典》、《四庫全書》、明清列朝實錄等原本，既不是刻本，也不是稿本或據其他版本錄寫的抄本，故稱寫本。這裡寫本的概念是狹義的。

稿本——著者的原稿。稿本又分手稿本、清稿本等。手稿本是著者親筆寫成的稿子，如宋司馬光手寫的《資治通鑒》、清洪亮吉手寫的《卷施閣近詩》、桂馥手寫的《晚學集》、蒲松齡手寫的《聊齋誌異》等。清稿本是指用以增補、校訂或付印的著作謄清本。

抄本——又叫傳抄本，是指根據底本傳錄而製成的副本。抄本又有烏絲欄抄本、朱絲欄抄本、精抄本、影抄本、毛抄本、舊抄本等名稱。精必本是指紙墨精良、書法工整、內容錯誤較少的抄本。烏絲欄抄本是用墨欄格紙所抄的書。朱絲欄抄本是用紅欄格紙所抄的書。影抄本是指把透明紙覆在底本上面，按其原有字體、行款照樣摹寫的本子。毛抄本是指明末清初毛晉所抄的書，毛氏的影宋抄本幾可亂真。舊抄本是指時間不詳的早期抄本。

以活字種類區分

以活字種類區分，有泥活字本、木活字本、銅活字本、鉛活字本等。

泥活字本——用泥活字擺印而成的書。

木活字本——用木活字擺印而成的書。清乾隆皇帝以為活字名稱不雅，改稱「聚珍版」。

銅活字本——用銅活字擺印而成的書。

鉛活字本——用鉛活字擺印而成的書。

以字體、行款區分

以字體、行款區分，有大字本、小字本、軟體字本、硬體字本、X 行本等。

大字本——字體較大的本子。一般地說，大字本的行款小於半頁 10 行、行 20 字。

小字本——字體較小的本子。一般地說，小字本的行款大於半頁 10 行、行 20 字。

軟體字本——用軟體字（即楷體）刻成的書。

硬體字本——用硬體字刻成的書。硬體又叫宋體、匠體，是刻書工匠經常使用的字體。用筆生硬板滯，不如軟體生動。

X 行本——半頁 X 行的本子。

以紙張區分

以紙張區分，有麻紙本、樹皮紙本、竹紙本、公文紙背本等。

以顏色區分

以顏色區分，有朱墨本、朱印本、藍印本等。

朱墨本——用朱墨二色套印而成的本子。

朱印本——用紅色刷印的本子。

藍印本——用藍色刷印的本子。明清刻書在版片雕成之後，常用藍色或紅色刷印若干部供校訂之用，大約相當於今之「校樣」。武漢大學圖書館藏《籌海圖編》就是藍印本。

以版式區分

以版式區分，有巾箱本、兩節版本、三節版本、百衲本、黑口本、配本等。

巾箱本——指那些版式較小、便於攜帶的本子。「巾箱」之名始於漢代，《漢武內傳》云：

> 帝見王母巾箱中有一卷小書，盛以紫錦之囊。〔註18〕

南北朝時南齊衡陽王蕭均曾寫巾箱五經，據許嵩《建康實錄》卷十六：

> （蕭鈞）好學，常手細字書《五經》，一部為一卷，置之巾箱中。
>
> 侍讀賀玠問曰：「殿下家有墳素，何須此蠅頭細書，別藏巾箱？」答曰：「巾箱《五經》，檢閱且易，一更手寫，則永不忘。」諸王聞而爭倣之為巾箱《五經》，巾箱《五經》自此始也。

兩節版本——書版分為上下兩欄的印本。或上圖下文，或下欄為正文，上欄為注解或批語，多半是民間通俗讀物。

三節版本——書版分為上中下三欄的印本。和兩節版本有些相似。百衲本——拼湊不同書版印成一部（套）完整的書。衲本指僧人用許多布塊補綴而成的衣服。王隱《晉書》載童威在市場上收得殘繒，輒結以為衣，號曰百衲衣。《鐵圍山叢談》載唐李涆公善琴，乃自聚靈材為之，號曰百衲琴。《廣川書跋》載蔡襄書《晝錦堂記》，每字一紙，擇其不失法度者連成碑形，號曰百衲碑。以百衲名書，始見於錢曾《讀書敏求記·史記提要》：

> 予昔藏宋刻《史記》有四，而開元本亦其一焉。今此本乃集諸

〔註18〕（隋）虞世南：《北堂書鈔》卷135，中國書店1989年影印本。

宋版，共成一書。大小長短，各種咸備。李洴公取桐絲之精者雜綴為一琴，謂之百衲，予亦戲名此為《百衲本史記》，以發同人一笑焉。

其後印行百衲本《史記》者尚有宋犖等人，宋犖集《史記》八十卷，合宋本二種、元本三種印成。《史記》之外，尚有黃丕烈百衲本《宋文鑒》和《昌黎先生集》、汪士鍾藝芸精舍百衲本《春秋經傳集解》和《唐文粹》、傅增湘百衲本《資治通鑒》、商務印書館百衲本《二十四史》等。

配本——集合許多不同的書版，配合成一種完整的書。

黑口本——古籍版式就書口而言，有黑口、白口之分，凡書口為黑口的本子叫黑口本。

以刻印質量區分

以刻印質量區分，有邋遢本、大花臉本、書帕本、寫刻本、精刻本等。

邋遢本——版本模糊、極不整齊的本子。例如南宋紹興間，四川眉山所刻七史，到了元代，大部分版片模糊漫漶，很不整齊，版本學家便稱之為邋遢本。

大花臉本——墨色深淺不一，字體大小不同，而又刷印模糊的本子。

書帕本——明代官場作為禮品送人所刻的書。因其錯誤較多，不為世人所重。

寫刻本——名家手寫上版刻成的書。寫刻本除了內容錯誤較少之夕卜，也是不可多得的書法珍品。

精刻本——內容無誤，寫、刻俱佳的本子。

以內容區分

以內容區分，看單刻本、合刻本、抽印本、叢書本、增訂本、刪本、節本、足本、殘本、校本、注本、批點本、真本、偽本、序跋本、插圖本、過錄本、X 卷本等。

單刻本——只含一種書的刻本。

合刻本——兩種以上著作合刻在一起的本子。

抽印本——抽取一種（套）書的部分內容刻印而成的書。

叢書本——匯刻多種著作而成的書。

增訂本——增訂原本內容而成的新書。

刪本——刪節原本內容而成的書。

節本——節選原本內容而成的書。

足本——卷數完整的本子。

殘本——卷數殘缺不全的本子。

校本——經過校勘而成的本子。

注本——帶有注解的本子。

批點本——帶有眉批、圈點的本子。

真本——也叫正本，指內容無誤的原本。

偽本——通過各種手段作偽而成的書。

序跋本——帶有某人序跋的本子，在對同書異本進行比較的時候，常稱「XX 序跋本」，以示區別。

插圖本——帶有插圖的本子。

過錄本——將名家批校文字移錄而成的本子。清代何悼批校之書，傳本中有很多是學生過錄的。

X 卷本——正文包含 X 卷的本子。卷數常常是同書異本互相區別的重要標誌。在對同書異本進行比較的時候，常常稱「X 卷本」以示區別。

以用途區分

以用途區分，有進呈本、底本、樣本等。

進呈本——進呈給內廷的本子。例如清乾隆間編《四庫全書》的時候，各地繳送北京的圖書均稱「進呈本」。進呈各書凡作為《四庫全書》底本者，又稱「四庫底本」。

底本——作為校勘主要依據的本子或據以編纂、刊刻的本子。選擇底本是校勘、編刊書籍的重要環節。底本不好，就會以訛傳訛，謬種流傳。

樣本——以待審查、校訂、觀賞的本子。

以流傳情況和價值區分

以流傳情況和價值區分，有俗本、通行本、孤本、秘本、善本、焦尾本、XX 藏本等。

俗本——流佈較廣、容易得到的本子。因為俗本到處可見，廣泛流傳，所以又叫通行本。

孤本——舉世無雙的本子。如宋刻三十卷本五臣注《文選》、宋刻《昌黎先生集考異》等都是孤本。

秘本──秘不示人的本子。

善本──文物價值、藝術價值或學術價值較高的本子。

焦尾本──火災之後幸存的殘本。

XX 藏本──XX 藏書家收藏的本子。在對同書異本進行比較的時候，常用「XX 藏本」加以區別。

第二章　古籍版本學史略

　　古籍版本學到底產生於何時？學術界還沒有形成共識，有先秦兩漢、宋代、清代、當代等說法。眾說紛紜的原因在於標準不明。因此，在研究古籍版本學產生時期之前，首先應該研究古籍版本學產生的標準。統一標準的制定應以古籍版本學自身的特點為主要依據，同時還要考慮古籍版本學與校勘學、目錄學相互依存的密切關係，避免孤立地看問題。那麼，古籍版本學自身有什麼特點呢？第一，古籍版本學的研究對象是包括寫本、刻本、活字本等在內的一切形式的古籍版本。古籍版本的多樣性和複雜性決定古籍版本學是研究同書異本的學問。同書異本的校勘與古籍版本學密切相關，是古籍版本學發展的重要標誌。古籍版本學與校勘學、目錄學既有區別，又有聯繫：其重要區別是研究對象不同；其聯繫是三者同步發展，一損俱損，一榮俱榮。考察一個時期校勘學、目錄學的發展情況，就大體知道版本學的發展情況。第二，古籍版本源流是古籍版本學研究的重要內容之一。版本源流研究同書異本的先後，是同書異本相互區別的重要標誌之一。第三，古籍版本鑒定的規律，也是古籍版本學研究的重要內容之一。版本源流與版本鑒定密不可分，研究版本源流不是最終目的，是為版本鑒定服務的。版本鑒定也不是最終目的，其最終目的就是尋求善本。版本源流和版本鑒定的成果有分散和集中兩種表現形式：分散形式包括論文、筆記、序跋等；集中形式包括專著、書目等。集中形式是古籍版本源流和古籍版本鑒定研究的標誌性成果。根據上述特點，可以得出古籍版本學產生和發展的如下標準：（一）同書異本。這一條既是古籍版本學的研究對象，又是古籍版本學的物質基礎。（二）同書異本研究。這一條與校勘學、目

錄學密切相關,是古籍版本學的出發點,也是古籍版本學的學術基礎。同書異本研究的內容包括文字同異、版本源流等。(三)關於善本的理論和實踐。善本是版本鑒定的結果,是古籍版本學研究的核心問題。(四)版本學專著、版本目錄等標誌性成果。這一條是古籍版本學家研究成果的結晶。在研究古籍版本學產生時期時,不要把「產生」時期和「成熟」時期混為一談,要把二者加以區別。正如人的成長要經歷童年、青年、成年等階段一樣,古籍版本學的成長,也要經歷一個從小到大、從弱到強、從低級到高級的發展過程,不可能一夜之間從天而降,並且非常成熟。承前啟後、繼往開來,是一切事物發展的規律,古籍版本學概莫能外。古籍版本學是一門實踐性很強的學科。衡量一代版本學的興衰,離不開社會實踐,脫離實踐的版本學是毫無價值的,也是不可能的。以上四條標準都離不開社會實踐,都與讀書治學、藏書、刻書等實踐活動密切相關。

一、古籍版本學的產生

根據上述標準衡量,先秦兩漢是古籍版本學的產生時期。早在先秦兩漢時期,孔子、司馬遷、劉德、劉向、班固、蔡邕等人就初步涉足古籍版本學,儘管那時候的古籍版本學還處於萌發階段。

先秦兩漢的同書異本及其研究

先秦兩漢時期已經產生了大量同書異本。隨著先秦兩漢時期學校、藏書家、書店的大量出現和佛經的東傳,同書異本的數量是很多的。據不完全統計,漢代單是《古文尚書》就有孔安國家傳本、秘府藏本、百兩篇本、孔宅壁藏本、河間獻王本、漆書本等多種版本。大量的同書異本為古籍版本學的產生創造了物質條件。

先秦兩漢關於同書異本的研究也起步了。讓我們以同書異本的校勘為例加以說明。先秦有三個校勘同書異本的著名例子:一是孔子七世祖正考父校《詩》例。據《國語·魯語》:「昔正考父校商之名《頌》十二篇於周太師,以《那》為首。」也就是說,正考父擔心十二篇頌歌文字有誤,到周天子管理音樂的太師處進行校正。這個記載說明,至遲在公元前九世紀到公元前八世紀,已經出現了同書異本的校勘活動。二是孔子校勘例。據《春秋·昭公十二年》:「齊高偃帥師納北燕伯於陽。」《公羊傳》解釋說:

「伯於陽」者何?「公子陽生也。」子曰:「我乃知之矣。」

（何休《解詁》：「子」謂孔子。「乃」，乃是歲也。時孔子年二十三，具知其事，後作《春秋》。案史記，知「公」誤為「伯」，「子」誤為「於」，「陽」在，「生」刊滅闕。）在側者曰：「子苟知之，何以不革？」曰：「如爾所不知何。」（《解詁》：此夫子欲為後人法……不欲令人妄臆錯。）

這就是說，孔子通過校勘，知道「伯於陽」為「公子陽生」之誤，只是為了慎重，才沒有逕改。三是子夏校勘例。子夏名卜商，春秋末晉國溫人，孔子得意門生，據《呂氏春秋·察傳》：

　　子夏之晉，過衛，有讀史記者曰：「晉三豕涉河。」子夏曰：「非也，是己亥也，夫己與三相似，亥與豕相近。」至於晉而問之，則曰：「晉師己亥涉河也。」

這是子夏糾正誤本之例。以上三例表明，早在先秦，學者已經開始了同書異本的研究工作。漢代同書異本的研究非常普遍，漢代官方規模較大的校勘活動至少有七次：第一次是漢初蕭何、韓信等參加的校勘活動；第二次是漢武帝時置寫書之官引發的校勘活動；第三次是漢成帝河平三年（前 26）劉向等人的校勘活動；第四次是東漢初班固、傅毅等人參與的校勘活動；第五次是漢安帝永初四年（110）劉珍、劉駒、馬融等參與的校勘活動；第六次是漢順帝永和元年（136）伏無忌、黃景等參與的校勘活動；第七次是漢靈帝熹平四年（175）蔡邕、楊賜、張訓等參與的校勘活動。當然，漢代校勘活動也是一件經常性的工作，楊終、賈逵、高彪、王逸等曾任校書郎或校書郎中之職，他們也理所當然地參與了校勘活動，對同書異本有較深入的研究。漢代民間校勘以鄭玄最為著名，他在為《周易》、《尚書》、《毛詩》、《儀禮》、《論語》、《孝經》等書作注的過程中，「囊括大典，網羅眾家，刪裁繁誣，刊改漏失」[註1]，是漢代校勘用力最勤的一個人。段玉裁曾說：

　　校書何放乎？放於孔子、子夏。自孔、卜而後，成帝時劉向、任宏、尹咸、李柱國各顯所能。向卒，歆終其業。於是有律有校，有竹有素，益恭詳矣。而千古大業未有盛於鄭康成者也。[註2]

　　先秦兩漢同書異本的研究大致如上所述，它實開了古籍版本學研究的先河。

〔註 1〕（南朝宋）范曄：《後漢書》卷三五《鄭玄傳》，中華書局 1983 年版。
〔註 2〕（清）段玉裁：《經韻樓集·經義雜記序》，清同治九年（1870）刻本。

先秦兩漢的善本

先秦兩漢時期已經有了「善本」的概念，不過，先秦兩漢時期不叫「善本」，而叫「良書」或「善書」。《墨子・非命上》云：「天下之良書，不可盡其數。」這裡的「良書」就是「善本」。這是古代典籍關於善本的最早記載之一。《漢書・河間獻王傳》云：

> 河間獻王德以孝景前二年立，修學好古，實事求是，從民得善書，必為好寫與之，留其真，加金帛賜以招之。由是四方道術之人，不遠千里，或有先祖舊書，多奉以奏獻王者。故得書多，與漢朝等。是時淮南王安亦好書，所招致率多浮辯。獻王所得書皆古文先秦舊書，《周官》、《尚書》、《禮》、《禮記》、《孟子》、《老子》之屬，皆經傳說記，七十子之徒所論。

其中「善書」一詞也是善本的意思。河間獻王劉德提出衡量善本的四條標準：就時間而言，必須是先秦舊書，秦漢圖書一律不收；就內容而言，必須是「真」本，偽本一律不收；就著者而言，皆七十子之徒所論，其他圖書一律不收；就文字而言，必須是古文，用今文寫成的圖書一律不收。以時間、真偽、著者、字體四個條件作為選擇善本的標準，這在版本學史上還是第一次。另外，劉德以「好寫」之書與人交換善本，雖然談不上公平交易，但是，好寫者，書法優秀、內容無誤之謂也，說明劉德也很重視版本的書法藝術水平，這在版本學歷史上也是第一次。或者認為，從版本意義上講，「本」的概念在漢代尚未形成，因而劉德的善書和後代的善本並不一樣，這種說法似可商榷：首先，版本不是一個抽象的、超越時空的概念，而是一種具體的、看得見、摸得著的物質形態。先秦兩漢時期同書異本的大量存在，已是不爭的事實。其次，漢代簡策的同書異本，更多稱書，例如劉向校書時用的「臣向書」「臣參書」等，這裡的書就是本的意思。但也有直接稱本的例子，例如劉向《別錄》云：

> 讎校，一人讀書，校其上下，得謬誤為校。一人持本，一人讀書，若怨家相對，故曰讎也。

余嘉錫先生解釋說：「所謂本者，謂殺青治竹所書，改治已定，略無訛字。上素之時，即就竹簡繕寫，以其為書之原本，故稱曰本。其後竹簡既廢，人但就書卷互相傳錄，於是本之名遂由竹移之紙，而一切書皆可稱本矣。」〔註3〕

〔註3〕余嘉錫：《目錄學發微》卷二《版本序跋》，上海古籍出版社2001年版。

很明顯，余先生以為本字指的就是既為上素底本又為定本的簡策書。或者不同意這種解釋，以為本指帛書。其實，本指簡策或帛書並不重要，重要的是先秦兩漢同書異本的大量存在以及校勘的風氣。漢代是簡策、帛書並存的時代，帛書的數量也是不少的，單是《七略》就著錄了13000多卷，帛書的同書異本也是大量存在的。版本問題不是簡策的專利，帛書同樣存在版本問題。漢蔡邕《蔡中郎集·劉鎮南碑》云：「寫還新者，留其故本。」這裡的故本，很難說清是簡策還是帛書，但是無論簡策或帛書，都是同書異本中的一個。另外，即使到了古籍版本學已經相當成熟的宋代，雖然善本之稱已經蔚成風氣，但是仍然不乏善書的記載，例如陳振孫《直齋書錄解題·皇朝編年舉要》云：「（該書）去取無法，詳略失中，未為善書。」這說明善書與善本並非判若鴻溝的兩個概念，二者並無本質的區別。

漢代版本目錄

《七略》是先秦兩漢時期古籍版本學已經產生的標誌性成果。首先，《七略》著錄的圖書都是劉向等經過整理的定本，每種書錄之後都有「定以殺青，書可繕寫」之類的話語，其中「定」就是定本的意思。所謂定本，就是劉向等針對中書、外書等眾多同書異本而最後審定的本子。例如《戰國策》同書異本的名稱不一，劉向以為「戰國的遊士輔所用之國，為之筴謀，宜為《戰國策》」〔註4〕，可見《戰國策》的書名，就是劉向最後審定的；又如《管子》的篇數同書異本各異，劉向經過整理，「定著八十六篇」〔註5〕，八十六篇就是定本的篇數，並非其他各本的篇數。由於《七略》是劉向、任宏、尹咸、李柱國、劉歆、王龔等古籍版本學家審定的本子，從這個意義上說，《七略》不僅是一個版本目錄，而且是一個善本目錄。劉德為漢景帝第三子，生於公元前160年左右，劉向則生於公元前77年，比劉德要晚80年左右。如上所言，80年前的劉德已經提出善本的概念，則80年後的劉向，理應對善本具有更加深入的研究。雖然，《七略》、《別錄》中暫時沒有發現善本之類的論述（不排除亡佚的可能），則我們完全有理由相信劉向的善本觀比劉德的善本觀更加成熟，《七略》作為善本目錄是當之無愧的。《七略》也是一個寫本目錄，它是人工抄寫而成的；《七略》又是一個帛書目錄，劉向等編目的最後一道工序就是抄在帛書上。另外，《七略》類敘中常常談到同書異本的版本差異問題。例如《六藝

〔註4〕張舜徽：《文獻學論著輯要·戰國策書錄》，陝西人民出版社1985年版。
〔註5〕張舜徽：《文獻學論著輯要·管子書錄》。

略・易類敘》云：「劉向以中《古文易經》校施、孟、梁丘經，或脫去「无咎」「悔亡」，惟費氏經與古文同。」說明《七略》著錄的《易經》十二篇，在版本方面與脫去「无咎」「悔亡」等字的施讎、孟喜、梁丘賀本不同。《六藝略・書類敘》云：

> 劉向以中古文校歐陽、大小夏侯三家經文，《酒誥》脫簡一，《召誥》脫簡二。率二十五字者，脫亦二十五字，簡二十二字者，脫亦二十二字，文字異者七百有餘，脫字數十。

說明《七略》著錄的《尚書古文經》四十六卷，在版本方面與存在脫簡的歐陽生、夏侯勝、夏侯建等本不同。

過去，一談到最早的版本目錄，首先想到的就是南宋尤袤撰《遂初堂書目》。其實，除了尤目之外，還有不少版本目錄。早在二十世紀三十年代，著名目錄學家姚名達就曾經指出：「古錄失傳，傳者惟南宋初年尤袤之《遂初堂書目》，獨並注眾本於書目下，說者乃以版本學之創始推之，竟不知其前尚有多數版本專家，何其陋也！」〔註6〕多數版本專家之中，就應該包括劉向等人。什麼是版本目錄？顧名思義，版本目錄就是著錄版本的目錄。版本目錄的著錄方法是因時而異、與時俱進的。不同時期會有不同的著錄方法，永遠不會停留在一個固定模式上。如果用今天古籍著錄的國家標準去苛求古代書目，那就連尤袤《遂初堂書目》也很難說是版本目錄了。日本人長澤規矩也撰《中國版本目錄學解題》（書目文獻出版社1990年版）就有《七略》。李致忠先生指出：「《七略》凡錄一書，必著其書名、作者、篇什、家派、家數、傳本等，這時版本學所要反映的基本內容，又都蘊含反映在目錄著作裏了。」〔註7〕這樣的目錄當然應該是版本目錄。

總而言之，同書異本研究活動的開展、善本概念和《七略》的出現，都說明先秦兩漢是古籍版本學的產生時期。古籍版本學是和校勘學、目錄學同時產生的。先秦兩漢時期，湧現出那麼多成績卓著的學者，沒有古籍版本學是不可思議的。由於先秦兩漢是簡帛並行的時代，同書異本的數量和後世相比是有限的，因而大大制約了古籍版本學的發展。劉德的善本觀很不成熟，把先秦舊書、古文舊書、七十子之徒所論以外的其他版本一概排斥於善本之外，顯然是不恰當的。

〔註6〕姚名達：《中國目錄學史・版本目錄》，中國書店1984年版。
〔註7〕李致忠：《古籍版本知識500問》，北京圖書館出版社2001年版。

二、古籍版本學的發展時期（上）

魏晉南北朝和隋唐五代是古籍版本學的發展時期。隨著佛教的東傳和紙張的普及，同書異本不斷增加，同書異本的研究不斷發展。佛經版本的研究令人注目，善本的概念日漸普及，版本目錄越來越多。讓我們首先論述晉代古籍版本學。

晉代同書異本及其研究

隨著同書異本的大量增加，晉代出現了梵本、胡本、同本、全本、真本、異本、別本等術語。梵本即用梵文寫成的印度佛經的原本，如晉釋支敏度《合維摩詰經序》云：「斯經梵本，出自維耶離。」〔註8〕胡本即西域北方地區的佛經版本，如晉釋慧遠《阿毗曇心序》云：「（僧伽提婆）乃手執胡本，口宣晉言。」〔註9〕同本即同一個版本，如晉釋道安《合放光光贊略解序》云：「《放光》、《光贊》，同本異譯耳。」〔註10〕全本即內容完整無缺的本子，如晉釋道安《道行經序》云：「二家所出，足令大智煥爾闡幽。支讖全本，其亦應然。」〔註11〕正本是對副本而言的，是副本據以傳抄的底本，如晉釋僧睿《喻疑》云：「《大般泥洹經》既出之後，而有嫌其文不便者，而更改之，人情小惑。有慧祐道人，私以正本雇人寫之。」〔註12〕真本是對偽本而言的，是真正的本子，如晉釋僧睿《喻疑》云：「（朱士行）既至於闐，果得真本，即遣弟子十人，送至洛陽，出為晉音。」〔註13〕異本是指同一種書的不同本子，如晉釋支敏度《合首楞嚴經記》云：「以漢末沸亂，南渡奔吳，從黃武至建興中，所出諸經凡數十卷，自有別傳記錄。亦云出此經，今不見復有異本也。」〔註14〕別本義同異本，亦指同一種書的不同版本。秘書監孫盛《晉春秋》直書桓溫事，桓溫依仗權勢，以死相逼，要孫盛改寫，「諸子乃共號泣稽顙，請為百口切計。盛大怒，不許。諸子遂私改之。盛已先寫別本，傳之外國。及孝武帝購求異書，得之於遼東人，與見本不同，遂兩存之〔註15〕。這裡，別本就是指《晉春秋》的原本，晉政府

〔註8〕（梁釋）僧祐：《出三藏記集》卷八《合維摩詰經序第十三》，中華書局 1995年版。

〔註9〕（梁釋）僧祐：《出三藏記集》卷十《阿毗曇心序第十一》。

〔註10〕（梁釋）僧祐：《出三藏記集》卷七《合放光光贊略解》。

〔註11〕（梁釋）僧祐：《出三藏記集》卷七《合放光光贊略解》。

〔註12〕（梁釋）僧祐：《出三藏記集》卷五《喻疑第六》。

〔註13〕（梁釋）僧祐：《出三藏記集》卷五《喻疑第六》。

〔註14〕（梁釋）僧祐：《出三藏記集》卷七《合放光光贊略解》。

〔註15〕（宋）司馬光：《資治通鑒》卷一〇二《晉紀二十四》，中華書局 1987年版。

同時收藏了原本和竄改之本。

晉代對於同書異本的校勘工作至少有如下六次：第一次在晉武帝太始十年（274），當時荀勖「領秘書監，與中書令張華依劉向《別錄》，整理記籍」〔註16〕。荀勖等整理圖書的方法與劉向是一樣的，校書是其重要內容。第二次在晉武帝太康二年（281），荀勖等參加了這次汲冢竹書的整理工作。荀勖（？～289），字公曾，潁川潁陰人，西晉大臣，著名學者。他曾先後兩次參加國家藏書的整理工作，他在《穆天子傳序》中說：

> 古文《穆天子傳》者，太康二年汲縣民不准盜發古冢所得書也。
> 皆竹簡素絲編。以臣勖前所考定古尺度，其簡長二尺四寸，以墨書，
> 一簡四十字。汲者，戰國時魏地也……汲郡收書不謹，多毀落殘缺，
> 雖其言不典，皆是古書，頗可觀覽，謹以二尺黃紙寫上，請事平（按：
> 指平定八王之亂後）以本簡書及所新寫並付秘書繕寫，藏之《中經》，
> 副在三閣。〔註17〕

可見荀勖注意從內容和形式兩個方面研究版本，當他從內容方面研究版本之後，才得出「毀落殘缺」，「其言不典，皆是古書，頗可觀覽」的結論。在形式方面，他已注意到載體、裝訂、高廣、行款、文字等問題。第三次在晉惠帝時，從國子祭酒裴頠之請，「刻石寫經」〔註18〕，抄寫之前，先要校書。第四次在晉元帝初，李充任大著作郎。「於時典籍混亂，充刪除煩重，以類相從，分作四部，甚有條貫，秘閣以為永制」〔註19〕，這次整理的結果是編寫《晉元帝四部書目》。第五次在晉孝武帝太元中，賈弼之主持校寫「百氏譜記」〔註20〕。第六次在晉安帝義熙初，徐廣主持了這次校書活動。徐廣，字野民，東莞姑幕人，著名學者。歷仕秘書郎、祠部郎、大司農、秘書監等職，有《史記音義》、《晉紀》等著作。晉代《史記》版本紛雜，真偽莫辨，徐廣《史記音義》對同書異本做了大量整理工作，如《史記·五宗世家》云：「子慶為王。」徐廣曰：「他本亦作慶字，惟一本作建，不宜得與叔父同名，相承之誤。」又如《史記·魏其武安侯列傳》云：「（田）財為諸郎。」徐廣曰：「一云諸卿。時人相號長老者為諸公，年少者為諸卿，如今人相號為士大夫也。」

〔註16〕（唐）房玄齡：《晉書》卷三九《荀勖傳》，中華書局1959年版。
〔註17〕（清）嚴可均：《全上古三代秦漢三國六朝文·全晉文》，中華書局1999年版。
〔註18〕《晉書·裴頠傳》。
〔註19〕《晉書》卷九二《李充傳》。
〔註20〕《南齊書·賈淵傳》。

裴駰《史記集解序》云：

> （《史記》各本）文句不同，有多有少，莫辨其實，而世之惑者，
> 定彼從此，是非相貿，真偽舛雜。故中散大夫東莞徐廣研核眾本，
> 為作《音義》，具列異同，兼述訓解。〔註21〕

以上校書活動反映了晉代對於同書異本的研究情況。

晉代的善本

晉人對善本的研究有了更大進步。隨著對同書異本研究的不斷深入，晉人已能鑒定版本的先後及善否。讓我們以晉釋支敏度、竺曇無蘭等為例加以說明。

支敏度，晉代著名僧人、翻譯家，籍貫不詳。永嘉之亂後，南渡避兵。精於義疏，有《譯經錄》等多種著作。晉代《首楞嚴經》有支越、支法護、竺叔蘭三種譯本，面對同書異本，支敏度進行了認真的校勘工作，他說：

> 披尋三部，勞而難兼，欲令學者即得其對，今以越所定者為母，
> 護所出為子，蘭所譯者繫之，其所無者輒於其位記而別之。〔註22〕

晉代《維摩詰經》亦有支恭明、支法護、竺叔蘭三種譯本，支敏度同樣進行了認真的校勘工作，他說：

> 蓋維摩詰經者，先哲之格言，弘道之宏標也。其文微而婉，厥
> 旨幽而遠。可謂唱高和寡，故舉世罕覽。然斯經梵本，出自維耶離。
> 在昔漢興，始流茲土，於時有優婆塞支恭明。逮及於晉，有法護、
> 叔蘭。此三賢者，並博綜稽古，研機極玄，珠方異音，兼通開解，
> 先後譯傳，別為三經，同本、人殊、出異。或辭句出入，先後不同；
> 或有無離合，多少各異；或方言訓古，字乖趣同；或其文胡越，其
> 趣亦乖；或文義混雜，在疑似之間。若此之比，其途非一。若其偏
> 執一經，則失兼通之功；廣披其三，則丈煩難完。余是以合兩令相
> 附，以明所出為本，以蘭所出為子，分章斷句，使事類相從。〔註23〕

竺曇無蘭，原天竺人，晉代著名僧人、翻譯家，曾於建康（今南京）譯經。他對佛教戒律深有研究。晉代戒律至少有260戒、250戒等多種版本，令人莫衷一是，竺曇無蘭進行了認真整理，他說：

〔註21〕（漢）司馬遷：《史記》附錄《史記集解序》，中華書局1986年版。
〔註22〕（梁釋）僧祐：《出三藏記集》卷七《合首楞嚴紀記第十》。
〔註23〕（梁釋）僧祐：《出三藏記集》卷八《合維摩詰經序第十》。

> 余因閑暇，為之三部合異，粗斷起盡，以二百六十戒為本，二
> 百五十者為子，以前出常行戒全句繫之於事末。而亦有永乖不相似
> 者，有以一為二者，有以三為一者，余復分合，令事相從。〔註24〕

可見竺曇無蘭也對戒律異本進行了鑒定，然後確定「本」「子」關係。上述引文中，所謂「母」「本」即同書異本中的最早之本，即善本；所謂「子」，即同書異本中晚出之本，即僅供擇善而從的本子。可見支敏度和竺曇無蘭已對同書異本做了鑒定工作。在版本鑒定的基礎上，確定諸本之間的「母」（本）與「子」的關係，以「母」（本）為主，以「子」為從。研究同書異本，找出善本，這在古籍版本學歷史上，是可考最早的明確記載之一。

晉代版本目錄

晉代版本目錄可考者有釋道安撰《綜理眾經目錄》等。道安（312～385），常山扶柳人，東晉、前秦名僧，著名翻譯家。自幼聰慧，過目成誦。年十二出家，從佛圖澄等遊，在北方傳教多年。後率徒南奔襄陽，編撰《綜理眾經目錄》，注釋佛經20餘種，並制定戒規，為寺院所法。又分遣弟子慧遠、法和等往長江上、下布教，為傳播佛教作出重要貢獻。晉武帝寧康三年（375）北上長安，深受苻堅禮遇，主持譯經百餘萬言，是中國佛教史上有重要貢獻的人物之一。他對佛經的同書異本很有研究，他在分析佛經版本複雜的原因時說：

> 譯胡為秦，有五失本也：一者胡語盡倒，而使從秦，一失本也。
> 二者胡經尚質，秦人好文，傳可眾心，非文不合，斯二失本也。三
> 者胡經委悉，至於歎詠，叮嚀反覆，或三或四，不嫌其煩，而今裁
> 斥，三失本也。四者胡有義說，正似亂辭，尋說向語，文無以異，
> 或千五百，刈而不存，四失本也。五者事已全成，將更傍及，反騰
> 前辭，已乃後說，而悉除此，五失本也。〔註25〕

道安從語言、文風等五個方面深刻分析了「譯胡為秦」造成同書異本的原因。這裡的「本」字就是原本、底本的意思。道安一生的最大貢獻就是編撰了一部《綜理眾經目錄》，正如梁釋慧皎《高僧傳‧道安傳》所說：「自漢魏迄晉，經來稍多，而傳經之人，名字弗說，後人追尋，莫測年代。安乃總集名目，表其時人，詮品新舊，撰為《經錄》，眾經有據，實由其功。」《綜理眾經目錄》

〔註24〕《出三藏記集》卷十一《大比丘二百六十戒三部合異序第十二》。
〔註25〕《出三藏記集》卷八《摩訶缽羅波羅蜜經抄序第一》。

是我國古代最早的版本目錄之一。雖然該目已經失傳，但從釋僧祐《出三藏記集》中尚可略窺一斑：第一，該目著錄了佛經譯本的出版時、出版地和出版者。一種佛經的最早譯本也即這種佛經的第一個版本，佛經的抄寫地也即出版地。如《普耀經》著錄「永嘉二年五月出」，也即出版時為「永嘉二年五月」；《大道地經》著錄「外國所抄」，也即出版地為「外國」；該目著錄涼土譯經 59 部、79 卷，關中譯經 24 部、24 卷，「涼土」「關中」就是其出版地。第二，考出《寶如來經》、《度護經》、《四身經》等偽經 26 部、30 卷。他說：

> 經至晉土，其年未遠，而喜事者以沙糅金，斌斌如也。而無括正，何以別真偽乎！農者禾草俱存，后稷為之歎息；金匱玉石同緘，卞和為之懷恥。〔註26〕

這正是他辨偽的原因所在。他還著錄了偽經同書異本的別名，如《寶如來經》亦名《寶如來三昧經》、《度護經》亦名《度護法經》等。第三，他為 27 卷佛經作了注解。他說：「方言殊音，文質從異，譯胡為晉，出非一人。或善胡而質晉，或善晉而未備胡。眾經浩然，難以折衷。」〔註27〕版本紛雜，「難以折衷」，正是他注解佛經的原因。《綜理眾經目錄》是佛典目錄的劃時代著作，梁啟超評價說：

> 其體裁足稱者蓋數端：一曰純以年代為次，令讀者得知斯學發展之跡及諸家派別；二曰失譯者別自為篇；三曰摘譯者別自為篇，皆以書之性質為分別，使眉目犁然；四曰嚴真偽之辨，精神最為忠實；五曰注解之書別自為部，不與本經混，主從分明。〔註28〕

總之，面對大量同書異本，晉代學者從內容入手，考定版本優劣、區分母（本）、子關係之例已經屢見不鮮，晉代學者對於佛經版本的研究尤其用力。法顯西行，已開尋求佛經善本的先例。道安《綜理眾經目錄》是我國古代最早的佛經版本目錄之一。大量事實表明，晉代古籍版本學已進入發展時期。由於紙張還沒有大行於世，同書異本的數量仍然不多，古籍版本學發展的步子還不大。

〔註26〕《出三藏記集》卷五《新集安公疑經錄第二》。梁氏認為，佛家經錄有優勝于普通目錄之書者數事：一曰歷史觀念甚發達，二曰辨偽甚嚴，三曰比較甚審，四曰搜采遺逸甚勤，五曰分類極複雜而周備。今按：梁氏應為中國佛家目錄學的開山祖師，他首次發現了目錄學史上的新天地。

〔註27〕《出三藏記集》卷五《新集安公注經及雜經志錄第四》。

〔註28〕梁啟超：《佛家經錄在中國目錄學之位置》，《圖書館季刊》1926 年第一卷。

三、古籍版本學的發展時朝（中）

在晉代古籍版本學的基礎上，南北朝時期的古籍版本學有了更進一步的發展。

南北朝同書異本及其研究

南北朝時，隨著紙張的普及，同書異本與日俱增。「異本」「別本」「真本」「正本」等詞語頻頻出現。例如《梁書・任昉傳》云：「家雖貧，聚書至萬餘卷，率多異本。」《梁書・王僧孺傳》云：「僧孺好墳籍，聚書至萬餘卷，率多異本，與沈約、任昉家書相埒。」可見任昉、王僧孺的萬餘卷藏書中，都有大量同書「異本」。別本屬於同書異本的一種，據《梁書・劉孝綽傳》：在劉孝綽與到洽的個人糾紛中，劉孝綽曾書論到洽不平者十事，又寫別本呈東宮。又據《北齊書・樊遜傳》：北齊文宣帝天保七年（556）校定群書，網羅眾本，「凡得別本三千餘卷，五經諸史，殆無遺闕」。以上二例的別本均指同書異本。據《梁書・蕭琛傳》：「始琛在宣城，有北僧南渡，惟齎一葫蘆，中有《漢書序傳》，僧曰：『三輔舊老相傳，以為班固真本。』琛固求得之，其書多有異今者，而紙墨亦古，文字多如龍舉之例，非隸非篆，琛甚秘之。」可見蕭琛所得真本，不僅內容多有異今者，而且紙墨亦古，文字非隸非篆，從內容到形式都不同於別本。據《魏書・李彪傳》：「（所修之書）近則期月可就，遠也三年有成。正本蘊之麟閣，副藏之名山。」這裡「正本」是指同書異本中最早的讐正之本。

隨著同書異本的大量增加，南北朝的校書活動也更加頻繁。可考的校書活動有 13 次：第一次在南朝宋文帝元嘉間，主持者為謝靈運。文帝「使秘書監謝靈運整理秘閣書，補足遺闕」〔註29〕，結果編成《元嘉八年秘閣四部目錄》。古代整理圖書的做法一準劉向故事，校書是其重要組成部分。第二次在南朝宋後廢帝元徽元年（473），主持者為王儉。王儉「超遷秘書丞，上表求校墳籍，依《七略》，撰《七志》四十卷」〔註30〕。第三次在南齊明帝時，主持者為庾於陵。當時「齊隨王子隆為荊州，召庾於陵為主簿，使與謝朓、宗夬抄撰群書」〔註31〕。第四次在南齊永元末，主持者為王泰。當時「後宮火，延燒秘書，圖書散亂殆盡。泰為丞，表校定繕寫，高祖從之」〔註32〕。第五次在梁天監初年，

〔註29〕（清）朱銘盤：《南朝宋會要・文學》，上海古籍出版社 1984 年版。
〔註30〕（梁）蕭子顯：《南齊書・王儉傳》，中華書局 1974 年版。
〔註31〕（唐）姚思廉：《梁書・庾於陵傳》，中華書局 1983 年版。
〔註32〕《梁書・王泰傳》。

主持者為張率。張率奉詔主持抄乙部書。第六次在梁武帝天監二年（503），主持者為到洽。這一年，「到洽遷司徒主簿，直待詔省，敕使抄甲部書」〔註33〕。第七次在梁武帝天監七年（508），主持者仍然是張率。當時，張率「除中權建安王中記室參軍，俄有敕直壽光省，治丙丁部書抄」〔註34〕。按照傳統做法，以上三次抄書活動，均在校書之後進行。甲乙丙丁代表經史子集四部，可見梁武帝天監年間，把四部群書全部校勘一遍。第八次在北魏獻文帝天安中，主持者為高謐。據《魏書·高謐傳》：「天安中，以功臣子召入禁中，除中散，專典秘閣。肅勤不倦，高宗深重之，拜秘書郎。謐以墳典殘缺，奏請廣訪群書，大加繕寫。由是代京圖籍，莫不審正。」「莫不審正」，正是校書的結果。第九次在北魏孝文帝太和中，主持者為李修。據《魏書·李修傳》：

> 太和中，（李修）常在禁內。高祖、文明太后有時不豫，修持針藥，治多有效，賞賜累加。本服第宅，號為鮮麗。集諸學士及工書者百餘人，在東宮撰諸藥方百餘卷，皆行於世。

可見這次整理的內容是藥方，諸學士的工作就是從事校勘工作。第十次在魏宣武帝景明中，主持者是孫惠蔚。孫惠蔚（約448～517），字叔炳，北魏武邑武遂人。十三歲已精通《詩經》、《尚書》、《孝經》、《論語》等，後又師從名師，十九歲時已小有名氣，孝文帝慶和初舉孝廉，為皇宗博士，參定雅樂。宣武帝時，歷仕秘書丞、黃門侍郎、國子祭酒、秘書監等職。他任秘書丞時，看到國家藏書版本錯亂，建議整理國家藏書。按照他的建議，集中40名專家，以盧昶《甲乙新錄》為依據，「專精校考，參定字義」，拿出準確無誤的定本〔註35〕。第十一次在北魏孝莊帝時，由高道穆「總集帳目，並牒儒學之士，編比次第」〔註36〕。第十二次在北齊文宣帝天保七年（556），主持人為樊遜。這次校書共得同書異本3000多卷，把五經諸史的不同版本網羅無遺，為這次校書創造了很好的條件。第十三次在北周明帝時。明帝即位後，「集公卿已下有文學者八十餘人于麟趾殿刊校經史」〔註37〕。參加者有元偉、蕭撝、韋孝寬、蕭大圜、宗懍、王褒、姚最、明克讓等。以上是南北朝可考的13次校書活動，這些校書活動為正定同書異本作出了重要貢獻。

〔註33〕（清）朱銘盤：《南朝梁會要·文學》，上海古籍出版社1984年版。
〔註34〕（清）朱銘盤：《南朝梁會要·文學》，上海古籍出版社1984年版。
〔註35〕（北齊）魏收：《魏書·孫惠蔚傳》，中華書局1984年版。
〔註36〕《魏書·高道穆傳》。
〔註37〕（唐）令狐德棻：《周書》卷四《明帝紀》，中華書局1984年版。

南北朝的善本

南北朝時期，「佳本」「良書」等詞大量出現。據《周書·辛術傳》：「及定淮南，凡諸資物一毫無犯。惟大收典籍，多是齊、梁時佳本，鳩集萬餘卷。」可見辛術所得萬餘卷圖書中，多有傳之久遠的佳本，非一般異本可比。據《周書·蕭大圜傳》：「披良書，探至賾，歌纂纂，唱烏烏，可以娛神，可以散慮。」說明當時在麟趾殿工作的蕭大圜認為，「良書」不僅有利於治學，而且有利於修身養性。以上所說「佳本」「良書」，相當今之「善本」。「佳本」「良書」的大量出現，是南北朝學者追求善本的必然結果。為了尋求善本，南北朝學者繼晉代之後在鑒定同書異本方面作了不懈努力。下面以顏之推、陽休之、劉之遴等為例加以說明。

顏之推（531～約590年後），字介，琅琊臨沂人，北齊文學家。自幼博覽群書，曾為梁元帝蕭繹文士，任散騎常侍。西魏破梁，輾轉逃奔北齊，官至黃門侍郎、平原太守等。入周，任御史上士。隋文帝時，為太子召為學士，以疾卒。撰《顏氏家訓》傳世，以儒家傳統思想作為立身治家之道。該書中也有不少關於版本學的論述：第一，他強調善本的重要性，舉例說明誤本鬧出的笑話。他說：

> 江南有一權貴，讀誤本《蜀都賦注》，解「蟰蛦，芋也」，乃為「羊」字。人饋羊肉，答書云：「損惠蹲鴟。」舉朝驚駭，不解事義。久後尋跡，方知如此。元氏之世，在洛京時，有一才學重臣，新得《史記音》，而頗紕繆，誤反「顓頊」字，「頊」當為許錄反，錯作許緣反，遂謂朝士言：「從來謬音『專旭』，當音『專翾』耳。」此人先有高名，翕然信行。期年之後，更有碩儒，苦相究討，方知誤焉。〔註38〕

可見誤本實在害人不淺，叫人把羊肉當芋頭，把「顓頊」讀作「專翾」。第二，他還告誡人們在校書時必須網羅眾本：「觀天下書未遍，不得妄下雌黃。」〔註39〕這就是說，沒有大量閱讀圖書（包括所有同書異本），就不能隨便校書。顏之推本人正是這樣做的。他在《顏氏家訓·書證》中列舉了江南本、江南舊本、河北本、古本、俗本等多種版本，並指明了誤本異文。第三，他還注意根據內容鑒定版本。《後漢書·樊曄傳》云：「酷吏樊曄為天水郡守，涼州為之歌曰：『寧見乳虎穴，不入冀府寺。』」《顏氏家訓·書證》糾誤云：

> 江南書本「穴」皆誤作「六」。學士因循，迷而不寤。夫虎豹穴

〔註38〕（北齊）顏之推：《顏氏家訓·勉學第八》，上海古籍出版社1982年版。
〔註39〕（北齊）顏之推：《顏氏家訓·勉學第八》，上海古籍出版社1982年版。

居，事之較者，所以班超云：「不探虎穴，安得虎子？」寧當論其六七耶？

另外，顏之推還注意利用出土文物校訂版本，《史記‧始皇本紀》云：「二十八年，丞相隗林、丞相王綰等，議於海上。」其中，「隗林」之「林」字，諸本皆同，顏之推根據長安出土的秦代鐵稱權上的銘文，確認「隗林」當為「隗狀」之誤〔註40〕。家訓著作是古人教育後代的世代相傳的重要著作，奉為傳家之寶。顏之推在這樣重要的著作中專論古籍版本問題，說明古籍版本學已經引起注意，反映了當時社會對於古籍版本學的高度重視。在浩如煙海的古籍中，像《顏氏家訓‧書證》這樣集中論述古籍版本學的有關問題，在古籍版本學歷史上也是第一次。

陽休之，字子烈，北齊人。少勤學，愛文藻。歷仕北魏、北齊、周諸朝，有《幽州人物志》、文集等。其《陶潛集序錄》云：

> 余覽陶潛之文，辭采雖未優，而往往有奇絕異語，放逸之致，棲託仍高。其集先有兩本行於世：一本八卷，無序；一本六卷，並序目，排比顛亂，兼復闕少。蕭統所撰八卷，合序目、傳、誄，而少《五孝傳》及《四八目》，然編次有體，次第可尋。余頗賞潛文，以為三本不同，恐終致忘失，今錄統所闕並序目等，合為一帙十卷，以遺好事君子。〔註41〕

可知陽休之對陶集的版本流傳瞭如指掌，並能根據序目、內容、編次等鑒定版本。

另外，南朝梁時，鄱陽嗣王蕭範得一《漢書》「真本」，太府卿劉之遴從上書年月、篇名、編次、卷數、內容等方面進行鑒定，認為這是一個偽本〔註42〕，儘管這個結論尚有異議，但其思路無異是正確的。

南北朝版本目錄

南北朝的版本學成果有釋僧祐撰《出三藏記集》等。僧祐（445～518），南朝齊梁間人，原籍彭城下邳。生於建業，著名僧人、佛學家和目錄學家，有《釋迦譜》、《集諸僧名行記》、《弘明集》、《世界記》、《眾僧行儀》、《出三藏記集》等。《出三藏記集》是我國古代傳世最早的版本目錄。該目錄分四大部分：

〔註40〕　《顏氏家訓‧書證第十七》。
〔註41〕　《全上古三代秦漢三國六朝文‧全隋文》。
〔註42〕　《梁書‧劉之遴傳》。

「一撰緣記，二詮名錄，三總經序，四述列傳。」〔註43〕卷一為「撰緣記」，即該目的編纂起因；卷二至卷五為「詮名錄」，著錄佛經目錄；卷六至卷十二為「總經序」，是佛經譯本的原序、後記的彙編；卷十三至卷十五為「述列傳」，是佛經翻譯家列傳。「總經序」和「述列傳」相當於後來的書目提要，是該目不可或缺的重要組成部分，對瞭解佛經的內容、流傳情況和譯者生平等有重要作用。「總經序」實開了後世輯錄體目錄的先河；「述列傳」與稍前的王儉《七志》實開了後世傳錄體目錄的先河。該目著錄佛經版本 20 餘種：就地域分，有梵本、胡本、涼州本、關中本等。如卷二《摩訶僧祇律》注云：「梵本，未譯出。」卷二《比丘尼大戒》注云：「晉簡文帝時，西域沙門曇摩持誦胡本，竺佛念譯出。」全目著錄「胡本」最多，有數十處。涼州本即涼州翻譯的佛經，該目卷三有「新集安公涼州異經錄」專題，著錄涼州本 59 部、79 卷。關中本即關中翻譯的佛經，該目卷三有「新集安公關中異經錄」專題，著錄關中本 24 部、24 卷。涼州本和關中本雖是沿用了道安《綜理眾經目錄》的成果，但也說明僧祐對於這兩種版本的贊成和肯定。就翻譯情況分，有出本、異出本等。出本即最早譯本，如卷二《中阿含經》注云：「晉隆安元年十一月一日於東亭寺譯出，至二年六月二十五日訖。與曇摩難提所出本不同。」異出本即同種佛經的另外一種譯本，如卷四《彌勒下生經》注云：「異出本。」就抄本情況分，有文宣王（蕭子良）抄本、釋僧柔和釋慧次抄本、舊抄本等。卷五「新集抄經錄」專門著錄竟陵文宣王蕭子良所抄佛經 36 部，注云：「從《華嚴經》至《貧女為國王婦人》，凡三十六部。並齊竟陵文宣王所抄。凡『抄』字在經題上者，皆文宣所抄也。」卷五《抄成實論》注云：「齊武帝永明七年十二月，竟陵文宣王請定林上寺釋僧柔、小莊嚴寺釋慧次等於普賢弘寺共抄出。」舊抄本即時間、抄者不詳的早期抄本，如卷五《大海深嶺抄經》等六種注云：「上六抄經是舊抄。」就佛經的流傳情況分，有真本、正本、定本、舊本、異本、別本等。真本、正本和異本，晉代已經通用，僧祐多所引用。「定本」是最早審定之本，如卷十引用佚名撰《阿毗曇心序》的話說：「其年（指晉泰元十六年——引者注）冬，於得陽南山精舍，提婆自執胡經，先誦本文，然後乃譯為晉語，比丘道慈筆受，至來年秋，複重與提婆校正，以為定本。」「舊本」是早期流傳的抄本，如卷十一《略成實論記》說：「《成實論》十六卷，羅什法師於長安出之，曇晷筆受，曇影正寫。影欲使文玄，後自轉為五翻，餘悉依舊本。」該目著錄

〔註43〕 《出三藏記集·序》，中華書局 1995 年版。

別本佛經 43 種，其中《阿毗曇》的別本多至九種。又如卷二《新集條解異出經錄》小序說：「《泥洹》、《楞嚴》重出至七，《般若》之經，別本乃八。」就出處分，有安公本、護公錄本、別錄本、王宗經目本等。安公本即晉釋道安《綜理眾經目錄》著錄本，如卷三《和達經》注云：「安公本錄訖於此。」護公錄本即晉釋竺法護《眾經錄》著錄本，如卷九《大集虛空藏無盡意三經記》云：「但護公錄復出《無盡意經》四卷，未詳與此本同異。」別錄本即晉釋支敏度《別錄》著錄本，如卷二《鹿子經》注云：「別錄所載，安錄無。」王宗經目本即南齊王宗《眾經目錄》著錄本，如卷四《佛從兜率寺降中陰經》注云：「出王宗經目。」就佛經收藏分，有闕本、未得本等。闕本即尚未收藏之本，如卷三《道地經中要語章》注云：「自此而下，不稱有者，並闕本。」「未得本」即求而未得之本，如卷五《佛法有六義第一應知》和《六通無礙六根淨業義門》並注云：「未得本。」另外，還有大本等名稱，大本顯然是就開本大小而言者，如卷四《淨除業障經》注云：「《淨業障》大本。」另外，《出三藏記集》卷五還記載了一段珍貴的資料，《薩婆若陀眷屬莊嚴經》解題云：

> 梁天監九年，郢州頭陀道人妙光，戒歲七臘，矯以勝相，諸尼媼人，僉稱聖道。彼州僧正議欲驅擯，遂潛下都，住普弘寺，造作此經。又寫在屏風，紅紗映覆，香花供養，雲集四部，嚫供煙塞。事源顯發，敕付建康辯核疑狀。云抄略諸經，多有私意妄造，借書人路琰屬辭潤色。獄牒：「妙光巧詐，事應斬刑。路琰同謀，十歲謫戍。」即以其年四月二十一日，敕僧正慧超，令喚京師能講大法師、宿德如僧祐、曇準等二十人，共至建康前辯妙光事。超即奉旨，與曇準、僧祐、法寵、慧令、慧集、智藏、僧旻、法雲等二十人於縣辯問。妙光伏罪，事事如牒。眾僧詳議，依律挨治。天恩免死，恐於偏地復為惑乳，長係東治。即收拾此經，得二十餘本，及屏風於縣燒除。然猶有零散，恐亂後生，故夏略記。

可見梁武帝對於佛經的重視，一旦發現偽本，就堅決查辦，按照當時法律規定，造偽者處以極刑。因武帝開恩，免其一死，判其十年謫戍的處分，這是古代嚴懲作偽之例。《出三藏記集》不僅是現存最早的一部佛經目錄，也是一部現存最早的版本目錄，它對後世產生了深遠的影響，在中國目錄學史上有舉足輕重的地位，姚名達稱其為南北朝諸家之最傑出者。〔註44〕

〔註44〕姚名達：《中國目錄學史·宗教目錄篇》。

總而言之，南北朝時期隨著紙張的普及，同書異本的研究不斷發展，人們對研究版本的重要性有了進一步認識，開始研究鑒定版本的方法。善本的概念不斷深入人心。

四、古籍版本學的發展時期（下）

在魏晉南北朝古籍版本學的基礎上，隋唐五代的古籍版本學有了進一步的發展。

隋唐五代的同書異本及其研究

隨著同書異本的大量增加，正本、副本、真本、舊本、異本、別本等詞語更是屢見不鮮。另外，還出現了俗本、淨本等詞語，如《漢書‧辛慶忌傳》：「光祿勳慶忌行義修正，柔毅敦厚，謀慮深遠。」唐顏師古注云：「今流俗書本『柔』字作『果』者，妄改之。」此之「流俗書本」即「流俗本」，指廣為流傳的本子。淨本即據草稿寫定的本子。如俞樾《茶香室三鈔‧淨本》云：

> 大曆中，西川節度使崔寧嘗有密切之事，差人走馬入奏，發已三日，忽於案上文籍中見所奏淨本猶在，其函中所封乃表草耳，憂惶不已。張植乃柱香一爐，以所寫淨本置香煙上，忽然飛去，食頃得所封表草。及使回問之，並不覺，進表時封題印署如故。按此知唐人以寫定之本謂之淨本，今人則以真草對言矣。

這裡，淨本換草本的事情雖然荒誕，然淨本通行於唐，乃有其實。

隋唐五代時期，對於一般圖書同書異本的整理也很重視。可考隋代大規模校書至少有五次：第一次在隋文帝開皇三年（583）。當時「秘書監牛弘表請分遣使人搜訪異本，每書一卷，賞絹一匹，校寫既定，本即歸主」[註45]。第二次在隋文帝開皇九年（589）。平陳之後，鑒於陳書版本錯亂，又校書一次。第三次在隋文帝開皇十七年（597），許善心主持這次校書工作。第四次是在隋文帝開皇二十年（600），王劭等參加了這次校書工作。第五次在隋煬帝大業初年。這次校書規模很大，「此種橫亘於四部書畫佛道之大規模整理，實為梁武帝以後範圍最大的一次，前此惟漢成帝時可比，後此惟唐玄宗、宋仁宗、清高宗時可比」[註46]。可考唐代大規模校書至少有如下七次：第一次在高祖武德間。開國之初，經籍亡逸，購募遺書，校刊之後，重加繕寫。從武德五年（622）

〔註45〕（唐）魏徵等：《隋書‧經籍志總敘》。
〔註46〕《中國目錄學史‧校讎篇》。

到武德九年（626）共校書 12 萬多卷。第二次在唐太宗貞觀間。唐太宗「命秘書監魏徵寫四部群書，將進內貯庫。別置讎校二十人、書手一百人。徵改職之後，令虞世南、顏師古等續其事，至高宗初，其功未畢。顯慶中，罷讎校及御書手，令工書人繕寫，計其酬傭，擇散官隨番讎校」〔註47〕。這次校書從貞觀二年（628）至高宗顯慶中，歷時 30 餘年。第三次校書在高宗乾封間。乾封元年（666）十月十四日，高宗「以四部群書傳寫訛謬，並亦缺少，乃詔東臺侍郎趙仁本、兼蘭臺侍郎李懷儼、兼東臺舍人張文瓘等，集儒學之士刊正，然後繕寫」〔註48〕。第四次校書在玄宗開元間。從開元三年（715）直至開元二十年（732），時間長達 17 年以上，褚無量、元行沖先後主持了這次工作。第五次在玄宗天寶間。從天寶三載（744）至天寶十四載（755），歷時十二年。第六次在德宗貞元間。貞元二年（786）七月，秘書監劉太真請擇儒詳校九經，從之。秘書監陳京四任集賢學士，奏請秘書官六人，刊校書籍，並編《貞元御府群書新錄》。第七次在文宗開成間。當時鄭覃「侍進禁中，以經籍道喪，屢以為言。詔令秘閣搜訪遺文，日令添寫」〔註49〕。以上是隋唐五代時期規模較大的校書活動。這些校書活動反映了官方對於同書異本內容的重視。

隋唐五代時期，不少學者也很重視同書異本的研究。宇文愷、陸德明、李賢、陸淳、郭京、顏元孫、張參、唐玄度等是其代表人物。

宇文愷（555～612），朔方夏州人，著名建築家。隋文帝營建新都，任副監；隋煬帝遷都洛陽，任東都副監、將作大臣、工部尚書等職，有《東都圖記》、《明堂圖議》等著作。明堂是古代帝王宣明政教的地方，凡朝會、祭祀、慶賞、選士、養老、教學等大典，均在這裡進行。為了恢復古代明堂建制，宇文愷博覽群書，研究了各種版本，他說：

> 自古明堂圖惟有兩本：一是宗周，劉熙、阮諶、劉昌宗等作，
> 三圖略同；二是後漢建武三十年作，《禮圖》有本，不詳撰人。臣遠
> 尋經傳，傍求子史，研究眾說，總撰今圖。〔註50〕

宇文愷把以往明堂圖的眾多版本分為兩大系統：一為宗周本系統，至少包括劉熙本、阮游本、劉昌宗本等三個版本；一為東漢建武本系統。他根據兩大系統，取長補短，「總撰今圖」。可見宇文愷對於明堂各種版本的研究已經相當深入，

〔註47〕（後晉）劉昫：《舊唐書·崔行功傳》。
〔註48〕《唐會要》卷三五。
〔註49〕《舊唐書·經籍志》。
〔註50〕《隋書·宇文愷傳》。

把眾多版本條分縷析，分為兩大系統，這種概括分析版本的方法，在古籍版本學史上也是最早記載之一。

陸德明《經典釋文》博採漢魏六朝 230 餘家經書版本，彙集了同書異本的大量異文、音切和訓詁，是研究古代文字學、訓詁學、音韻學和版本學的重要著作。

李賢（655～684），唐高宗第六子，即章懷太子。後為生母武則天猜忌，廢為庶人，迫其自殺。他以為范曄《後漢書》作注著稱於世。他在注《後漢書》時，網羅眾本，糾正了不少俗本的錯誤，如《後漢書》卷六十「趣以飲章」下注云：「俗本有不解『飲』字者，或改為『報』，或改為『款』，並非也。」

唐代陸淳《春秋經傳纂例》、郭京《周易舉正》、顏元孫《干祿字書》、張參《五經文字》、唐玄度《九經字樣》等都是研究同書異本的重要著作。

隋唐五代的善本

隋唐五代時期，「上品」「善書」「良書」「好本」等詞語大行於世。據《隋書‧經籍志》：「煬帝即位，秘閣之書，限寫五十副本，分為三品：上品紅琉璃軸，中品紺琉璃軸，下品漆軸。」這裡，「上品」即今之善本。據《舊唐書‧蔣乂傳》：「（蔣）乂料次逾年，各以部分，得善書二萬卷。」「善書」也是善本的意思。據《舊唐書‧劉洎傳》：貞觀七年（633）皇太子初立，劉洎以為應當尊賢重道，上書曰：「臣愚以為授以良書，娛以佳賓，使耳所未聞，睹所未見，儲德愈光，群生之福也。」「良書」也是善本的意思。又據唐張守節《史記正義‧論事例》：

> 《史》、《漢》文字相承已久，若「悅」字作「說」，「閑」字作
> 「閒」，「智」字作「知」，「汝」字作「女」，「早」字作「蚤」，「後」
> 字作「后」，「既」字作「溉」，「勅」字作「飭」，「制」字作「剬」，
> 此之般流，緣古少字，通共用之。《史》、《漢》本有此古字者，乃為
> 好本。

「好本」也是善本的意思，可見「善本」的概念在隋唐五代時期已經日漸流行。那麼「善本」一詞最早出現在何處？前此人們進行了大量的研究工作，據清吳任臣《十國春秋‧吳越十三‧僧義寂傳》：

> 義寂嘗語德韶，智者之教惟新羅有善本，願借大力致之。德韶
> 以聞忠懿王，乃遣使航海，傳寫而還。

這當是截至目前我們所知「善本」一詞的最早出處。

隋唐五代時期，官方也很重視圖書善本的形式美。據《隋書·經籍志序》：

> 及平陳已後，經籍漸備。檢其所得，多太建時書，紙墨不精，
> 書亦拙惡。於是總集編次，存為古本。召天下工書之士，京兆韋布、
> 南陽杜頵等，於秘書內外補續殘缺，為正副二本，藏於宮中，其餘
> 以實秘書內、外之閣，凡三萬餘卷。

可見隋代對於善本的紙墨、書法和裝訂都很講究，因為南朝陳的藏書「紙墨不精，書亦拙惡」，因而專門請著名書法家韋需、杜順等「補續殘缺」，反映了官方對於善本形式美的追求。唐代官方也很重視善本的紙張和裝幀，據《舊唐書·經籍志》：

> （四部庫書）皆以益州麻紙寫。其集賢院御書：經庫皆鈿白牙
> 軸，黃縹帶，紅牙籤；史書庫鈿青牙軸，縹帶，綠牙籤；子庫皆離
> 紫檀軸，紫帶，碧牙籤；集庫皆綠牙軸，朱帶，白牙籤，以分別之。

可見唐代官方善本，用紙特別講究，皆用當時最好的益州麻紙抄寫，書軸、縹帶、牙籤也因書而異。

唐代高僧、著名佛經翻譯家玄奘為了錄求佛經善本，他翻越萬水千山，從印度帶回梵本佛經 657 部。回國後，二十年如一日翻譯佛經，鞠躬盡瘁，死而後已。玄奘的一生就是為追求佛經善本而奮鬥的一生。他在翻譯《大般若經》時，「文有疑錯」，就用從印度帶回的「三家以定之，殷勤省覆，方乃著文，審慎之心，自古無比」[註51]。佛經譯本向有「古譯」「舊譯」「新譯」之說：「古譯」即鳩摩羅什前的譯本；「舊譯」即鳩摩羅什以後的譯本；「新譯」即玄奘譯本。新譯後來居上，是佛經譯本的善本。

佛經自漢代東傳以來，佛經的版本非常複雜。但是比較而言，唐代佛經譯本堪稱善本，湯用彤《隋唐佛經史稿·隋唐傳譯之情形》指出：佛書翻譯首推唐代，其翻譯之所以佳勝，約有四因：（一）人材之優美；（二）原本之完備；（三）譯場組織之精密；（四）翻譯律例之進步。

以上四條都與版本有關：所謂「人材之優美」，指唐代翻譯人材輩出，如玄奘、法琳、道宣、懷素、義淨、不空、智昇等都是著名翻譯家，《開元釋教錄》著錄有 37 人。所謂「原本之完備」，指唐代僧人玄奘、義淨等從印度帶回不少佛經原本，這就從根本上保證了譯本的質量。所謂「譯場組織之精密」，指譯場嚴密、分工明確，各司其職，翻譯的各個環節環環相扣。所謂「翻譯律

〔註51〕（唐）慧立等：《大慈恩寺三藏法師傳》卷 10，中華書局 2000 年版。

例之進步」指唐代翻譯的理論和方法不斷完善。以上四條對於保證佛經譯本的質量發揮了重要作用，也是佛經版本質量好壞的關鍵所在。

隋唐五代的版本目錄

隋唐五代時期，出現大量版本目錄，蘋蘋大者如費長房撰《歷代三寶記》、魏徵等撰《隋書・經籍志》、道宣撰《大唐內典錄》、智昇撰《開元釋教錄》、玄逸撰《釋教廣品歷章》等。

費長房，生卒年不詳，成都人。早年出家，北周武帝廢佛後還俗。隋興，從事佛經的整理工作，開皇十七年（597）撰《歷代三寶記》十五卷。該書是一部佛經版本目錄，由帝年、代錄、入藏目錄和總目四部分組成。「帝年」是佛教年表。「代錄」以譯人為經，以所譯佛經為緯，著錄後漢至隋16個朝代的譯經和撰述。每經著錄同書異名，同書異名就是同書異本的標誌。因為翻譯佛經的最後一道工序是抄寫，因此譯年、譯地就是出版年和出版地。「入藏目錄」也著錄同書異本，「同本別出，舉一多卷，編以為頭，其外二三，具注於下」〔註52〕，也就是說，同書異本著錄，以卷多者標目，卷少者附注其下。

魏徵（580～643），字玄成，館陶人，唐初大臣，歷仕太子洗馬、諫議大夫、秘書監、侍中等職，有《隋書》、《群書治要》等著作。《隋書・經籍志》是我國古代重要的版本目錄之一。該目已經著錄了大量同書異本，如鄭譯撰《樂府聲調》著錄有三卷本和六卷本；《一字石經周易》著錄有一卷本和三卷本；《象經》著錄有王褒、王裕、何妥三家注本。在大量的同書異本中，該目還多次使用「別本」一詞，如曹操《兵書接要》十卷注云「梁有《兵書接要》別本五卷」；《宋江夏王義恭集》十一卷注云「又有《江夏王集》別本十五卷」。可知二書的書名、卷數都是不一樣的。該目著錄的叢書本和單行本也屬於同書異本，如《地理書》149卷，為陸澄匯《山海經》等160家為一書，《隋書・經籍志》稱之為「澄本」。澄本之外，又著錄了《山海經》等39家單行本。抄撰是魏晉南北朝時期盛行的一種著作方式。為了簡易，一部書往往有多種節鈔本，該目則同時著錄全本和節鈔本，如殷淳《婦人集》，既著錄了全本三十卷，又著錄了節鈔本二卷；劉義慶《集林》既著錄了全本181卷，又著錄了節鈔本11卷。諸如此類的例子在《隋書・經籍志》中有30餘種。另外，在該目敘錄中，多次使用「古本」「異本」「正本」「副本」「舊本」等版本學術語，也說明

〔註52〕　（隋）費長房：《歷代三寶記・入藏目錄》，大正藏本。

它是一部版本目錄。就整體而言，《隋書・經籍志》又是一個抄本目錄，因為該目著錄者全為人工抄寫之書。

道宣（596～667），本姓錢，丹徒人，唐代名僧，中國佛教律宗的創立者，有《大唐內典錄》、《廣弘明集》、《續高僧傳》等著作。其《大唐內典錄》十卷是佛經的版本目錄。該目卷二《歷代翻本單重人代存亡錄》、卷三《歷代眾經總撮入藏錄》著錄單譯、重譯，實則著錄了同書異本。卷四《歷代眾經舉要轉讀錄》實則善本目錄，針對此卷，姚名達指出：

> 蓋佛典浩如煙海，讀者本已窮年莫律，加以同本異譯，摘品別行，疊屋支床，益苦繁重，宣公於本篇，於異譯別行諸經，各擇其最善一本，以為代表。〔註53〕

卷五《歷代眾經有目闕本錄》是闕書目錄，即待訪闕本目錄。書目著錄闕本，後人就可能按目而訪，收而藏之。卷八是疑偽目錄，著錄了不少疑本和偽本。

智昇《開元釋教錄》二十卷也是一個版本目錄。該目分總錄、別錄、入藏錄三大部分。「總錄」十卷，著錄唐以前十九朝譯經事，仿《出三藏記集》以譯人為經，以譯經為緯，每經著錄同書異名、譯時、譯地等，也就是該目著錄了同書異本的書名差別、出版時、出版地等。如唐釋智通譯《觀自在菩薩隨心呪經》一卷注云：「亦云《多唎心經》，永徽四年於總持寺譯。」〔註54〕這就是說，此經出版時為永徽四年，出版地為總持寺，同書異本的書名為《多唎心經》。「別錄」八卷分七錄，「有譯有本錄」著錄單譯、重譯，以重譯居首。單譯、重譯就是兩個不同的版本。「有譯無本錄」著錄了大量闕本，如大乘經闕本408部、801卷，小乘經闕本605部、815卷。「刪略繁重錄」就同書異本「詳校異同，甄別得失，具為條目」。宋代贊寧評論說：

> （此目）最為精要，何耶？諸師於同本異出、舊目新名，多惑其文，真偽相亂。或一經為兩本，或支品作別翻，……裁量，少無過者。如其舊錄江泌女子誦出經，黜而不留，可謂藻鑒。杜塞妖偽之源，有茲獨斷。後之圓照《貞元錄》也，文體意宗，相距不知幾百數里哉！麟德中道宣出《內典錄》十卷，靖邁出《圖紀》四卷，昇各續一卷。經法之譜無出昇之右矣。〔註55〕

〔註53〕《中國目錄學史・宗教目錄篇》。

〔註54〕此為密教經典。

〔註55〕（宋）贊寧：《宋高僧傳》卷5《智昇傳》，中華書局1987年版。

「疑惑再詳錄」著錄疑本 14 部、19 卷，「偽邪亂真錄」著錄偽本 392 部、1055 卷。該錄列舉四條理由說明《要行捨身經》託玄奘翻譯者是偽經，證據確鑿，無可辯駁，其一云：「偽經初云：王舍城靈鷲山者，靈鷲，山名，古譯經有。（玄）奘法師譯皆曰鷲峰，今言靈鷲，一偽彰也。」以上關本、單本、繁本、疑本、偽本等佛經版本的著錄，是建立在對佛經內容的閱讀、鑒定之上的，沒有智昇對佛經內容的深刻瞭解，以上內容將無法著錄。可見唐代佛經版本鑒定對於內容的重視。另外，「偽邪亂真錄」之後還附錄了南齊竟陵文宣王蕭子良等節抄本佛經 54 本，這與雕版印刷的普及有關。據《晦庵集・與伯謨書》：「《韓文考異》大字以國子監版本為主，而注其同異，辨其是非，斷其取捨。」又據《宋史・崔頤正傳》：「咸平初，又有學究劉可名言諸經版本多舛誤，真宗命擇官詳正，因訪達經義者，（李）至方參知政事，以頤正對。」又據《宋史・趙安仁傳》：「雍熙二年，登進士第，補梓州榷鹽院判官，經親老弗果往。會國子監刻《五經正義》版本，以安仁善楷隸，遂奏留書之。」以上引文中「版本」一詞均指刻本。比較而言，《宋史・趙安仁傳》是關於「版本」二字的最早記載之一。隨著雕版印刷的發展和圖書製作方式的複雜化，「版本」二字含義逐漸擴大，成為一書各種本子的總稱。

宋代同書異本的名稱從形式到內容、從空間到時間，無不涉及，日益複雜化，數量多至百種。歸納起來，約有如下類型：

以出版時間區分，有唐本、古本、今世本等；

以出版地點區分，有浙本、閩本（建本）、川本、京本、杭本、江西本、嚴州本、建安本、建陽本、當塗本、麻沙本、福州本、鄂州本、婺州本、長沙本、黃州本、信州本等；

以出版方式區分，有寫本、刻本、印本、刻蠟紙本、報本、石本等；

以出版先後區分，有祖本、初本、重刻本等；

以寫本區分，有寫本、抄本、手稿本等；以開本區分，有小本、大本、巾箱本等；以字體區分，有京師大字舊本、杭州細字本、川小字本等；以出版質量區分，有善本、錯本、誤本、校正本、真本、贗本等；以收藏單位區分，有館閣本、秘閣本、太清樓本、家本等；此外，還有正本、副本、別本、全本、節本、定本、子本、敕本、雜本、朱墨本、高麗本、焦尾本等。

茲將宋代新出現的同書異本擇要簡介如下：「焦尾本」初見於陸游《渭南文集・跋東坡集》：「此本藏之三十年矣。嘉泰甲子歲十二月，遺燼幾焚之，

予輯成編，比舊本差狹小，乃可愛，遂目之曰焦尾本云。」可知焦尾本即火災之後幸存的殘缺不全的本子。王明清《清波雜志》卷十二云：「淳化五年，翰林學士張泊獻《重修太祖記》一卷，以朱墨雜書，凡躬承聖問及史官採摭事，即以朱別之。神宗正史，類因詆誣而非實錄，厥後刪改，亦有朱墨本傳於世，其用淳化故事歟？」可見朱墨本即並有朱、墨二色之書。姚勉《雪坡集・本朝長編節要綱目序》云：「司馬《通鑒》一書有節本，有舉要，歷有袁氏本，末有朱夫子《綱目》。今此書之節要，辭芟其浮，即司馬《通鑒》之節本也。」可見「節本」即節取精華之本。方勺《泊宅編》卷四云：「前世法書名畫，有藏之秘閣者，謂之閣本。」可見閣本即秘閣藏本。歐陽修《集古錄・唐干祿字書模本》云：「今世人所傳，乃漢公模本，而大曆真本以不完，遂不復傳。」這裡「模本」即拓本也。魏泰《東軒筆錄》卷五云：「呂升卿為京東察訪使，遊泰山，題名於真宗御製《封禪碑》之陰，刊到榻本，傳於四方。」這裡「榻本」也即拓本。宋代同書異本有四個特徵：一是數量之多，史無前例；二是範圍之大，幾乎涉及各種版本，尤其是關於雕版印刷的版本名稱越來越多；三是使用次數之多，前所未有；四是有待規範化。同書異本之稱，往往多種多樣，如刻本又叫刊本、槧本等；拓本又叫打本、石本、模本、碑本、攝本等。

五、古籍版本學的成熟時期（上）

宋代同書異本的研究

面對同書異本的大量差異，宋人校書尤勤。據汝企和《論兩宋館閣之校勘史書》[註56]統計，宋代校書共計 78 次，其中史書校勘 21 次，僅北宋就有如下 11 次：

（一）宋太宗淳化五年（994）校《史記》、《漢書》和《後漢書》。參加者有舒雅、吳淑、潘慎、朱昂、陳充、阮思道、趙安仁等。

（二）宋真宗咸平初復校《史記》。參加者有陳堯佐、周起、丁遜等。

（三）宋真宗咸平三年（1000）校《三國志》、《晉書》、《新唐書》等。參加者有黃夷簡、錢惟演、杜鎬、戚綸、許衰、陳充等。

（四）宋真宗景德元年（1004）復校《漢書》、《後漢書》等。參加者有刁衍、晁迥、丁遜等。

〔註56〕文載《史學史研究》2001 年第 1 期。

（五）宋真宗乾興元年（1022）校《後漢書》諸志。參加者有馬龜符、王式、賈昌朝、黃鑒、公孫覺、王宗道等。

（六）宋仁宗乾興間校《天和殿御覽》。

（七）宋仁宗天聖二年（1024）校《南史》、《北史》和《隋書》。參加者有張觀、王質、李淑、公孫覺、宋綬等。

（八）宋仁宗景祐元年（1034）復校諸史。參加者有王洙、余靖、張觀、李淑、宋郊、趙撰等。

（九）宋仁宗景祐四年（1037）校《國語》及諸子。參加者有李淑等。

（十）宋仁宗嘉祐六年（1061）校《宋書》、《南齊書》、《梁書》、《陳書》、《魏書》、《北齊書》、《周史》等。

（十一）宋哲宗元祐元年（1086）校《資治通鑒》。參加者有范祖禹、司馬康等。為了保證官方校書的規範性，紹興六年（1132）六月專門公布了《校讎式》，其中云：

> 諸字有誤者，以雌黃塗訖，別書。或多字，以雌黃圈之；少者，於字側添入；或字側不容注者，即用朱圈，仍於本行上下空紙上標寫。倒置，於兩字間書乙字。諸點語斷處，以側為正。其有人名、地名、物名等合細分者，即於中間細點……點校訖，每冊末各書「臣某校正」。〔註57〕

宋代私人校書例也屢見不鮮。王洙、王欽臣、宋敏求、曾鞏、蘇頌、陳師道、黃伯思、汪藻、洪興祖、鄭樵、張淳、朱熹、洪邁、彭叔夏、方松卿等很多文人都積極參與校書活動。洪邁講過一個故事：

> 曾紘所書陶淵明《讀〈山海經〉》詩云：「形天無千歲，猛志固常在。」疑上下文義若不貫，遂取《山海經》參校：「刑天，獸名也，口中好銜干戚而舞。」乃知是「刑天舞干戚」，故與下句相應，五字皆訛。〔註58〕

可見宋代某些同書異本的錯誤是多麼嚴重，宋代學者校書又是多麼認真。陸游也講過一個故事：

> 三舍法行時，有教官出《易》義題云：「乾為金，坤又為金，何也？」諸生乃懷監本《易》至簾前請云：「題有疑，請問。」教官作

〔註57〕（宋）陳騤：《南宋館閣錄》卷三《儲藏》，中華書局 1998 年版。
〔註58〕（宋）洪邁：《容齋四筆》卷十六，中華書局 2005 年版。

色曰：「經義豈當上請？」諸生曰：「若公試，固不敢。今乃私試，

恐無害。」教官乃為講解大概。諸生徐出監本，復請曰：「先生恐是

看了麻沙本，若監本，則坤為釜也。」教授皇恐，乃謝曰：「某當罰。」

即輸罰，改題而止。〔註59〕

這個故事說明宋代學生都參加了校書工作。朱熹為了校勘《昌黎先生集》，網羅了官本、古本、祥符杭本、嘉祐蜀本、莆田方氏本等，他校書的原則是不看來頭，無論官私，以義理為準，「苟是矣，雖民間近出小本不敢違；有所未安，則雖官本、古本、石本不敢信。」〔註60〕這反映了朱熹實事求是的治學態度。

除了校勘同書異本的文字同異之外，宋人也很重視同書異本先後源流的研究。葉夢得、王明清、朱翌等都研究過雕版印刷的起源，葉夢得云：

世言雕版印書始馮道，此不然，但監本五經板，道為之爾。柳

玭《家訓序》言其在蜀時嘗閱書肆，云字書、小學，率雕版印紙，

則唐固有之矣，但恐不如今之工。〔註61〕

這是古人探索雕版起源的最早記載。關於宋代刻書問題，葉夢得、周密、龔明之、洪邁、朱熹等都曾深入研究，葉夢得云：

今天下印書，以杭州為上，蜀本次之，福建最下。京師比歲印

板，殆不減杭州，但紙不佳。蜀與福建多以柔木刻之，取其易成而

速售，故不能工。〔註62〕

這段話對後世產生了深遠的影響，後世所謂宋代刻書四大中心（浙、建、蜀、汴）之說，即源於此。「以柔木刻之」一語，亦成為後世責難麻沙木的重要證據。

宋代的善本

宋代更多學者重視一書版本源流的考證，他們網羅眾本，通過鑒定，找出善本，如沈晦《柳先生集序》云：

凡四本：大字四十五卷所傳最遠，初出穆修家，云是劉夢得本；

小字三十三卷，元符間京師開行，顛倒章什，補易句讀，訛正相半；

曰曾丞相家本，篇數不多於二本，而有邢郎中、楊常侍二行狀，《冬

〔註59〕　（宋）陸游：《老學庵筆記》卷七，中華書局 1979 年版。
〔註60〕　（宋）朱熹：《昌黎先生集考異·書韓文考異前》，上海古籍出版社 1985 年版。
〔註61〕　（宋）葉夢得：《石林燕語》卷八，中華書局 1997 年版。
〔註62〕　（宋）葉夢得：《石林燕語》卷八，中華書局 1997 年版。

日可愛》、《平權衡》二賦，共四首，有其目而亡其文；曰晏元獻家本，
次序多與諸家不同，無《非國語》。四本中晏本最為精密。〔註63〕

　　宋人關於「善本」的論述有兩個特點：（一）善本一詞的使用頻率越來越
高。穆修《五百家注柳先生集序》、歐陽修《田弘正家廟碑》、蘇軾《東坡題潭
帖》、楊時《校正伊川易傳後序》、劉弇《書楚辭後》、周煇《清波雜志》、洪遵
《翰苑遺事》、郭知達《校正集杜詩序》、彭叔夏《文苑英華辯證序》、劉宰《本
事方序》、錢重《柳文後跋》、葉夢得《石林燕語》、洪邁《容齋隨筆》、魏了翁
《黃太史文集序》等很多著作中，大量使用善本一詞，也有稱良書、好本、善
書的。（二）善本觀以內容為主，兼及形式。宋人的善本標準有如下幾類：第
一，以古本、舊本、寫本為善本。如葉夢得《石林燕語》卷八云：「唐以前，
凡書籍皆寫本，未有模印之法。人以藏書為貴，書不多有。而藏者精於讎對，
故往往皆有善本。」這裡的善本指的就是舊本、寫本。第二，以官本為善本。
宋代不少藏書家所藏之書多為國子監刻本。第三，以金石拓本為善本。邵博
《邵氏聞見後錄》卷十四云：

　　予客長安，藍田水壞一墓，得退之自書《薛助教志》石。校印
　　本，殊不同。印本「挾一矢」，石本乃「指一矢」，為妙語。又城中有
　　發地得小狹青石，刻《瘞破硯銘》，長安義得退之《李元賓墓銘》，
　　段季展書。校印本，無「友人博陵崔宏禮賣馬葬國東門之外七里」
　　之事。又印本銘云：「已乎元賓，文高乎當世，行過乎古人，竟何為
　　哉！」石本乃「意何為哉」。益歎石本之語妙。

　　第四，以精校本為善本。《直齋書錄解題・元和姓纂》云：「（讀書）絕無
善本，頃在莆田，數本參校，僅得七八。後又得蜀本校之，互有得失，然粗完
整矣。」第五，以足本、完本為善本。《春秋繁露》共有82篇，樓鑰《攻媿集・
春秋繁露跋》云：「余老矣，猶欲得一善本，聞婺州潘同年叔度景憲多收異書，
屬其子弟訪之，始得此本，果得八十二篇，前所未見。」〔註64〕以上講的都是
內容。當然，這些善本標準又不是一概而論，還要進行具體分析。宋人的善本
標準也包括形式，王洙、王欽臣父子「每得一書，必以廢紙草傳之，又求別本
參校，至無差誤，乃繕寫之。必以鄂州蒲圻縣紙為冊，以其緊慢厚薄得中也。

〔註63〕（宋）沈晦：《柳河東集・四明新本河東先生集後序》，中國書店1992年版。
〔註64〕李明傑：《宋代版本學研究——中國版本學的發源及形成》第五章，齊魯書社
　　　　2006年版。

每冊不過三四十頁，恐其厚而易壞也。此本傳以借人及子弟觀之。又別寫一本，尤精好，以絹素背之，號鎮庫書，非己不得見也」〔註65〕。這裡的「鎮庫書」就是善本，可見王洙、王欽臣父子的善本觀就是內容、形式並重：在內容方面，要求「無差誤」；在形式方面，以當時最好的「蒲圻縣紙」抄寫，又「以絹素背之」。

宋代古籍版本學的豐碩成果

到了宋代，古籍版本學已經成為學者關注的焦點話題，古籍版本學家舉不勝舉。宋代古籍版本學的豐碩成果可分散文、專著和書目三個大類。

散文類成果包括序跋、書信等。宋代不少序言都兼及版本，如歐陽修《刪正黃庭經序》、宋敏求《孟東野詩集序》、曾鞏《新序目錄序》、司馬光《古文孝經指解序》、王洙《杜工部別集序》、蘇頌《補注神農本草總序》、李綱《校定杜工部集》、郭知達《校定集注杜詩序》、鄭康佐《眉山詩集序》、朱熹《周子太極通書後序》等。宋人在不少題跋中都談及古籍版本問題，如歐陽修《六一題跋》、曾鞏《元豐題跋》、蘇軾《東坡題跋》、黃庭堅《山谷題跋》、秦觀《淮海題跋》、米芾《海嶽題跋》、晁補之《無咎題跋》、陸游《放翁題跋》、洪邁《容齋題跋》、朱熹《晦庵題跋》、魏了翁《鶴山題跋》、真德秀《西山題跋》、劉克莊《後村題跋》，等等。

專著類成果比較集中地反映了同書異本的差異，書名多有「刊誤」「舉正」「考異」「辯證」之類的字眼。經書如鄭樵《書辯論》、張淳《儀禮識誤》、朱熹《孝經考異》、毛居正《六經正誤》等；史書如趙抃《新校前漢書》、余靖《漢書刊誤》、張泌《漢書刊誤》、劉放《東漢書刊誤》、吳仁傑《兩漢刊誤補遺》等；子書如錢佃《荀子考異》、沈揆《顏氏家訓考證》、朱熹《陰符經考異》、曹士冕《法帖譜系圖》等；集部如洪興祖《楚辭考異》、黃伯思《校定楚辭》、方松卿《韓集舉正》、朱熹《昌黎先生集考異》、彭叔夏《文苑英華辯證》等。《淳化閣帖》是宋淳化三年（992）宋太宗出秘閣所藏歷代法書詔令編次而成，並摹刻於棗木板上，拓賜大臣。其後刻帖盛行，宋代重輯、翻摹者甚多，曹士冕撰《法帖譜系圖》，敘其摹刻始末，兼考異同工拙，並以圖表的形式，提示各本之間的源流關係，在古籍版本學歷史上是史無前例的。

書目類成果有晁公武《郡齋讀書志》，尤袤《遂初堂書目》，陳振孫《直齋

〔註65〕（清）葉昌熾：《藏書記事詩》卷一，上海古籍出版社1989年版。

書錄解題》等。《郡齋讀書志》的不少內容都與版本有關，例如該目附志《濂溪先生大全集》提要說：「淳祐初元，詔從祀於學，封舂陵伯。始道守蕭一致刻先生遺文並附錄七卷，名曰《大成集》；進士易統又刻於萍鄉，名曰《大全集》，然兩本俱有差誤，今並參校而藏之。」〔註66〕尤袤《遂初堂書目》一書而兼載數本，如正史類《史記》著錄有川本、嚴州本；《前漢書》著錄有川本、吉州本、越州本、湖北本等。陳振孫《直齋書錄解題》條析各書版本源流，並注意比較同書異本的差別，如該目《杜工部集》提要說：

> 王琪君玉嘉祐中刻之姑蘇，且為後記，元稹墓銘亦附第二十卷
> 之末。又有遺文九篇，治平中太守裴集刊附集外。蜀本大略同，而
> 以遺文入正集中，則非其舊也。〔註67〕

歐陽修、宋祁撰《新唐書·藝文志》也有著錄版本的例子，例如既著錄《賈至集》二十卷，又著錄了蘇冕編《別》十五卷；既著錄了《杜甫集》六十卷，又著錄了樊晃編《小集》六卷。

總之，宋代同書異本數量之多，同書異本研究之盛，善本大量出現，古籍版本學成果之豐富，超過歷史上任何一個時期，說明宋代古籍版本學已經由童年、青年時期進入成年時期。宋代古籍版本學成熟的原因有三個：第一，古籍版本學長期發展的結果。自從先秦兩漢產生古籍版本學以來，經歷了魏晉南北朝和隋唐五代的漫長歷程，在長期積澱的基礎上，終於迎來了成熟時期。沒有宋代以前的古籍版本學，就沒有宋代的古籍版本學。宋代古籍版本學不可能從天而降。論者或以宋代為古籍版本學的產生時期，豈不知古籍版本學也像人一樣，有一個自小而大的成長過程。儘管宋代以前的古籍版本學還不是那麼成熟，但它畢竟具備了古籍版本學的基本條件，堪稱古籍版本學的青少年時期。沒有青少年時期，就沒有成年時期，正像人們申報戶口一樣，儘管小孩子那麼幼稚可笑，但他已具備人的所有特徵，應該一視同「人」，因而從出生的第一天起，作為一個人已經在戶籍管理部門登記在冊了。第二，宋代重視發展學術文化和古籍整理工作，宋代的基本國策是偃武修文，《太平御覽》、《太平廣記》、《文苑英華》和《冊府元龜》四大書的編纂，成為宋代學術研究和古籍整理的良好開端。在宋代享國的300餘年中，湧現了《資治通鑑》、《續資治通鑑長編》、《新唐書》、《新五代史》、《通志》等一大批學術名著。第三，雕版印刷

〔註66〕（宋）晁公武：《郡齋讀書志·附志》，現代出版社1987年版。
〔註67〕（宋）陳振孫：《直齋書錄解題》卷十六，上海古籍出版社1987年版。

的普及和推廣。自從唐代發明雕版印刷之後，宋代已經大行於天下。雕版印刷的初步繁榮，製作了大量的圖書版本，為古籍版本學奠定了雄厚的物質基礎，為古籍版本學的研究開闢了廣闊的前景。

六、古籍版本學的成熟時期（下）

繼宋代之後，元代古籍版本學仍然處於成熟時期。

元代同書異本研究

繼宋代之後，元代雕版印刷持續發展，同書異本大量增加，為版本學研究奠定了雄厚的物質基礎。元代官方對於同書異本的校勘活動未見記載，但是元代私人研究同書異本之例屢見不鮮，其代表人物有方回、胡三省、戴表元等。

《詩話總龜》是北宋阮閱編的一本詩話總集，後人多有續編，版本比較複雜。元人方回在《詩話總龜考》中說：

> 《詩話總龜》前、後、續、別七十卷，改阮閱休舊序冠其首。阮休《詩總》不可得，而阮休舊序全文在《漁隱叢話》後集第三十六卷中可考，阮休謂「宣和癸卯官彬江，類得一千四百餘事，分四十六門」，而《總龜》今序刪去此語。如「栗爆燒氈破，貓跳觸鼎翻」，所引六聯，即今序猶襲用之。按今《總龜》又非胡元任所見閩本《總龜》矣。元任所見全去阮休舊序。今予所見序，乃間用阮休語，而文甚不佳。序之尾曰「歲在屠維赤奮若」，即當是紹定二年己丑書坊本也。書目引南軒、東萊集，便知非乾道五年己丑。所謂作序人「華陽逸老」者，書坊偽名。所謂集錄「益都褚斗南仁傑」者，其姓字不芳，中間去取不當，可各類書談柄之萬一。初學詩者，恐不可以此為準也。〔註68〕

這裡元回比較了阮閱休舊本、閩本與今本的差別，以為阮閱休舊本有 46 門、1400 餘事，自序中引有「栗爆燒氈破，貓跳觸鼎翻」六聯。閩本刪去阮閱休舊序，另有「華陽逸老」新序，末署「歲在屠維赤奮若」，為紹定二年（1229）書坊刻本，集錄者為「益都褚斗南仁傑」。中間引用了張杭《南軒集》和呂祖謙《東萊集》，今本分前集、後集、續集、別集，共七十卷，將阮閱休舊序冠於首。略有刪改。比較而言，阮閱休原本最為可信，閩本為書坊刻本，今本為後人續編本。

〔註68〕李修生等：《全元文》卷 219，江蘇古籍出版社 1998 年版。

胡三省《資治通鑑釋文辨誤後序》云：

> 《通鑑釋文》行於世，有史焰本、有公休本。史焰本，馮時行
> 為之序；公休本，刻於海陵郡齋，前無序，後無跋，直實公休官位、
> 姓名於卷首而已。又有成都府費氏進修堂板行《通鑑》，於正文下附
> 注，多本之史焰，間以己意附見。世人以其有注，遂謂之善本，號
> 曰「龍爪通鑑」。要之，海陵釋文、龍爪注，大同而小異，皆蹈襲史
> 焰者也，訛謬相傳。而海陵本乃託之公休以欺世，適所以誣玷公休，
> 此不容不辨也。〔註69〕

胡三省比較了史用本、海陵本和龍爪本的異同，以為三本皆非善本：史用本本身就有很多訛謬，海陵本和龍爪本都蹈襲史用本，訛謬相傳。海陵本打著司馬光之子司馬康（字公休）的旗號，招搖過市，欺騙讀者。龍爪本的附注「多本之史焰，間以己意附見」。為了指出三本的訛謬，胡三省特撰《資治通鑑釋文辨誤》一書，每條先舉史焰之誤，海陵本、龍爪本同者，分注其下。此書與《資治通鑑音注》相輔而行，各有詳略，互為考證。《四庫全書總目》以為「其書援據精覈，多足為讀史者啟發之助」。〔註70〕

戴表元在《元次山集序》云：

> 唐左金吾衛將軍元結《次山集》十卷，最後用永州本讎校，少
> 訛舛。永本於諸本刪去《浪翁觀化》、《惡圓》、《惡曲》、《出規》、《處
> 規》、《訂司樂氏》等十四篇，以為無所考證而闕之。余讀其所刪，
> 與次山他文有微不類者，有甚類者，不知永本何去之亟也。按次山
> 詩文外，別有《元子》，共三編，見於李商隱敍《狇玕子》。《浪說》
> 之類所不算，此十四篇，當自《元子》諸書剗入，永本偶未詳耳。
> 然《元子》諸書出於盛年，辭多咤詭，遠不如此編之粹。〔註71〕

可見戴表元以為，在元次山諸本中，永州本為善本，當然，他也指出了永州本的不足，不應當把《元子》收錄的14篇匆忙刪去。

總之，元人對同書異本的研究相當普遍，又如釋如瑩、閔清等對於《大藏經》版本的研究、王璃對《丁卯集》版本的研究等。岳濬為了刻好九經三傳，用唐石經刻本、晉天福銅版本、京師大字舊本、紹興初監本、監中見行本、蜀

〔註69〕 《全元文》卷257《資治通鑑辨誤後序》。
〔註70〕 《四庫全書總目》卷47《資治通鑑釋文辨誤》，中華書局1981年版。
〔註71〕 《全元文》卷420《元次山集序》。

大字舊本、蜀學重刻大字本、中字本、潭州舊本、撫州舊本、建大字本、俞紹卿家本、婺州舊本、興國于氏本、余仁仲本等 23 種同書異本進行校勘，從而保證了刻書的質量。另外，為了進一步研究同書異本，元代不少學者還對刻書者多所研究。姚燧研究過元代興文署刻書和姚樞刻書；虞集研究過唐代吳彩鸞抄書；方回研究過刻書工人程禮；謝應芳研究過刻書工人張敬；程鉅夫研究過刻字工人熊生等。

元代的善本

像宋人一樣，元人的善本觀仍然是以內容為主，兼及形式。讓我們以吳師道、吳澄、韓性、危素等為例加以說明。

吳師道《書揚子後》云：

> 右《揚子法言》十三卷，晉李軌注，錢佃用國子監治平中舊本刊之，當時已用宋成注增入矣。今以四注本考之，李注簡，宋注詳。凡李注本其文詳者，皆所增入也。其明注「成曰」而誤以為李注，佃不考之過也。如正文《淵騫篇》一段，脫三十六字，注字訛誤甚多；《或問》提行處，或然或否，亦有文未斷而復提者，其枝定豈得為精也？〔註72〕

這裡所謂精本，即善本的意思。吳師道比較了李注本和宋注本的區別，以為李注本簡約，宋注本詳細。宋錢佃刻本訛誤較多：有把宋注誤為李注者；有脫誤至 36 字者；有隨便提行者。說明錢佃刻本不是一個精善之本。可見吳師道的善本觀是把內容放在第一位的。

吳澄《題〈戰國策〉校本》云：

> 《戰國策》字多脫誤，予嘗欲合諸家本校之，而未及。後見鮑本，喜之，然其篇題注義頗有乖謬。盧陵羅以通悉心考訂，定其篇章，補其脫，正其誤，釋其大意，譜諸國之年冠其首，凡鮑氏之失，十去八九。讀此書者得此，庶乎可為善本矣。〔註73〕

可見吳澄的善本觀也是以內容放在第一位，他認為羅以通本與鮑本相比，「定其篇章，補其脫，正其誤，釋其大意」，前面冠以諸國編年，「凡鮑氏之失，十去八九」，內容訛誤大大減少，「庶乎可為善本矣」。

〔註72〕《全元文》卷一〇七九《書揚子後》。
〔註73〕《全元文》卷四九〇《題戰國策校本》。

韓性《論衡序》云:

> 王充氏《論衡》,《崇文總目》三十卷,世所傳文或為二十七卷,史館本與《崇文總目》同。諸本繕寫,互有同異。宋慶曆中,進士楊文昌所定者,號稱完善。番陽洪公重刻於會稽蓬萊閣下。歲月既久,文字漫滅,不可復讀。江南諸道行御史臺經歷克莊公以所藏善本,重加枝正,紹興路總管宋公文瓚為之補刻,而其本復完……今世刻本,會稽本最善,克莊公為之校正而補刻之,傳之人人。其與帳中之書,戒人勿廣者,可謂遼絕矣。〔註74〕

可見韓性認為《論衡》諸本之中,以宋楊文昌校、會稽宋文瓚補刻本為善,其善本觀仍然是以內容為主。據楊文昌校書序,他在校書過程中,共改正錯字11259個。

危素對歐陽修文集的版本源流瞭如指掌,指出當時歐集有汴本、杭本、蘇本、衢本、吉本、建本、蜀本等。正集有歐陽修自編本、子歐陽棐本和孫歐陽恕本三種版本,其中,歐陽修自編本五十卷,訛誤最少,多為諸本所採用。外集訛誤較多,周必大重刻時曾加校正,但訛誤仍然很多。後周必大之子周綸又據歐陽恕寫本訂正了一些筆誤之處。該寫本初歸曾天麟家,後傳到曾氏四世孫曾魯手中,曾魯仿朱熹《韓文考異》例,精校一過,是歐集所有版本中的善本。可見危素的善本觀以內容為主,兼及形式。指出諸本的最大區別就在內容方面,以精校的曾魯本作為善本。在形式方面,他說歐陽恕寫本「紙墨精好,字畫端楷,有唐人風致,皆識以公印章」〔註75〕,從紙張、墨色、字畫、藏書印等外在形式方面多所研究。

總之,通過對以上各家善本觀的分析,可知元人的善本觀,繼承了宋代的優良傳統,把圖書內容放到首位,兼及紙張、墨色、字畫等形式特徵,是元代版本學成熟的重要標誌。

元代古籍版本學成果

元代古籍版本學專著如吳師道撰《戰國策校注》、岳濬《刊正九經三傳沿革例》、吳澄《孝經定本》、韓性《書辨疑》、丘葵《周禮訂本》、張樞《春秋三傳朱墨本》等。元代版本目錄傳世者有馬端臨《文獻通考·經籍考》、元釋慶吉祥撰《至元法寶勘同總錄》等。《文獻通考·經籍考》76卷是一部輯錄體解

〔註74〕 《全元文》卷七四四《論衡序》。
〔註75〕 《全元文》卷一四七五《歐陽文集目錄後記》。

題目錄。因為該目多引晁公武《郡齋讀書志》、陳振孫《直齋書錄解題》等版本目錄，故每書解題多言版本，如該目卷二十七宋吳鎮《五代史纂誤》引《直齋書錄解題》云：「宇文時中守吳興，時庠有二史板，遂取二書刻之，後皆入國子監。初，郡人思溪王氏刻《藏經》，有餘板，以刊二史置郡庠。中興，監書多闕，遂取其板以往，今監本是也。」《至元法寶勘同總錄》是元世祖詔慶吉祥、葉璉、齊牙答思等於大都編纂，至元二十二年（1285）春始，至元二十四年（1287）夏至，歷時近三年。又復詔慶吉祥「以蕃漢本參對楷定大藏聖教，華梵對辨，名題各標，陳諸代譯經之先後，分大小乘教之品目」。全目共分四部：「初總標年代，括人法之宏綱；二別約歲時，分紀述之殊異；三略明乘藏，顯古錄之航梯；四廣列名題，彰今日之倫序。」〔註76〕顯然，這是一種佛經版本目錄。元脫脫等撰《宋史·藝文志》也有不少著錄同書異本的例子，例如《蘇洵集》既著錄了十五卷，又著錄了《別集》五卷；《歐陽修集》既著錄了五十卷，又著錄了《別集》二十卷；《司馬光集》既著錄了八十卷，又著錄了《全集》一百一十六卷。

七、古籍版本學的繁榮時期（上）

明清兩代進入古籍版本學的繁榮時期。讓我們首先論述明代古籍版本學。

明代同書異本研究

明代同書異本研究主要表現在考證同書異本的版本源流上。

古籍版本源流包括圖書製作源流和一書版本源流兩個方面。宋濂《文憲集》、王禕《王忠文公集》、楊士奇《東里文集》、邱濬《瓊臺編》、祝允明《懷星堂集》、王鏊《震澤集》、吳寬《家藏集》、陸深《儼山集》、楊慎《升菴集》、文徵明《甫里集》、王世貞《弇州山人四部稿》、海瑞《備忘集》、焦竑《玉堂叢語》、何良俊《四友堂叢說》、沈德符《萬曆野獲編》、葉盛《水東日記》、徐渤《筆精》、郎瑛《七修類稿》、田藝荷《留青日札》、朱國禎《湧幢小品》、陸容《菽園雜記》、鄭曉《今言》、李清《三坦筆記》等著作中，有不少古籍版本源流的記載。

在圖書製作源流方面，明人對於歷代抄本、印刷術起源和歷代刻書做了不少研究工作。胡應麟在這方面的研究尤其突出，他在《少室山房筆叢·經籍會通》中有不少這樣的論述。關於圖書製作的演變源流，他說：

〔註76〕（元釋）慶吉祥：《至元法寶勘同總錄》卷一，大正藏本。

> 三代漆文竹簡，冗重艱難，不可名狀。秦漢以還，浸知抄錄。
> 楮墨之功，簡約輕省，數倍前矣。然自漢至唐，猶用卷軸，卷必重
> 裝，一紙表裏，常兼數番。且每讀一卷，或每檢一事，紬閱展舒，
> 甚為煩數。收集整比，彌費辛勤。至唐末宋初，抄錄一變而為印摹，
> 卷軸一變而為書冊，易成難毀，節費便藏，四善具焉。溯而上之，
> 至於漆書竹簡，不但什百，而且千萬矣。

可見他對圖書製作源流瞭如指掌，而且有比較進步的歷史觀，認為紙書勝於竹簡，書冊勝於卷軸，印摹勝於抄錄。關於古籍刻本的源流，他說：「雕本肇自隋時，行於唐世，擴於五代，精於宋人，此余參酌諸家，確然可信者也。」可見他對雕版印刷的源流也認真進行了研究，寥寥數語，概括了雕版印刷從產生到普及的發展歷程。關於明代刻書，他說：

> 凡刻之地有三：吳也，越也，閩也。蜀本，宋最稱善，近世甚
> 希。燕、粵、秦、楚，今皆有刻，類自可觀，而不若三方之盛。其
> 精，吳為最；其多，閩為最，越皆次之。其直重，吳為最；其直輕，
> 閩為最，越皆次之。

可見他對明代各類圖書版本的產地、數量、質量、價值等都很熟悉。在一書版本源流的研究方面，明人也做了一些研究工作。例如林古度在崇禎宋玨刻本陳昂《白雲集》序中云：

> 白雲先生詩自萬曆末季為予識遇於委巷，時借之療讀，未及還
> 去而先生沒。先生詩各體俱備，一沒遂散失焉，僅留此五言六卷於
> 予手。庚戌攜入燕，與鍾伯敬謀梓之以傳，伯敬釀諸同寅金刊於大
> 行署中，板置署，反似官物，不得廣行。而其同里宋比玉復得七言
> 律十二首，復釀金刊於南都，比玉沒而版遺失。歷今三朝，歲丁丑，
> 西粵滕伯倫明府又抄宋氏本，而獨力梓於秦淮，甫卒業而攜之官入
> 蜀，又未能廣行，以厭海內之求，予往往有遺憾焉。因亦購宋氏本、
> 謀欲重新之。越東周禹錫先生與於同好，夙加稱賞，共翻前板；李
> 周生不生欣然合力，遂命制網，資猶未足，一旦聞於葉雁湖民部，
> 樂為成之。予友吳能尚又合《孫太初詩》刊於閩，計此刻合前有五
> 板在世。〔註77〕

〔註77〕王重民：《中國善本書提要·白雲集》，上海古籍出版社 1983 年版。

此序備述《白雲集》版本源流：一刻於大行署，二刻於南都，三刻於秦淮，四刻於閩，五刻於宋玨。都穆在正德刻本宋羅願《爾雅翼》序中云：

> 是書嘗一刻於宋，再刻於元，以屢經兵燹，人間罕存。雖公之後人，與鄉之士大夫，間有藏者，率皆繕寫，且多訛缺。予家舊藏乃宋刻本，後以歸李工部彥夫，蓋彥夫新安人也。今年公十五世孫文殊，持是書來謁，詢之，知其捐貲重刻，即予向所遺李君者也。〔註78〕

此序說明了《爾雅翼》的版本源流，該書宋元皆有刻本，但流傳不廣，明新安李彥夫十五世孫李文殊捐貲重刻。此外，在明人的著作序跋中尚可找到很多考證一書版本源流的例子。

明代的善本

隨著雕版印刷的繁榮，面對大量同書異本，明人也有自己的善本觀。胡應麟《少室山房筆叢·經籍會通》云：

> 凡書之直之等差，視其本，視其刻，視其紙，視其裝，視其刷，視其緩急，視其有無。本視其抄刻，抄視其訛正，刻視其精粗，紙視其美惡，裝視其工拙，印視其初終，緩急視其時，又視其用。遠近羿其代，又視其方。合此七者，參伍而錯綜之，天下之書之直之尊定矣。

這裡提出衡量版本價值和等級的七個標準，實則胡氏的善本觀。七條之中，「紙」「裝」「刷」三條，講的是形式；「本」「抄」「刻」三條，內容、形式兼有之；「緩急」講的是實用價值。「參伍而錯綜之」，就是要把七條聯繫起來看，要全方位加以研究，不要孤立地看問題。胡應麟在《少室山房筆叢》中，集中論述了圖書製作源流、明代刻書、善本觀等問題，在版本學歷史上是不多見的。

毛晉《後村題跋》跋云：「秦氏秘藏宋刻，其字法之妙，直追率更，紙如蟬翼煤沈，光澤如漆，可稱三絕云。」〔註79〕這是從字法、紙張、墨色等形式方面鑒別善本的。毛晉《東野集》跋云：「近來雜刻舛謬多遺，不及四百。既從吳興得一宋本，釐別樂府、感興十四類，共五百一十有奇，繫以贊書為十卷，尾有常山宋敏求跋，真善本也。」〔註80〕這是從內容方面鑒別善

〔註78〕王重民：《中國善本書提要·爾雅翼》，上海古籍出版社1983年版。
〔註79〕（明）毛晉：《汲古閣書跋·後村題跋》，上海古籍出版社2005年版。
〔註80〕（明）毛晉：《汲古閣書跋·東野集跋》。

本的，說明內容完整無缺才是善本。可見毛晉的善本觀既包括內容，也包括
形式。

徐𤊹《丁鶴年詩》跋云：

> 余向家藏《丁鶴年詩》三卷，乃永樂間刻板，後有盧陵楊文貞
> 士奇跋語，紙墨古潔，余珍惜之。斯為元板，亦分三卷，簡首有高
> 惟一印章。惟一，國初人，有孝行事，詳郡志。二本俱善，因合藏
> 之。〔註81〕

這裡卷數是指內容；紙墨、印章指形式。可見徐𤊹的善本觀也包括內容、形式
兩個方面。

張應文《清秘藏》云：「藏書者貴宋刻，大都肥瘦有則，佳者絕有歐柳筆
法，紙質瑩潔，墨色青純，尤可愛耳。」可見張氏的善本觀也是從筆法、紙質、
墨色等形式方面講的。

就總體看，由於明代學術空氣不濃，談論善本，雖然也講內容，但比較而
言，有偏重形式的傾向，像胡應麟那樣既重形式又重內容者並不多。

明代古籍版本學成果

明代古籍版本學的標誌性成果就是古籍版本目錄的大量產生。這些版本
目錄雖然著錄內容比較簡單，甚至很不全面，但它畢竟說明明人對於圖書版本
的重視。當然，對於明代版本目錄的簡單化也不必過多指責，因為這種目錄也
有兩大優點：一是編製容易，週期較短；二是便於檢索，作為書目，檢索功能
也是不可忽視的。1994 年，書目文獻出版社將明代重要的版本目錄題跋匯成
《明代書目題跋叢刊》付梓刊行，這些書目題跋主要有：梅鷟《南雍志·經籍
考》、紐石溪《會稽鈕氏世學樓珍藏圖書目》、周弘祖《古今書刻》、趙定宇《趙
定宇書目》、陳第《世善堂藏書目錄》、徐圖等《行人司重刻書目》、李鶚翀《得
月樓書目》、都穆《南濠居士文跋》、趙琦美《脈望館書目》、祁承㸁《澹生堂藏
書目》、徐𤊹《紅雨樓題跋》、高儒《百川書志》、晁瑮《晁氏寶文堂書目》、劉
若愚《內版經書紀略》、孫能傳等《內閣藏書目錄》、毛晉《汲古閣校刻書目》
和《隱湖題跋》、滎陽悔道人《汲古閣刻板存亡考》、郭磐《明太學經籍志》等。
從時間上看，這些版本目錄大多產生於明代嘉靖以後，這說明明代晚期古籍
版本學比明代早期發達。另外，明代刻書目錄尚有《建寧書坊書目》、《福建

〔註81〕 （明）徐𤊹：《重編紅雨樓題跋·丁鶴年詩》，書目文獻出版社 1994 年版。

書目》、郭勳家刻目錄等。陳先行先生認為，文徵明、唐寅是古籍版本學的開山鼻祖。說持之似乎有故，言之未必成理。若其說成立，則此前之版本學全部抹殺矣。

　　總而言之，明代古籍版本學研究取得較大成就，與清代古籍版本學相比，猶有如下不足：對於古籍版本源流的研究還不大普遍；對於古籍版本鑒定方法的研究還不系統；對於古籍善本的研究還不全面；古籍版本學家的數量還不太多，等等。但是，明代是古代雕版印刷的黃金時代，明代印製的大量圖書版本為清代古籍版本學的發展開闢了廣闊的前景，奠定了雄厚的物質基礎，奏響了古籍版本學繁榮的序曲。

八、古籍版本學的繁榮時期（下）

　　清代也是古籍版本學的繁榮時期。本節擬從同書異本研究、善本觀、版本學家和標誌性成果四個方面，論述清代古籍版本學的成就。

清代同書異本研究

　　清代同書異本研究較之前代，有突飛猛進的發展。讓我們從同書異本的校勘和版本源流兩方面加以說明。

　　研究同書異本的最好方法當屬校勘，清代是古代校勘史的極盛時期。官方校書以《四庫全書》為巨。從乾隆三十八年（1773）至乾隆四十七年（1782），四庫全書館幾乎網羅了全國的名師碩儒，歷時十年，校書萬餘種，每書「先列作者之爵里，以論世知人；次考本書之得失，權眾說之異同；以及文字增刪、篇帙分合，皆詳為訂辨，鉅細不遺；而人品學術之醇疵，國紀朝章之法戒，亦未嘗不各昭彰痺，用著勸懲」〔註82〕，在中國古代校勘史上寫下了重要一頁。私人校勘，不僅人數多，而且質量高。從理論到實踐，都取得了輝煌的成就。張之洞在《書目答問》中列舉清代著名校勘家有王鳴盛、錢大昕、戴震、段玉裁、王念孫、盧文弨、畢沅、汪中、孫星衍、阮元、王引之、孫詒讓等31人。王鳴盛《十七史商榷序》云：

　　　　二紀以來，恒獨處一室，覃思史事。既校始讀，並隨校隨讀。購借善本，再三讎勘。又搜羅偏霸、雜史、稗官、野乘、山經、地志、譜牒、簿錄，以及諸子百家、小說筆記、詩文別集、釋老異教，旁及於鐘鼎尊彝之款識、山林冢墓、祠廟伽藍、碑碣斷闕之文，盡

〔註82〕《四庫全書總目‧凡例》。

> 取以供佐證……凡所考者，皆在簡眉牘尾，字細如蟻，久之皆滿，
> 無可復容，乃卷於別帙而寫成淨本，都為一編。

可見其為了校勘十七史，讀書之多，用力之勤。戴震校勘《水經注》，補其缺漏 2128 字，刪其妄增 1448 字，正其臆改 3715 字，延續三四百年的錯誤，煥然冰釋。戴震的學生段玉裁、王念孫在校勘上亦有很大成就，段玉裁說：

> 校書之難，非照本改字、不訛不漏之難也，定是非之難。是非之難有二：曰底本之是非，曰立說之是非。必先定底本之是非，而後可斷其立說之是非。〔註83〕

非常精闢地論證了校勘的關鍵所在。王念孫《廣雅疏證》中糾訛 580 字，補脫 490 字，去衍 39 字，還有糾亂多處。阮元集詁經精舍眾家之手成《十三經注疏記》，這是一項重大的校勘成果。該書網羅眾本，校勘《周易》、《尚書》、《儀禮》各用了 10 種版本，校勘《春秋左傳》和《孟子》各用了 13 種版本，校勘《春秋穀梁傳》、《論語》、《孝經》各用了 8 種版本。直到今天，阮校《十三經注疏》仍然是一個通行本。除了以上各例之外，清代史書校勘名家及其代表作還有錢大昕《廿二史考異》、趙翼《廿二史劄記》、盧文弨《群書拾補》、王念孫《讀書雜志》等。還有大量的正史表、志專書，如孫星衍《史記天官書考證》、全祖望《漢書地理志稽疑》、畢沅《晉書地理志校正》、章宗源《隋書經籍志考證》等。清人關於諸子的校勘尤其令人矚目，犖犖大者如顧廣圻《荀子異同》、俞樾《諸子平議》、孫詒讓《墨子閒詁》、洪頤煊《管子義證》、王先謙《韓非子集解》等。

清代學者對於版本源流進行了大量研究。陸以湉《冷廬雜識》、王士禎《香祖筆記》、法式善《陶廬雜錄》、俞樾《茶香室叢鈔》等書中有不少抄本的論述。清人關於雕版印刷術的起源尤其注意，爭相發表不同的意見：鄭機《師竹齋讀書隨筆彙編》主張東漢說；李元復《常談叢錄》等主張六朝說；高士奇《天祿識餘》、阮葵生《茶餘客話》、王士禎《池北偶談》、顧安《唐詩消夏錄》主張隋代說；趙翼《陔餘叢考》、胡文煥《格致叢書》、王國維《兩浙古刊本考》、劉仲達《劉氏鴻書》等主張唐代說；顧炎武《金石文字記》、袁棟《書隱叢說》、包世臣《泥版試印初編序》等主張五代說。清人還對歷代刻書進行了大量研究，張爾岐《蒿庵閒話》、周亮工《書影》、劉獻廷《廣陽雜記》、王士禎《池北偶談》、王應奎《揚州畫舫錄》、錢大昕《十駕齋養新錄》、錢泳《履園叢話》、

〔註83〕（清）段玉裁：《經韻樓集·與諸同志論校書之難》。

梁章鉅《浪跡叢談》和《歸田瑣記》、俞樾《茶香室叢鈔》、陳康祺《郎潛紀聞》
等都有不少歷代刻書的論述。清人對一書的版本源流也都進行過大量的研究，
例如《四庫全書總目·別本象山集》云：

> 考九淵子持之所作《年譜》云：開禧元年乙丑，持之編遺文為
> 二十八卷、外集八卷，楊簡序之。三年丁卯，撫州守括蒼高商老刊
> 於撫州，是為初本。又云：嘉定五年壬申八月，張街編遺文成，傅
> 子雲序之，未言刊板與否，是為第二本。是年九月，江西提舉袁燮
> 刊其文集三十二卷於倉司，稱為持之所袞益，是為第三本。嘉熙四
> 年辛卯，燮之子甫文重刊之，是為第四本。

這裡講的是《象山集》的版本源流，《象山集》有撫州刻本、傅子雲序本、袁
燮刻本和袁甫文刻本，各本的編纂、刻印時間一一考證，源流關係非常清楚。
另外，清人對活字印刷、套版印刷、歷代刻書風氣等都進行過大量研究。

清人的善本觀

清代學者對版本鑒定也進行了大量研究。孫慶增《藏書紀要·鑒別》云：
「夫藏書而不知鑒別，猶瞽之辨色，聾之聽音。雖其心未嘗不好，而才不足以
濟之。」這裡講的是鑒別的重要性。葉德輝《藏書十約·鑒別》云：

> 四部備矣，當知鑒別之道，必先自通知目錄始……不通目錄，
> 不知古書之存亡。不知古書之存亡，一切偽撰抄撮、張冠李戴之書，
> 雜然濫收，淆亂耳目，此目錄之學，所以必時時勤考也。

這裡講的是鑒別方法之一。鑒定古籍版本，必須熟知古籍目錄。古籍目錄是我
們鑒定古籍版本的重要工具。此外，清代學者已經熟練掌握鑒定古籍版本的各
種手段。

清人研究版本源流和版本鑒定的最終目的是為了尋求善本。那麼清人的
善本觀如何呢？

錢謙益跋《中說》云：

> 文中子《中說》，此為宋刻善本。今世行本出安陽崔氏者，經其
> 刊定，駁亂失次，不可復觀。今人好以己意改竄古書，雖賢者不免，
> 可歎也。〔註84〕

又跋《唐柳先生集》云：「高麗國刻《唐柳先生集》，繭紙堅致，字畫瘦勁，在

〔註84〕（清）錢謙益：《初學集》卷46，上海古籍出版社1998年版。

中華亦為善本。」〔註85〕可見錢謙益的善本標準包括內容、形式兩個方面：前跋歎清本駁亂失次，不可復觀，指宋刻內容之好；後跋贊高麗刻本「繭紙堅致，字畫瘦勁」，指其紙張、字畫之美。

錢曾《讀書敏求記‧五行精記》云：「（該書）抄寫精妙，又經舊人勘對過，洵為善本無疑。」可見錢曾把抄寫精妙和舊人勘對作為善本的標準，抄寫精妙指形式，舊人勘對指內容。《敏求記》在版本學史上地位甚高，但當時沒有引起足夠的重視。

鮑廷博刻《知不足齋叢書》時，盧文昭撰《鮑氏知不足齋叢書序》云：

（鮑廷博）先以其目示余，凡百有二十種，皆善本，無偽書、俗書得間側焉。其校讎之精，則其曩時嘗刊《銷夏記》、《名醫類案》等書，已有明徵，不待言已。〔註86〕

可見盧文殆稱《知不足齋叢書》為善本，因其無偽書、俗書，校讎之精，內容無誤，盧氏作為一代校勘名家，他把內容作為衡量善本的標準是必然的。除了內容之外，盧文兄也重視形式，在其眾多書跋中，也有不少紙墨精細的記載。

黃丕烈跋《湘山野錄》云：

《湘山野錄》曾刻入毛氏《津逮秘書》中，外此未見有善本也。近從華陽橋顧聽玉家得此宋刻元人補鈔本，藏經紙面，裝潢古雅，洵為未見之書。略取《津逮》本相校，知毛刻尚多脫訛，想當年付梓，未及見此耳。〔註87〕

可見黃丕烈衡量善本的標準包括內容、形式兩個方面：尚多脫訛，指內容；藏經紙、裝潢古雅指形式。黃丕烈是清代中期最重要的版本學家，他的題跋被後世奉為圭臬，一字千金。

于敏中等《天祿琳琅書目‧玉臺新詠》云：

永嘉陳氏係宋望族。玉父之刻是書，讎校周詳，摹刻精好，亦可謂深於好古，不隕家聲者矣。

這裡把讎校周詳和摹刻精好作為善本的標準：讎校周詳指內容；摹刻精好指形式。《天祿琳琅書目》是一部名副其實的版本目錄，清華大學劉薔教授對此書有專門研究，其說靠實。

〔註85〕（清）錢謙益：《初學集》卷46，上海古籍出版社1998年版。

〔註86〕（清）盧文招：《抱經堂文集》卷5，中華書局1990年版。

〔註87〕（清）黃丕烈：《士禮居藏書題跋記》卷4，書目文獻出版社1989年版。

《四庫全書總目・農桑輯要》云：

> 大致以《齊民要術》為藍本，芟除其浮文瑣事，而雜採他書以
> 附之。詳而不蕪，簡而有要，於農家之中，最為善本。

這裡把詳而不蕪和簡而有要作為善本的標準：詳而不蕪指內容；簡而有要指
形式。《四庫全書總目》之善本觀可以詳參司馬朝軍之《四庫全書總目研究》
之有關部分。

瞿鏞《鐵琴銅劍樓藏書目錄・爾雅注疏》云：

> 每半頁九行，經每行二十字，注疏俱低一格，雙行，亦每行二
> 十字。注文直接經下。疏跳行，起標陰文疏字。尚是宋刊舊式。明
> 時修版時有訛字，原本輒勝於後來諸刻，少脫文改字之病，故世以
> 此書為善本也。

這裡把宋刊舊式和少脫文改字作為善本的標準：宋刊舊式之前指形式；明時修
版時有訛字之後指內容。

楊紹和《楹書偶錄・元本文選》云：

> 《文選》善本行世最少，此為元初知池州路總管府事張伯顏刊
> 板。字畫工致，鮮枝精審，與宋紹熙間尤延之遂初堂原刻無異，較
> 明人翻刻，已不啻霄壤。

這裡把字畫工致和讎校精審作為善本的標準：字畫工致指形式；讎校精審指
內容。

以上我們備列錢謙益、錢曾、盧文弨、黃丕烈、于敏中、紀昀、瞿鏞、楊
紹和等人的善本觀，可知清人的善本觀已經非常成熟。大而言之，包括內容、
形式兩個方面，內容指無缺卷、衍文、脫字、訛字、失次等現象；形式指紙張、
字畫、刻工、裝潢等。就總體而言，雖然並沒有一概否定明本，但是讚揚宋本
較多，甚或有佞宋的傾向。當然，清人佞宋，也不是盲目的，是因為宋本內容、
形式俱佳，也同樣體現了清人的善本觀。另外，善本一詞在清代已經廣泛使
用，這既反映清代版本學的繁榮，也反映了清人對於善本的重視，追求善本已
經成為廣大學者的第一需要。

清代古籍版本學成果

清代古籍版本學成果觸目可見，舉凡日記、文集、筆記中所在皆是，清人
題跋中關於古籍版本的研究成果尤其集中。不少題跋後人已經匯為專書，中華
書局 1995 年《清人書目題跋叢刊》（以下簡稱《叢刊》）和北京圖書館出版社

2003 年《宋元版書目題跋輯刊》（以下簡稱《輯刊》）多有收錄。其中題跋如黃丕烈《士禮居藏書題跋記》、顧廣圻《思適齋題跋》、吳壽昉《拜經樓藏書題跋記》、陳鱣《經籍跋文》、錢謙益《絳雲樓題跋》、彭元瑞《知聖道齋讀書題跋》、陸心源《儀顧堂題跋》等。清人還編撰了大量版本目錄，如錢曾《讀書敏求記》、季振宜《季滄葦藏書目》、徐乾學《傳是樓宋元版書目》、孫慶曾《上善堂書目》、彭元瑞等《知聖道齋書目》、孫星衍《孫氏祠堂書目》和《平津館鑒藏書籍記》、汪士鍾《藝芸書舍宋元本書目》、張金吾《愛日精廬藏書志》、朱緒曾《開有益齋讀書志》、瞿鏞《鐵琴銅劍樓宋元本書目》、莫友芝《邵亭知見傳本書目》、周中孚《鄭堂讀書記》、丁日昌《持靜齋書目》、潘祖蔭《滂喜齋宋元本書目》、丁丙《善本書室藏書志》、楊紹和《楹書偶錄》、陸心源《海源閣藏書目》和《皕宋樓藏書志》、張之洞《書目答問》、楊守敬《日本訪書志》、繆荃孫《藝風藏書記》、于敏中等《天祿琳琅書目》、沈德壽《抱經樓藏書志》，等等。據不完全統計，清代古籍版本書目有百種之多。

　　清代古籍版本學繁榮的原因何在？第一，清代古籍版本學研究的起點較高，古籍版本學經過長期的積澱，清代古籍版本學後來居上，理所當然。第二，清代出版的持續繁榮，製造了難以數計的古籍版本，這是古籍版本學繁榮的物質基礎。第三，學術的昌盛，是清代古籍版本學繁榮的學術基礎。清代學術取得總結性成就，其中校勘學、目錄學的史無前例的成就，使古籍版本學如虎添翼，如魚得水。總之，清代古籍版本學的繁榮，不是孤立的，既有歷史淵源，又有現實原因。

第二編　中國古籍版本源流

第三章　寫本源流

寫本是中國古籍的一大類別，歷史源遠流長。雕版印刷發明之前，古籍都是寫本；雕版印刷發明之後，古籍寫本仍然不少。我國古代兩種特大型書籍——《永樂大典》和《四庫全書》，都是人工抄寫而成的。寫本見證了我國古籍製作的兩個劃時代轉變：一是文字載體由簡帛到紙張的劃時代轉變；二是圖書製作由人工抄寫到雕版印刷的劃時代轉變。

一、先秦兩漢寫本

先秦兩漢的文字主要寫在竹木和嫌帛上。寫在竹木上的稱為簡策。《春秋左傳序》孔穎達疏云：「單執一札謂之簡，連編諸簡乃名為策。」寫在縑帛上的稱為帛書。這兩種書雖然已不多見，已經成為博物館裏的陳列品，但是須知：它們是我國古籍之源，是先秦兩漢古籍的「一傳手」，它們的功勞是巨大的。

簡策的外形

簡策的製作材料主要是竹，古代文獻中有不少記載說明竹曾是文字的載體，成語「罄竹難書」也反映了古代以竹寫書的事實。漢代畫像磚上的《抱簡圖》說明漢代以簡為書的客觀存在。可以用來製簡的木材很多，有松木、柳木等。《太平御覽》卷六十引用《楚國先賢傳》的話說：「孫敬編楊柳簡以為經本，晨夜誦習。」可見孫敬讀的書就是楊柳木製成的。木材不僅可以製作簡策，還可以製作版牘。什麼是版牘？就是用木板寫成的書。版牘比木簡要寬，一尺見方的版牘又叫「方」。成語「連篇累牘」中的「牘」字正反映了古代以木板寫書的歷史事實。簡策和版牘的用處不一樣，《儀禮·聘禮》云：「百名以上書於策，不及百名書於方。」這就是說，超過 100 字的長文寫在簡策上，不足 100

字的短文寫在版牘上。晉杜預《春秋左氏傳序》云:「諸侯亦各國有史,大事書之於策,小事簡牘而已。」就是說,大事寫簡策上,小事寫版牘上。還有一種專供練習書法或記事的版牘,叫做「笘」「篇」或「觚」。許慎《說文解字》釋「笘」:「潁川人名小兒所書寫為笘。」段玉裁《說文解字注》說:「笘謂之篇,亦謂之觚。蓋以白墡染之,可拭去再書者,其拭觚之布曰幡。」可見,笘、篇、觚三字作為載體,涵義是相同的。唐顏師古注解「急就奇觚與眾異」時說:「觚者,學書之牘,或以記事,削木為之,蓋簡屬也。孔子歎觚,即此之謂。其形或六面,或八面,皆可書。」成語「率爾操觚」之「觚」就是版牘的意思。

簡策長短不一,王充《論衡》說:「大者為經,小者為傳記。」也就是說,漢代簡策長度是由內容決定的,經書用長簡,傳記用短簡。又據《後漢書·光武帝本紀》注引《漢制度》云:

> 帝下之書有四;一曰策書,二曰制書,三曰詔書,四曰誡敕。
> 策書者,編簡也,其制長二尺,短者半之,篆書,起年月日,稱皇
> 帝,以命諸侯王。三公以罪免亦賜策,而以隸書,用尺一木,兩行,
> 惟此為異也。

可見策書有二尺、一尺、一尺一寸三種規格。漢代一尺的長度比現在略短,現在的一尺約等於漢代的一尺半。給諸侯下達命令,用二尺簡或一尺簡;罷免三公之職,用一尺一寸之簡。另外,漢代皇帝發布的徵召、聲討的文書,叫做「檄」,「檄者,以木簡為書,長尺二寸」〔註1〕。文人著書立說,一般使用二尺四寸簡,例如東漢曹褒撰《新禮》就是寫在二尺四寸簡上的〔註2〕。從出土文物來看,簡策長短差別很大,長者如山東銀雀山出土的漢元光元年(公元前134)《曆譜》,簡長69釐米,折合漢尺3尺;短者如長沙楊家灣出土的戰國竹簡,長僅13.5釐米,折合漢尺6寸。為什麼簡策長短不一呢?根本原因在於簡策長短是尊卑的象徵,「以策之大小為書之尊卑」〔註3〕。簡策的長短象徵主人的尊卑、內容之尊卑,尊長卑短。

每簡的行數大體是一致的,即每簡大多一行,也有用兩行的,如上所述,罷免三公之職的策書為兩行。每簡字數因書而異,同一種書的字數基本相同,據《儀禮·聘禮疏》:

〔註1〕《漢書·高帝紀》。
〔註2〕《後漢書·曹褒傳》。
〔註3〕王國維:《簡牘檢署考》。

　　　　鄭注《尚書》三十字一簡之文；服虔注《左氏》云：「古文篆書，

　　一簡八字。」

出土文物也證明了這一點，武威《儀禮》漢簡多 60 字為一簡，兒童啟蒙讀物
《六甲篇》多 20 字為一簡。

　　秦簡字體為小篆、秦隸等。小篆是秦代官定字體，使用較多。但篆字難寫，
隸書簡易，使用價值更大，湖北雲夢睡虎地秦簡用的就是秦隸。漢簡字體比較
複雜，有篆、隸、草、分書（今隸）、真、行諸體。至於各簡採用什麼字體，
與內容、抄手、抄寫時間有關。就內容而言，信札之類則隨意草率，書籍章表
則嚴整規範。同是策書，字體也不一樣：如上所言，皇帝給諸侯下達命令的策
書，用篆書；皇帝罷免三公之職的策書，用隸書。就抄手而言，全書如出一手，
則首尾如一；全書如出眾手，則風格各異。就抄寫時間而言，西漢和東漢是不
一樣的，西漢處於秦漢書體變革之際，舊體未絕，新體方興，各體並出，如居
延漢簡就有篆、隸、分、草、真、行等多種字體；從西漢末到東漢，隸書已經
發展成熟，如武威漢簡和甘谷漢簡都是隸書。

　　簡策正文寫好之後，還要寫上篇名、篇次、簡數，有的還有尾題。篇名、
篇次多寫在簡背，武威漢簡甲乙二本都寫在簡背第二道編繩之下，篇名在每
篇第二簡背，篇次在第一簡背，這與我國古代自右向左讀書的習慣是一致的。
簡數相當於後來紙書的頁數，一般寫在一簡正面（或背面）的下端，其目的
有二：一是便於翻檢；二是為了防止編繩斷爛之後造成脫簡、錯簡。尾題一
般在每篇末簡的正面下端，尾題內容多記本篇字數。如山東臨沂銀雀山漢墓
出土的《孫臏兵法》，每篇尾題都有「四百六」「七百一十九」之類的字數。
全書尾題還有題寫篇名目錄之例。如河北定縣漢墓出土的《論語》有尾題殘
簡十枚，上面寫了各篇的章數和字數，銀雀山漢墓出土的《孫子兵法》也有
篇題目錄數簡。

簡策的製作

　　簡策的製作方法可分五步：第一步，截竹製簡。王充《論衡》所謂「截竹
為簡，破以為牒」，就是先把竹竿截成竹筒，然後把竹筒劈成竹片——牒，牒
就是竹簡。竹簡要磨平，尤其要削平竹節隆起部分。根據武威漢簡判斷，磨平
之後似乎還用一種特殊的液體塗染過，簡面略有光澤。第二步，殺青。殺青就
是把竹簡烘乾，以防蟲蛀和腐爛。《後漢書·吳祐傳》云：「（吳）恢欲殺青簡
以寫經書。」李賢注云：「殺青者，以火炙簡令汗，取其青易書，復不蠹，謂

之殺青，亦謂汗簡，義見劉向《別錄》也。」武威出土漢簡到今未有蟲蛀，出土後風化乾裂成絲，說明繕寫前是經過殺青這一步驟的。因為殺青去汗，是製作簡策書籍的重要步驟，所以後來人們索性用「汗青」代表書籍。第三步，把零簡編連成冊。編簡所用的材料有麻繩、絲繩等。例如汲冢竹書《穆天子傳》用的是絲繩；居延漢簡用的是麻繩。每冊編幾道繩與簡的長短有關，從武威漢簡來看，至少一道，至多五道。凡編繩經過之處，簡棱上刻有極小的三角形契口，用來固定編繩，使其不致上下移動。在編連時，簡策開頭常常另加兩枚無字之簡，叫「贅簡」。贅簡有兩個作用：一是保護正文；二是利用簡背書寫篇名、篇數。古人學習勤奮，為了不耽誤晚上寫書，就利用白天放牧牛羊的機會把簡策編好。北齊顏之推《顏氏家訓・勉學》云：「古人勤學，有握錐投斧、照雪聚螢，鋤則帶經，牧則編簡，亦為勤篤。」第四步，繕寫正文。是先編後寫，或是先寫後編？一般是先編後寫，因為竹簡數量很多，如果先寫後編，先後次序容易弄亂，會給編連工作帶來許多麻煩。東漢蘇竟曾自我介紹說：「走昔以摩研編削之才，與國師公（即劉歆）從事出入，校定秘書。」〔註4〕從「編削」二字的排列順序可知，當時抄寫圖書是先編後寫的，寫時出現錯誤，即行削去。又東漢周磐命終之日，令二子「編二尺四寸簡，寫《堯典》一篇，並刀筆各一，以置棺前，示不忘聖道」〔註5〕。這裡也是先編後寫。但一些流水帳似的簿記是先寫後編的，如居延出土的《永元器物簿》便是這樣，它以五個月的五種兵器簿編成。簡策的書寫工具有筆、墨、硯、書刀等。1957年河南信陽長臺關戰國墓在出土簡策的同時，還出一個盛有毛筆、墨、硯、書刀等的文具箱；1975年湖北江陵紀南城鳳凰山西漢墓葬中，也有毛筆、石硯、研石、碎墨、書刀等物。在眾多書寫工具中，毛筆和書刀是書寫簡策的兩種重要工具，晉張華《博物志》云：「（王充）戶牖、牆壁各置刀筆，著《論衡》八十五篇，二十萬言。」這不僅說明了王充的勤奮，也反映了毛筆和書刀確實是漢代的書寫工具。《後漢書・劉盆子傳》云：「至臘日，（樊）崇等乃設樂大會，盆子坐正殿，中黃門持兵在後，公卿皆列坐殿上。酒未行，其中一人出刀筆，書謁欲賀，其餘不知書者起請之。」《後漢書・袁紹傳》注引《九州春秋》云：「（韓馥）至廁，因以書刀自殺。」以上二例說明漢人常常隨身攜帶書刀，就像我們現在隨身攜帶鋼筆一樣。書刀的刀身呈長條形，柄呈環形，刀身一面有銘文，

〔註4〕《後漢書・蘇竟傳》。
〔註5〕《後漢書・周磐傳》。

一面有圖案。東漢李尤有《金馬書刀銘》云：「巧冶煉剛，金託於刑。貢文錯鏤，兼勒工名。淬以清流，礪以越石。」〔註6〕李尤是四川廣漢人，四川（尤其是廣漢）是漢代書刀製造中心之一。武威漢簡還提供了削改之例：簡上被削去薄薄一層，補寫之字，墨向四周潤開，一望而知。當然，還有一種不用刀削的塗改方法，即剛剛寫過就發現錯誤，馬上用水或唾液擦掉，重新書寫，留下塗抹痕跡。第五步，收尾工作。收尾是製作簡策的最後一道工序，它包括切邊、捲起、加帙等手續。切邊就是把簡片上端排齊後，將簡片下端不齊的部分裁去。《說文解字》釋「等」曰：「齊簡也。」就是裁齊竹簡的意思。武威漢簡頁數第二字多不完整，就是簡策切邊的明證。切邊之後，以最後一簡為中軸，把簡策收捲起來，有字的一面（即簡面）在裏，簡背在外。為了防止鬆散，簡策捲起之後，外面裹以書帙，盛在書篋、書笥內。書衣常用淺黃色或淺藍色的絲帛製成，淺黃色的稱為「縓帙」，淺藍色的稱為「縹帙」，或籠統稱為「縓縹」。書帙的具體做法是：先用細竹條織成簾子，然後在竹簾的表裏縫上絲帛，為了便於擦掉灰塵，有的還在絲帛上塗一層油。因為綁縹是古籍不可或缺的組成部分，所以後人常用「縓帙」「縹帙」或「縹縓」代稱書卷。以上就是製作簡策的全過程。

帛書的形制

竹木原料易得，但比較笨重，秦始皇每天處理的公文要按石計，據《史記·秦始皇本紀》：

> 天下之事無大小，皆決於上，上至以衡石量書，日夜有呈，不中呈不得休息。

每石約合現在60公斤。東方朔給皇帝寫了一封信，竟用了3000枚竹簡，需要兩個人才能抬動，據《史記·滑稽列傳》：

> （東方朔）初入長安，至公車上書，凡用三千奏牘，公車令兩人共持舉其書，僅然能任之……（武帝）讀之二月乃盡。

由於竹木不便閱讀，於是人們或用縑帛作為書寫材料。早在春秋時，已有關於帛書的記載，《晏子春秋》卷七云：

> 景公謂晏子曰：「昔吾先君桓公，予管仲狐與谷，其縣十七，著之於帛，申之以策，通之諸侯。」

〔註6〕（明）張溥：《漢魏六朝百三名家集·漢李尤集》。

就是說，桓公給諸侯的封地，以帛書為證。《墨子》一書多次提到「書於竹帛」的話，《韓非子‧安危篇》說「先王寄理於竹帛」。這說明帛書在戰國時已相當普遍。《漢書藝文志‧六藝略‧詩序》說，《詩經》「遭秦而全者，因其諷誦，不獨在竹帛故也」。就是說秦始皇焚書坑儒，燒了大批竹帛製作的圖書，《詩經》因家弦戶誦，合韻易記，所以才完整流傳下來。

帛書的形制，文獻沒有詳細記載，《後漢書‧襄楷傳》云：

初，順帝時，琅呀宮崇詣闕，上其師干吉於曲陽泉水上所得神
書百七十卷，皆縹白素、朱介、青首、朱目，號《太平清領書》。

這說明帛書是有界行的。《初學記‧文部》云：「古者以縑帛，依書長短，隨事截之。」這說明帛書長短是依內容多少截取的，內容少就短些，內容多就長些，總而言之，是寫完了再裁。帛書寫好之後，多半以卷軸裝的形式存放，也有用折疊的形式存放的。帛書多有盛具，湖南長沙子彈庫帛書盛放於 20×11×5 釐米的竹盒中；湖南長沙馬王堆帛書盛放於 60×37×21 釐米的漆盒中。帛書的優點是輕便，文字容量大，便於折疊舒卷。但也有兩個明顯缺點：一是存放時間長了，容易腐爛；二是比較貴重，一般窮人用不起。因此，帛書出現以後，並不能取簡策而代之，竹簡仍然是主要的書寫材料。

先秦兩漢帛書在古墓中發現數次，其中有兩次比較重要：第一次是在長沙子彈庫戰國中晚期墓葬中發現的楚帛書。這件帛書包括《四時》、《天象》和《月忌》三篇文字，這是我國迄今發現最早的帛書實物。從古文字的角度看，這件帛書是楚國古文的最完整的長篇，包含的字數最多，有許多字至今還難以識別，有待進一步研究。第二次是 1973 年在長沙馬王堆三號漢墓中發現的大量帛書。帛書原藏在一個長方形漆奩裏，多數折疊成長方形，少數卷在木板軸上，經專家整理，這批帛書總共包括 28 種圖書。從內容、字體、避諱等方面觀察可知，其抄寫時間是戰國末年，最晚的到漢文帝初期，其書寫字體有的是篆書，有的是早期隸書，比較全面地反映了由小篆到漢隸的發展過程。有一件暫名為《篆書陰陽五行》的帛書，保留了許多楚國「古文」的寫法，對我們研究從戰國到漢初文字的變化，具有重要的參考價值。

漢代寫本

漢代官方非常重視抄書。漢武帝元朔五年（公元前 124）詔令「置寫書之官」〔註7〕。「寫書之官」是指專門負責抄書的機構，屬於政府的一個工作部門。

〔註 7〕《漢書藝文志‧序》。

上文（第一編第二章第一節）所言漢代官方七次校書後，當有抄書活動，可惜文獻無徵，可考者僅有漢成帝河平三年（公元前 26）抄書事。漢成帝河平三年（公元前 26），詔劉向等整理國家藏書，每書《敘錄》之後都有「殺青而書，可繕寫也」之類的話。可見，《七略》著錄的 13219 卷圖書都是新寫之本。不僅如此，漢代政府還隨時注意搜訪民間藏書，每遇好書，輒令抄寫收藏。例如東漢著名學者賈逵精通《左傳》、《國語》，「為之解詁五十一篇。永平中，上疏獻之。顯宗重其書，寫藏秘館」〔註8〕。漢代私人抄書首推河間獻王劉德，他用精寫本換取民間真本，抄書數量，「與漢朝等〔註9〕。另外，司馬遷、梁子初、楊子林、班超、公孫煜、陳常等人也抄了不少書。司馬遷寫成《史記》之後曾說：「藏之名山，副在京師，俟後世聖人君子。」〔註10〕說明《史記》於正本之外，還抄了一副本。《史記》全書數十萬言，簡策堆積如山，對於刑餘之人來說，抄寫兩遍所付出的艱巨心力是可想而知的。梁子初、楊子林抄書的事蹟見於桓譚《新論》：

> 余同時佐郎官梁子初、楊子林好學，所寫萬卷，至於白首，嘗
> 有所不曉，百許寄舍。余觀其事，皆略可觀。

梁子初、楊子林終生抄書，積至萬卷，其抄書之勤，不言而喻。班超（32～102），字仲升，扶風平陵人，東漢外交家、軍事家，少時家貧，常為官傭書以供養。久勞苦，嘗輟業投筆歎曰：「大丈夫無他志略，猶當效傅介子、張騫立功異域，以取封侯，安能久事筆硯間乎？」〔註11〕可見班超小時候曾以抄書為業，只是到了後來，不安於現狀，才投筆從戎。公孫煜，字春光，東漢人。「到太學受《尚書》，寫書自給〔註12〕。陳常，字君淵，東漢人。「晝則躬耕，夜則賃書以養母」。可見公孫煜、陳常因家庭生活困難，都曾以傭書為業。漢代經學是個熱門，經書全憑手抄。熹平石經建成以後，觀視及摹寫者，車乘日千餘輛，填塞街陌〔註13〕，可見寫經之人的確很多。

　　總而言之，先秦兩漢時期是簡策帛書盛行的時代。這個時期的簡策和帛書屢有發現，如漢武帝末年孔子宅壁發現的戰國竹簡；晉武帝太康二年（281）

〔註 8〕《後漢書・賈逵傳》。
〔註 9〕《漢書・景十三王傳》。
〔註10〕《史記・太史公自序》。
〔註11〕《後漢書・班超傳》。
〔註12〕（清）姚之駰：《後漢書補逸・公孫煜傳》，四庫本。
〔註13〕《後漢書・蔡邕傳》。

發現的汲冢戰國簡策等。二十世紀出土最多，例如，1942 年湖南長沙子彈庫戰國墓出土的戰國帛書；1972 年山東臨沂銀雀山西漢墓出土漢簡 4900 多枚；1973 年湖南長沙馬王堆出土的秦漢帛書 20 多種；1975 年湖北雲夢睡虎地出土秦簡 1150 枚；1983 年湖北江陵張家山出土漢簡 1600 枚；1993 年湖北荊門郭店出土戰國竹簡 703 枚。那麼，這個時期抄寫的簡策帛書總共有多少呢？由於時間久遠，文獻無徵，無法量化。但是，我們至少可以相信，《七略》著錄的 13000 多卷都是簡策和帛書。劉向等人整理所用的本子大多屬於簡策，整理的定本抄寫在白絹上，屬於帛書。然而，這個數字並非漢代官方抄書的總數。

《七略》編於西漢建平四年（公元前 3），它不包括西漢末的 28 年和整個東漢時期。據估計，東漢官方抄書總數當在 45000 卷左右，則兩漢時期，官方抄書約在 60000 卷〔註14〕。當然，其中少數圖書可能是秦國或先秦抄寫的。

二、魏晉南北朝隋唐五代寫本

魏晉南北朝隋唐五代時期是寫本書的重要時期。魏晉南北朝的三百多年間，雖然金戈鐵馬、戰火紛飛，給人民帶來無窮災難，但是，戰爭形成和促進了民族的大融合，各民族互相取長補短，因而經濟、文化也有了較大發展。唐代社會比較安定，國家的統一，經濟的發展，為圖書的繁榮創造了有利條件。

三國寫本

三國曹魏見於記載的抄書者有蔡琰、諸葛亮、闞澤等等。

蔡琰，字文姬，陳留人，蔡邕之女，著名女詩人。相傳《胡笳十八拍》就是她的作品。她一生的生活道路相當坎坷，起初嫁給河東衛仲道為妻。「夫亡無子，歸寧於家。興平中，天下喪亂，文姬為胡騎所獲，沒於南匈奴左賢王，在胡中十二年，生二子。曹操素與邕善，痛其無嗣，乃遣使者以金璧贖之，而重嫁於（董）祀，祀為屯田都尉，犯法當死。」後在曹操的幫助下，得以免死，「操因問曰：『聞夫人家先多墳籍，猶能憶識之不？』文姬曰：『昔亡父賜書四千許卷，流離塗炭，罔有存者，今所誦憶，裁四百餘篇耳。』操曰：『今當使十吏就夫人寫之。』文姬曰：『妾聞男女之別，禮不親授。乞給紙筆，真草唯命。』於是繕書送之，文無遺誤」。〔註15〕蔡琰繼承先父遺書四千餘卷，後來全部毀於戰火，她根據自己的記憶，完整無誤地抄寫了 400 多篇，挽回了部分損失。

〔註14〕曹之：《中國古籍編撰史‧先秦兩漢圖書編撰》，武漢大學出版社 1999 年版。
〔註15〕《後漢書‧列女傳》。

　　諸葛亮（181～234），字孔明，琅邪陽都人，著名軍事家。據《三國志‧蜀書‧先主傳》注引先生詔敕後生云：「聞丞相為寫《申》、《韓》、《管子》、《六韜》一通已畢，未送，道亡，不自求聞達。」這裡《申》即申不害著《申子》，《韓》即韓非著《韓非子》。諸葛亮抄這些兵書和法家著作，是為了輔佐後主。

　　闞澤（？～243），字德潤，會稽山陰人。「居貧無資，常為人傭書，以供紙筆。所寫既畢，誦讀亦遍」。〔註16〕

　　三國抄書知多少？清姚振宗《三國藝文志》著錄三國著作1122部、4562卷。每部著作若平均以三個複本計，則抄書總數當近15000卷。

晉代寫本

　　晉代民間抄書可考者有葛洪、紀瞻、范汪等。

　　葛洪（284～364），字稚川，丹陽句容人。著有《抱朴子》等書。史書稱其少好學，家貧，躬自伐薪，以貿紙筆，夜輒寫書誦習，遂以儒學知名。〔註17〕

　　紀瞻，字思遠，丹陽秣陵人，性靜默，少交遊，好讀書，或手自抄寫。〔註18〕

　　范汪，字玄平，「年十三喪母，居喪盡禮，親鄰哀之。及長，好學，外氏家貧，無以資給。汪乃廬於園中，布衣蔬食，然薪寫書。寫畢，誦讀亦遍，遂博學多通，善談名理〔註19〕。范汪家裏貧窮，燃柴借光抄書，其好學可知。

　　晉代圖書的製作方式全靠人工手抄，可以說是無書不抄。「洛陽紙貴」的典故就說明了晉代抄書的普遍性。左思《三都賦》寫好之後，不為人重，後來，皇甫謐寫了篇序言，大加讚揚，張載、劉逵、衛權又先後為之注解，於是，豪貴之家競相傳寫，洛陽為之紙貴。為了抄《三都賦》，人們搶購紙張，紙價為之暴漲，抄手之多，於此可見。

　　正如漢代劉向等編《七略》故事，古代官方的古籍整理包括聚書、校書、抄書、編目四個步驟，一環套一環，不可或缺。同晉代官方校書一樣，晉代大規模抄書也有六次：第一次（晉武帝太始十）和第二次（晉武帝太康二）的抄書總數就是荀勖《中經新簿》著錄的1885部、20935卷；第三次（晉武帝時）的抄書總數不詳；第四次（晉元帝時）的抄書總數就是李充《晉元帝四部書目》

〔註16〕《三國志‧闞澤傳》。
〔註17〕《晉書‧葛洪傳》。
〔註18〕《晉書‧紀瞻傳》。
〔註19〕《晉書‧范汪傳》。

著錄的 305 帙、3014 卷；第五次（晉武帝太元中）的抄書總數是數百卷；第六次（晉安帝義熙初）的抄書總數就是徐廣《晉義熙四年秘閣四部目錄》著錄的 36000 卷〔註20〕。可見晉代官方抄書總數至少有 60000 多卷。

由於現在去晉已遠，晉代抄本已經非常罕見。1924 年新疆都善出土的《三國志》殘卷，是現存最早的晉代寫本之一。

南北朝寫本

同南北朝校書一樣，南北朝官方大規模抄書約有十三次，由於文獻無徵，抄書數量大多不得而知。在南北朝時期，梁代抄書最多。在十三次官方抄書活動的記載中，三次是在梁代，據《隋書‧經籍志‧總序》：

> 梁初，秘書監任昉，躬加部集，又於文德殿內列藏眾書，華林園中總集釋典，大凡二萬三千一百六卷，而釋氏不預焉。梁有秘書監任昉、殷鈞《四部目錄》，又《文德殿目錄》。其術數之書，更為一部，使奉朝請祖暅之撰其名，故梁有《五部目錄》……梁武敦悅詩書，下化其上，四境之內，家有文史。元帝克平侯景，收文德之書及公私經籍，歸於江陵，大凡七萬餘卷。

以上目錄都是梁代的抄本目錄。這些目錄唐初或在，《隋書‧經籍志》著錄的梁代亡佚圖書 4191 部、49467 卷當是據此而來。

南北朝時，盛行抄撰之風。所謂抄撰就是節抄成書。南齊竟陵上蕭子良居雞籠山西邸，集學士抄五經百家，依《皇覽》列為《四部要略》千卷。據僧祐《出三藏記集》卷五，蕭子良還抄有《華嚴經》、《菩薩地經》等三十六種佛經。

南北朝私人抄書可考者有宋王准之，南齊沈麟士，梁臧逢世、袁峻、王筠，陳鄭灼，周裴漢等。

王准之，字元曾，琅瑯臨沂人，任宋丹陽尹，生前抄書甚多，死後有遺抄一篋，謂之青箱學。〔註21〕

沈麟士，字雲禎，吳興武康人，藏書數千卷。在他 80 多歲時，一場火災把其藏書全部燒光，但他並不灰心，「手以反故（即紙背）抄寫，火下細書，復成二三千卷，滿數十篋」。〔註22〕

臧逢世，東莞人。他在二十多歲的時候，「欲讀班固《漢書》，苦假借不久，

〔註20〕（宋）王應麟：《玉海》卷 52《藝文》引《續晉陽秋》。

〔註21〕（唐）許嵩：《建康實錄》卷十二。

〔註22〕《南齊書‧沈麟士傳》。

乃就姊夫劉緩乞丐客刺書翰紙末，手寫一本」〔註23〕。《漢書》共計120卷，抄寫一遍，實屬不易。而且家貧無紙，全用名片書信紙邊抄成，更屬難得。

　　袁峻，字孝高，陳郡陽夏人，篤志好學，家貧無書，從人借書看，借回之後必皆抄寫，日課五十紙，不完成任務，則不休息〔註24〕。每天抄50張紙，每紙以200字計，則總計1萬字，抄寫速度是比較快的。王筠，字元禮（一字德柔）。他曾說過：

> 余少好書，老而彌篤，雖偶見瞥觀，皆即疏記。後重省覽，歡與彌深。習與性成，不覺筆倦。自年十三四，齊建武二年乙亥至梁大同六年，四十六載矣。幼年讀五經，皆七八十遍。愛《左氏春秋》，吟諷常為口實。廣略去取，凡三過五抄。余經及《周官》、《儀禮》、《國語》、《爾雅》、《山海經》、《本草》並再抄。子、史、諸集皆一遍。未嘗倩人假手，並躬自抄錄，大小百餘卷，不足傳之好事，蓋以備遺忘而已。〔註25〕

王筠堅持親自動手抄書46年，在歷史上是罕見的。

　　鄭灼，字茂昭，東陽信安人，家貧，抄義疏以日繼夜，筆毫盡，每削用之〔註26〕。鄭灼家裏實在太窮，連毛筆都買不起，筆毫寫禿了，將筆頭修尖之後繼續抄寫，其刻意抄書如此。

　　裴漢，字仲霄，河東聞喜人，借人異書，必躬自過錄一本。〔註27〕

隋唐寫本

　　隋朝享國日淺，但對發展圖書事業相當重視，政府各個部門都配備了大量專業書手，單是中書省就有書手200人〔註28〕，秘書省有書手20人〔註29〕。這些專業書手是抄寫圖書的重要力量。同隋代校書一樣，隋代官方大規模抄書約有五次：第一次（開皇三）抄書之後，一二年間，篇籍稍備〔註30〕；第二次（開皇九）抄書總數三萬餘卷〔註31〕；第三次（開皇十七）抄書是由

〔註23〕　（北齊）顏之推：《顏氏家訓·勉學》。
〔註24〕　《梁書·袁峻傳》。
〔註25〕　《梁書·王筠傳》。
〔註26〕　《陳書·儒林傳》。
〔註27〕　《周書·裴漢傳》。
〔註28〕　《隋書·百官上》。
〔註29〕　（唐）張九齡：《唐六典》卷十。
〔註30〕　《隋書》卷49《牛弘傳》。
〔註31〕　《隋書·經籍志序》。

許善心主持的，抄書之後，編有《七林》，卷數不詳；第四次（開皇二十）抄書之後，編有《開皇二十年書目》，卷數不詳；第五次（大業初）抄書規模最大，校書之後，「除其複重猥雜，得正御本三萬七千餘卷，納於東都修文殿，又寫五十副本」〔註32〕，抄書總數則有185萬卷。另外，隋代官方還抄了大量佛經。

隋代民間抄寫詩歌、曆書、法書之例屢見不鮮。孫萬壽的贈友詩「盛為當時之所吟誦，天下好事者多書壁而玩之」〔註33〕。開皇五年（585），張冑玄所撰曆書在鄉陽流佈，散寫甚多〔註34〕。王羲之的七世孫智永臨寫王羲之書《千字文》，擇八百本，散在浙東〔註35〕。

同唐代校書一樣，唐代官方大規模的抄書約有七次：第一次是在高祖武德五年（622）。當時國家初定，圖書在隋末戰亂中亡佚殆盡，令狐德棻「奏請購募遺書，重加錢帛，增置楷書，令繕寫」〔註36〕。幾年以後，常用書基本抄齊。第二次是在太宗貞觀年間。太宗「命秘書監魏徵寫四部群書，將進內貯庫。別置讎校二十人、書手一百人。徵改職之後，令虞世南、顏師古等續其事，至高宗初，其功徵未畢。顯慶中，罷讎校及御書手，令工書人繕寫，計其酬傭，擇散官隨番讎校」〔註37〕。魏徵出任秘書監的時間是貞觀二年（628），從貞觀二年一直抄到高宗顯慶中，歷時30餘年，抄書之多，可想而知。第三次在唐高宗乾封間。乾封元年（666）十月十四日，「集儒學之士刊正，然後繕寫」〔註38〕。第四次是在唐玄宗開元五年（717）。著名學者褚無量主持了這次抄寫工作。褚無量「以內庫舊書，自高宗代即藏在宮中，漸致遺逸，奏請繕寫刊校，以弘經籍之道。玄宗令於東都乾元殿前施架排次，大加搜寫，廣採天下異本。數年間，四部充備。仍引公卿已下入殿前，令縱觀焉。開元六年駕還，又敕無量於麗正殿以續前功」〔註39〕。到開元八年（720）褚無量死的時候，還沒有抄完，「臨終遺言以麗正寫書未畢為恨」〔註40〕。為了廣求異書，在開元七年

〔註32〕 （宋）司馬光：《資治通鑒·隋紀六》。
〔註33〕 《隋書·孫萬壽傳》。
〔註34〕 《隋書·律曆下》。
〔註35〕 （宋）桑世昌：《蘭亭序》卷二。
〔註36〕 《舊唐書·令狐德棻傳》。
〔註37〕 《舊唐書·崔行功傳》。
〔註38〕 《唐會要·經籍》。
〔註39〕 《舊唐書·褚無量傳》。
〔註40〕 《舊唐書·褚無量傳》。

（719）時，曾「詔公卿士庶之家所有異書，官借繕寫」〔註41〕。第五次在玄宗天寶間。從天寶三載（744）至十四載（755），集賢院書庫「續寫又一萬六千八百四十三卷」〔註42〕。第六次在德宗貞元間。抄書之後，編有《貞元御府群書新錄》。第七次是在唐文宗時。當時「鄭覃侍講禁中，以經籍道喪，屢以為言，詔令秘閣搜訪遺文，日令添寫」〔註43〕。唐代政府各個機關都配備有專事抄寫的書手，據張九齡《唐六典》記載，唐玄宗時，集賢院有書直及寫御官100人、裝書直14人、造筆直4人；秘書省有校書郎8人、楷書手80人、熟紙匠10人、裝潢匠10人、筆匠6人；著作局有楷書手5人；太史局有楷書手2人、裝書曆生5人；弘文館有楷書手75人、筆匠3人、熟紙裝潢匠8人；司經局有楷書25人。這些書手除了抄寫公文之外，兼事抄書。集賢院有位書手叫陽城，北平人，「代為宦族，家貧不能得書，乃求為集賢寫書吏，竊官書讀之，晝夜不出房，經六年乃無所不通」〔註44〕。到官府充當書手，必須符合兩個條件：一是出身官宦，二是書法優秀。唐太宗時，入弘文館抄書，必須是五品以上子弟〔註45〕。陽城雖家中貧窮，但他「代為宦族」，還是符合應聘條件的。唐代官方抄書知多少？開元年間，「凡四部庫書，兩京各一本，共十三萬五千九百六十卷」〔註46〕，這些書在安史之亂亡佚殆盡。後來肅宗、代宗、文宗等帝又陸續搜購抄寫數萬卷，這些書在唐末毀於戰火。

唐代民間抄書，以李襲譽、李大亮、柳仲郢、杜兼、杜牧、吳彩鸞等人為最著名。

李襲譽，字茂實，隴西狄道人。歷仕光祿卿、江南道巡察大使等職，「凡獲俸祿，必散之宗親，其餘資多寫書而已。乃從揚州罷職，經史遂盈數車」〔註47〕。

李大亮，雍州涇陽人，歷仕安州刺史、越州都督、工部尚書等職，「在越州寫書百卷，及徙職，皆委之廨宇」。〔註48〕

柳仲郢，字諭蒙，京兆華原人，柳公綽之子。據《舊唐書·柳公綽傳》：

（柳仲郢）退公布卷，不捨晝夜，九經、三史一抄；魏晉以來

〔註41〕《唐會要·經籍》。
〔註42〕《唐會要·集賢院》。
〔註43〕《舊唐書·文宗紀》。
〔註44〕《舊唐書·陽城傳》。
〔註45〕《新唐書·藝文志》。
〔註46〕《舊唐書·經籍志》。
〔註47〕《舊唐書·李襲譽傳》。
〔註48〕《舊唐書·李大亮傳》。

南北史再抄。手抄分門三十卷，號《柳氏自備》，楷精謹，無一字肆筆。

杜兼，字處弘，建中進士，歷仕蘇州刺史、河南尹等職，其題《書卷後語》云：「清俸寫來手自校，汝曹讀之知聖道，墜之鬻之為不孝。」〔註49〕

杜牧（803～852），字牧之，京兆萬年人，歷仕監察御史、黃州刺史等職，在撫州時抄書甚多，其《冬至寄小姪阿宜詩》云：「第中無一物，萬卷書滿堂。家集二百編，上下馳皇王。多是撫州寫，今來五紀強。」〔註50〕

吳彩鸞是古代女子抄書的著名代表，據《列仙傳》：

> 吳猛之女彩鸞，遇書生文簫於道，竟許成婚，蕭貧不自給，彩鸞寫《唐韻》，運筆如飛，日得一部，售之，獲錢五緡。複寫如是一載，稍為人知。遂潛往與新越王山，各跨一虎，陟峰巒而去。

吳彩鸞成仙的說法雖然並不可信，但她以抄書著稱，卻是一個事實。吳彩鸞除了抄《唐韻》之外，還抄有《廣韻》、《玉篇》、《法苑珠林》等書。

在中國文學史上，唐代是古代詩歌的黃金時代，作詩離不開韻書，陸法言《切韻》和孫愐《唐韻》非常流行，寫本到處可見。王國維《觀堂集體‧藝林》云：

> 唐人盛為詩賦，韻書當家置一部，故陸、孫二韻當時寫本當以萬計。陸韻即巴黎所藏三本已有異同。孫韻傳之後世可考見者，除鶴山所藏外，如歐陽公見吳彩鸞書頁子本、黃山谷所見凡六本、鮮于伯機藏一卷，傳寫既多，故名稱部目不能盡同。

除了李襲譽、柳仲郢、杜牧、吳彩鸞之外，還有不少關於唐代抄書的記載，例如韋述「好譜學，秘閣中見常侍柳沖先撰《族姓系錄》二百卷，述於分課之外，手自抄錄，暮則懷歸。如是周歲，寫錄皆畢。百氏源流，轉益詳悉」〔註51〕；韋溫之女「適薛蒙，善著文，續曹大家《女訓》十二章，士族傳寫，行於時」〔註52〕；白居易、朱慶餘等著名文人的作品也是抄傳的。另外，《敦煌遺書》中也有不少唐寫本，如《食療本草》、《太公家教》、《兔園冊府》、《秦歸吟》、《雲謠集雜曲子》、《春秋後語》、《道德真經疏》等。《新唐書‧藝文志》有隋侯白著《啟顏錄》十卷，失傳已久，唐開元十一年（723）寫本，今存《敦

〔註49〕《全唐詩》卷八三七。

〔註50〕《全唐詩》卷五二〇。

〔註51〕《舊唐書‧韋述傳》。

〔註52〕《舊唐書‧韋溫傳》。

煌遺書》中（詳《斯坦因經錄》0610）。唐寫本李隆基撰《道德真經疏》可考唐代避諱制度。該書第八章經文「心善淵」，為避高祖李淵諱，「淵」字缺末筆；疏文「心善淵」，寫作「心善泉」，以泉代「淵」。第三章疏文「雲自隨龍，風常隨武」，其中「武」字本作「虎」，避太宗神祖李武諱，以虎代之（詳《伯希和劫經錄》2823、3592）。由此可知，唐人避諱的方法是：諱字在經文，則缺筆；諱字在注文，則用代字。

五代寫本

五代時期，群雄各自偏安一隅，文化事業頗有可觀，雖然監本經書已經付梓刊行，但是抄書仍然是當時圖書的主要製作方法，楊邠、查文徽、文谷、王景絕、林鼎、韓熙載、鄭遨等都是五代抄書的主要代表。

楊邠，後漢魏州冠氏人，官至中書侍郎兼吏部尚書，「居家謝絕賓客，晚節稍通縉紳，延客門下，知史傳有用，乃課吏傳寫」〔註53〕。

查文徽，字先慎，南唐休寧人，幼好學，能自刻苦，手寫經史數百卷〔註54〕。

文谷，後蜀成都溫江人，所撰《備忘小抄》十卷，雜抄子史一千餘事，以備遺忘，世多傳寫之〔註55〕。

王景絕，後漢人，時時購四方書抄之，晚年集書數千卷〔註56〕。

林鼎，字煥文，吳越侯官人，性說正而強記，能書歐虞法，比及中年，夜讀書每達曙。所聚圖書悉由手抄，其殘編蠹簡亦手綴之，無所厭倦〔註57〕。

韓熙載，字叔言，南唐北海人，五代書畫家，「性喜提獎後進，見文有可採者，手自繕寫，仍為播其聲名」〔註58〕。

鄭遨，滑州人。「時時為詩章落人間，人間多寫以縑素，相贈遺以為寶，至或圖寫其形，玩於屋壁」。〔註59〕

魏晉南北朝隋唐五代寫本的特點

魏晉南北朝隋唐五代時期寫本有以下幾個特點值得注意：

第一，魏晉至五代時期是文字載體和圖書製作方式發生重大變革的時期。

〔註53〕《新五代史‧楊邠傳》。
〔註54〕（清）吳任臣：《十國春秋‧南唐》。
〔註55〕（清）吳任臣：《十國春秋‧後蜀》。
〔註56〕（清）吳任臣：《十國春秋‧北漢》。
〔註57〕舊題（宋）林禹等：《吳越備史》卷三。
〔註58〕《十國春秋‧南唐》。
〔註59〕《新五代史‧鄭遨傳》。

造紙成功是中國出版史與世界出版史上的重大事件，它在人類文化發展史上的貢獻是不可估量的。但是，造紙作為新生事物，其推廣和應用需要一個漫長的過程。直到東晉，紙張才漸漸普及，南北朝時期才得以廣泛使用。紙張的廣泛應用，大大促進了圖書的繁榮。據記載，東晉末年，「宋武入關，收其圖籍，府藏所有，才四千卷」〔註60〕。宋武入關的時間是公元420年，11年之後，即宋文帝元嘉八年（431）謝靈運編目的時候，書數猛增到14582卷，比11年前增加了3倍多。當然，影響書數的因素很多，但紙張的廣泛應用無疑是一個極為重要的因素。事物總是不斷發展的，圖書製作方式也不例外。當魏晉南北朝寫本臻於極盛之際，人們對於圖書的需求日漸增多，甚至出現供不應求的現象。人工抄寫效率低等弱點也越來越明顯地表現出來。這樣，一種新的圖書製作方式的產生呼之欲出，雕版印刷便應運而生。

第二，就寫本內容而言，可分全本、節本兩個大類。全本即全抄之本，節本即節抄之本。全本原汁原味，便於系統學習；節本便於提綱挈領、擷取精華。當然，節鈔有一個選擇的問題，難度較大。好的節本常常被人們當作新書來讀，不少學者都節抄了許多書。例如晉葛洪節抄《金匱藥方》100卷、《肘後備急方》4卷等；晉郭璞節抄京、費諸家精華若干卷；梁張緬節抄《後漢》、《晉書》眾家異同為《後漢紀》40卷、《晉鈔》30卷，又抄《江左集》，未及成〔註61〕；庾仲容抄子書三十卷、諸集三十卷，眾家地理書二十卷，《列女傳》三卷、文集二十卷，並行於代〔註62〕；陳陸瑜為了輔導皇太子學習，遵命節抄子集群書，未就而卒，時年四十四歲〔註63〕。可見陸瑜終生抄書，直至生命最後一息。另如陸澄之《地理書》凡百四十九卷，而其《地理書鈔》不過二十卷；任昉增澄之書為《地記》二百五十二卷，而其《地理書鈔》不過九卷〔註64〕。節抄最早始於東漢。《隋書‧經籍志‧雜史敘》說：「自後漢已來，學者多抄撮舊史，自為一書，或起自人皇，或斷之近代，亦各有志，而體制不經。」這說明東漢以降，學者節抄史書的現象是很普遍的。

第三，就抄寫者而言，除了學者自抄以外，主要依靠經生。經生又叫書手、楷書、傭書、賃書、書工等。它是一種專以抄書謀生的社會職業。社會上流佈

〔註60〕 《隋書經籍志‧總序》。
〔註61〕 《南史‧張緬傳》。
〔註62〕 《南史‧庾悅傳》。
〔註63〕 《陳書‧陸瑜傳》。
〔註64〕 呂思勉：《兩晉南北朝史‧晉南北朝學術》。

的許多圖書都出自經生之手。對於富家大族來說，可以請人抄書，也可以用金錢購買經生寫本。古典文獻中關於經生的記載比比皆是：南齊周山圖少貧微，傭書自業〔註65〕。南齊庾震喪父母，居貧無以葬，賃書以營事，至手掌穿，然後葬事獲濟〔註66〕。可見庾震家中一貧如洗，連埋葬父母的錢都沒有，只好抄書賣錢。抄書辛勤之至，筆桿把手掌都磨破了。梁王僧孺家貧，常傭書以養母，所寫既畢，諷誦亦通〔註67〕。王僧孺也是把抄書同學習結合起來了。梁沈崇�家貧，常傭書以養〔註68〕。後魏崔亮十歲居家貧，傭書為業〔註69〕。十歲尚未成人，便握筆抄書，當了童工，可見生活之艱辛。後梁貞明五年（919）四月敦煌郡金光寺學士郎安友盛抄《秦婦吟》有題識云：「今日寫書了，合有五斗米。高貸不可得，還是自身災。」〔註70〕這四句話反映了書手報酬之微薄，辛辛苦苦連抄數日，僅能得到五斗米的報酬。要想得到高報酬，簡直是不可能的。抄來抄去，到頭來還是一身災禍。

三、宋元寫本

宋元是我國雕版印刷的初步繁榮時期。人工抄寫，作為圖書製作的傳統方式，並沒有因此而退出歷史舞臺，它仍然是圖書製作的重要手段。

宋元官方寫本

宋代官方藏書規模宏大。崇文院、太清樓、龍圖閣、天章閣、寶文閣、顯謨閣等處都有不少藏書。其中，崇文院相當於國家級圖書館，藏書達 8 萬卷之多。官方藏書的組成，除了印本之外，寫本也占相當比重。宋代政府十分重視抄寫圖書，茲舉例如下：

太宗太平興國年間，懸賞求書，不願進獻者，借本繕寫〔註71〕；至道元年（995）命裴愈到江南兩浙尋訪圖書，不願進納者，就所在差能書吏借本抄寫〔註72〕。

真宗咸平二年（999）詔令搜訪圖書，其方法是以內府及館閣藏書和私人

〔註65〕《南齊書·周山圖傳》。
〔註66〕《南史·孝義傳》。
〔註67〕《梁書·王僧孺傳》。
〔註68〕《南史·孝義傳》。
〔註69〕《魏書·崔亮傳》。
〔註70〕《斯坦因劫經錄》0692。
〔註71〕（宋）洪邁：《容齋五筆》卷七。
〔註72〕（宋）洪邁：《容齋五筆》卷七。

藏書目錄核對，有缺者，借本抄填之〔註73〕；咸平三年（1000）命三館寫四部書二本，置禁中之龍圖閣及後苑之太清樓〔註74〕；大中祥符八年（1015）榮王宮失火，崇文院藏書焚燒殆盡，命重寫書籍，選官詳覆校勘，常以參知政事一人領之，書成，歸於太清樓〔註75〕；景德元年（1004）三月，直秘閣黃夷簡等進上校勘新寫御書24162卷〔註76〕；天禧元年（1017）八月，劉潔、侯惟哲獻太清樓所闕書各500卷，命以前詔甄錄〔註77〕。

仁宗景祐元年（1034）詔借《道藏》零種《莊子》等給三館，差人抄寫〔註78〕；嘉祐六年（1061）十二月三館秘閣上所寫黃本書6496卷，補白本書2954卷〔註79〕；嘉祐七年（1062）判閣歐陽修奏稱：

> （秘閣初為太宗藏書之府）後因宣取入內，多留禁中，而書頗不完，請降舊本，令補寫之。遂詔龍圖、天章、寶文閣、太清樓管勾內臣，檢所闕書錄本於門下省參寫。

同年六月，進呈補寫御覽書籍；同年十二月，詔以所抄黃本書10659卷，送昭文館。

神宗元豐七年（1084）詔置補寫所。

徽宗崇寧二年（1103），秘閣抄書2082部，還有1213部和待補殘缺289卷未抄，限期抄完〔註80〕；大觀四年（1110）准秘書監何志同奏，選文學博雅之士求訪異書，不願進獻者，並借繕寫，或官給筆劄，即其家傳之〔註81〕；宣和四年（1122）鑒於三館圖書簡編脫落、訛舛亡佚，詔建局補完校正，募工繕寫；宣和五年（1123）詔令搜訪士民家藏書籍，悉上送官，參校有無，募工繕寫，藏之御府〔註82〕。

高宗紹興十五年（1145）五月二十八日秘書省復置補寫所，招聘書手數十人，規定抄寫定額，按勞取酬，楷書課程舊制每日寫二千字，遇入冬書寫一千

〔註73〕（宋）洪邁：《容齋五筆》卷七。
〔註74〕《宋史藝文志·序》。
〔註75〕《宋史藝文志·序》。
〔註76〕（清）畢沅：《續資治通鑒》卷二四。
〔註77〕《宋會要輯稿·崇儒四》。
〔註78〕《宋會要輯稿·職官六》。
〔註79〕《續資治通鑒》卷十六。
〔註80〕《楓窗小牘》卷下。
〔註81〕《宋會要輯稿·崇儒四》。
〔註82〕《宋會要輯稿·崇儒四》。

五百字，並各置工課手歷，每日抄轉書勘點檢，月終結押〔註83〕；同年閏十一月，詔求遺書，不願進獻者，令所在州軍借本傳寫。〔註84〕

孝宗乾道三年（1167）準秘書省奏，抄錄李燾撰《續資治通鑑長編》〔註85〕；淳熙六年（1179）六月二十七日準吏部侍郎閻蒼舒奏，派人到四川尋訪圖書，遍查四路（即益州路、梓州路、利川路和夔州路）州軍官書目錄，如有所闕，即令本司抄寫，赴秘書省收藏〔註86〕。

元代官方寫本有《世祖實錄》、《太祖實錄》、《太宗實錄》、《定宗實錄》、《睿宗實錄》、《憲宗實錄》、《順宗實錄》、《成宗實錄》、《武宗實錄》、《仁宗實錄》、《英宗實錄》、《明宗實錄》、《文宗實錄》、《寧宗實錄》等。據記載。成宗大德八年（1304），翰林學士承旨薩里曼嘗進金書《世祖實錄節文》、《漢字實錄》〔註87〕。其他官方抄書不見記載。

宋元民間寫本

今人袁同禮曾經指出：「宋代私家藏書，多手自繕錄，故所藏之本，抄本為多。」〔註88〕宋代私人藏書家可考者有 200 人左右，其中孫光憲、王錯、畢士安、姚鉉、晏殊、李行簡、司馬光、劉恕、周啟明、高頓、杜鼎昇、呂大防、沈思、王欽臣、李常、趙明誠、劉儀鳳、魏衍、葉夢得、尤袤、陳振孫、黃仲元等均以抄書著稱。

李行簡，字易從，馮翊（今陝西大荔）人，歷任龍圖閣待制、尚書刑部郎中等職，聚書萬卷，多其自錄，人謂之書樓〔註89〕。

司馬光（1019～1086），字君實，陝州夏縣（今山西夏縣）人，著名政治家和歷史學家，以編撰《資治通鑒》著稱於世。他在 68 歲高齡時，還親自動筆抄書，所抄自《國語》而下六書，其目三百一十有二，小楷端重，無一筆不謹〔註90〕。

劉恕（1032～1078），字道原，筠州（今江西高安）人，是司馬光編撰《資

〔註83〕《宋會要輯稿·崇儒四》。
〔註84〕《宋會要輯稿·崇儒四》。
〔註85〕《宋會要輯稿·職官卷十八》。
〔註86〕《四庫全書總目》卷四七。
〔註87〕《續資治通鑒·元紀十三》。
〔註88〕《宋代私家藏書概略》，載《圖書館季刊》第 2 卷第 1 期。
〔註89〕（宋）曾鞏：《隆平集》卷十四。
〔註90〕直齋書錄解題》卷十。

治通鑒》的重要助手之一。為了編好《資治通鑒》，需要大量文獻資料，他經常到數百里外訪書抄書。有一次他到亳州宋次道處抄書，宋次道以酒肉相待，關懷備至。劉恕不高興地說：「此非吾所為來也，殊廢吾事。」宋次道非常理解他的心情，遵囑易以家常便飯，劉恕在宋次道家住了十多天，晝夜口誦手抄，滿載而歸〔註91〕。

呂大防（1027～1097），字微仲，藍田（今陝西藍田）人，他當宰相時，常分其俸之半以錄書，故所藏甚富〔註92〕。

陸游（1125～1210），字務觀，號放翁，山陰（今紹興）人，藏書室名曰書巢。他所藏的抄本有買來的，如《劉隨州集》便是，他在該書跋語中說：「傭書人韓文持束紙支頭而睡，偶取視之，《劉隨州集》也，乃以百錢易之，手加裝褙。紹興二十五年正月八日陸某記。」〔註93〕也有自家人抄的，如《先左丞使遼語錄》為其伯父手抄，他在該書跋語中說：

> 伯父自幼被疾，以左手書，然筆力清健如此。平生凡抄書數十
> 百卷云。淳熙八年四月五日某謹識。〔註94〕

劉儀鳳，字韶美，普州（今四川安嶽縣）人。據陸游《老學庵筆記》卷二：

> 在都下累年，不以家行，得倮專以傳書。書必三本，雖數百卷
> 為一部者亦然，出局則杜門校作，不與客接。既歸蜀，亦分作三船，
> 以備失壞。已而行至秭歸新灘，一舟為灘石所敗，餘二舟無他，遂
> 以歸普慈，築閣貯之。

劉儀鳳每書必抄三本的原因在於保存圖書，以防不測。如果只抄一本，一旦出事，就無法彌補。

李常，字公擇，建昌（今屬江西）人，少讀書廬山白石僧舍，既擢第，留所抄書九千卷，名舍曰李氏山房。〔註95〕

趙明誠（1081～1129），字德甫，山東諸城人。當時館閣藏書多有亡詩逸史等罕見之書，趙明誠夫婦憑藉在館閣任職的親朋好友的幫助，盡力傳寫，浸覺有味，不能自已〔註96〕。

〔註91〕 《宋史·劉恕傳》。
〔註92〕 《郡齋讀書志·呂汲公文錄》。
〔註93〕 （宋）陸游：《渭南文集》卷二六。
〔註94〕 （宋）陸游：《渭南文集》卷二七。
〔註95〕 《宋史·李常傳》。
〔註96〕 （宋）李清照：《金石錄後序》。

　　葉夢得（1077～1148），字少蘊，江蘇吳縣人。他的藏書主要靠手抄獲得。有一年夏天曬書，曬了 20 多天才曬完，他在《避暑錄話》中說：「其間往往多余手抄。」

　　尤袤（1125～1194），字延之，無錫人，以編撰《遂初堂書目》著稱。他把抄書當作日課，每天下班回家，便閉門謝客，專心讀書、抄書。家屬在其帶動下，也幫他抄了不少書。

　　陳振孫（約 1183～1249），字伯玉，浙江安吉人，他以編撰《直齋書錄解題》著稱於世。他做過官的江西、福建、浙江三地是當時雕版印刷的中心地區，圖籍流佈較廣，他在這些地方搜購和抄寫了大量圖書。《直齋書錄解題》所著錄的 51180 卷圖書，都是他的私人藏書。在他的私人藏書之中，抄本是不少的。《爾雅新義》20 卷、《元經薛氏傳》15 卷、《龍圖閣瑞物寶目》、《六閣書籍圖畫目》、《孫子》10 卷、《造化權輿》6 卷、《雲笈七籤》124 卷、《景祐天竺字源》10 卷、《皇祐新樂圖記》3 卷、《長樂財賦志》16 卷、《三朝訓鑒圖》10 卷等都是他自己抄的。《元經薛氏傳》抄自葉夢得家，《孫子》抄自程文簡家。《雲笈七籤》前後共抄兩次：先在莆田所抄，是個略本；後在平江抄得全本。

　　黃仲元，字善甫，莆田人，手抄 242 家詩文集。〔註97〕

　　元代民間抄書可考者有莊肅、許衡、王克敬、尹夢龍等。

　　莊肅，字恭叔，號蓼塘，松江青龍鎮人。性嗜書，聚至八萬卷，手抄經史子集，下至稗官小說，靡所不具〔註98〕。

　　許衡，字仲平，河內人。家貧無書，嘗從日者家見《書》疏義，因請寓宿，手抄歸〔註99〕。

　　王克敬，字叔能，大寧人，喜讀書，其有所得者，輒抄為書〔註100〕。

　　尹夢龍，中興人，手書《孝經》千餘卷，散鄉人讀之〔註101〕。

宋元抄書盛行的原因

　　為什麼宋元抄書盛行？

　　第一，長期以來，人們習慣於手工抄寫圖書。手工抄寫，簡單易行，只要具備文房四寶，就可以隨心所欲，無需他人協助，完全可以單獨完成。而雕版

〔註97〕（宋）黃仲元：《四如集》卷四。
〔註98〕《藏書紀事詩》卷一。
〔註99〕《元史・許衡傳》。
〔註100〕《元史・王克敬傳》。
〔註101〕《元史・尹夢龍傳》。

印刷就不是那麼簡單，和人工抄寫相比，難度較大。

第二，宋人重視書法，把抄書當作書法練習的重要手段。宋代皇帝多喜書法：太祖善顏體；太宗兼善篆、隸、八分、飛白、行、草等書，淳化三年（992）出秘閣所藏歷代法書，編成《淳化閣帖》10卷，拓賜大臣，影響很大；真宗書法甚得晉人風度；仁宗擅長飛白；徽宗自創瘦金體；高宗兼善真、行、草諸體。據統計，宋人著名書法家有800多人，其中蔡襄、蘇軾、黃庭堅、米芾尤其著名，號稱四大家。由於宋代自上而下重視書法，抄書也就自然蔚成風氣。

第三，宋元把抄書當作學習的重要方法，手抄一遍印象深，記得牢，事半功倍。蘇頌是北宋大臣，也是宋代著名天文學家和歷史學家。蘇軾曾問蘇頌：「公記史事，如何這般熟？」蘇頌回答：「吾曾將某年某月記下，將事繫之，編得一次；復將事下，繫以某年某月，又編得一次。編來編去，久遂記得。」蘇軾同意他的看法，接著說：「我何嘗不如此，畢竟公記得熟。宋景公嘗自言，手抄《文選》三過，始見佳處。」洪邁亦有言：「手抄《資治通鑒》三過，始究其得失。」古人讀書著書，未有不手錄者〔註102〕。另外，宋代有些刻本舛誤太多，不可盡據，學者只好手抄。

第四，宋元仍然有不少專業書工。寶元初，范仲淹抨擊宰相呂夷簡任人惟親，因被指控與尹洙、歐陽修等結為死黨，貶知饒州，蔡襄作《四賢一不肖》詩為范仲淹鳴不平。該詩深受廣大群眾歡迎，不脛而走，都市人相傳寫，鬻書者市之得厚利〔註103〕。鬻書者所賣的書都是專業書工抄寫的。有個叫杜鼎昇的人，以抄書賣書為生，曾經手抄唐孫思邈《千金方》售賣，他身體健壯，耳聰目明，死而後已，他抄的書很少錯誤〔註104〕。宋劉燁《雲莊集》曾經提到一個建陽書工，名字叫余煥，工大小篆，筆勢奇偉不常，予嘗使之書聖賢言，揭坐側，如正人端士服古衣冠巍坐拱手，使人望之起肅敬心，雖嚴師畏友曾不過是，然余君挾此技遊四方，其能知之者甚少，愛而悅之者又加少〔註105〕。說明書工社會地位很低，常常受到人們的歧視。但也確實有些書工惟利是圖，投機取巧，抄本質量不高。宋代科場舞弊成風，考生往往私藏袖珍抄本入試，專業書工大量抄寫便於攜帶的袖珍本，牟取暴利。歐陽修曾說：「近年舉人公然懷挾文字，皆是小紙細字，抄節甚備，每寫一本，筆工獲錢三二十千。」

〔註102〕（清）阮葵生：《茶餘客話》卷七。
〔註103〕（明）陳邦瞻：《宋史紀事本末》卷十五。
〔註104〕《藏書紀事詩》卷一。
〔註105〕（宋）劉燁：《雲莊集》卷五。

宋劉爚《雲莊集》盛行一時，然皆傳錄，經於多手，烏焉成馬，叵克去取〔註106〕。《焦氏易林》屢經傳寫，字多舛誤，以羊為缶，以快為決，若此者眾〔註107〕。據邵博《邵氏聞見後錄》記載：宋次道家多唐人詩集，王安石的《唐百家詩選》就是據宋次道藏本編成的。王安石預先將選好的篇目貼上標籤，讓書工按照標籤去抄，書工討厭字多，就把長詩的標籤偷換到短詩上。抄好之後，王安石也沒有核對。這些書工只求速度，不求質量，實在誤人不淺。

總而言之，宋元時期是印本和寫本並行的時代。宋元傳世寫本雖然已是鳳毛麟角，但它在歷史上所起的作用不可低估，今天我們看到的許多古籍，大多是以宋元寫本作為底本傳抄付印的。

四、明代寫本

明代是我國雕版印刷的黃金時代，其刻家之多、刻本之多，都是其他朝代無以倫比的。但是，人工抄寫仍是經久不衰。無論官方或民間，抄書之例，比比皆是。

明代官方寫本

明代官方在重視刻書的同時，也很重視抄書。洪武十五年（1382）特地從福建、湖廣、江西、浙江、直隸等地挑選了 1910 個書工到內府各部任職，專事抄寫〔註108〕。明政府多次到民間搜訪遺書，訪到之書均用人工抄寫。萬曆間曾根據焦竑的建議，四出訪書，願以古書獻者，官給以直；不願者亦抄寫二部，一貯翰林院，一貯國子監〔註109〕。成化十九年（1483）十一月，太監王敬以訪書為名，令蘇州府學儒生趙汴等 20 人輟學為之抄書，趙等不堪驅使，以妨廢學業謝絕，王敬大打出手，趙汴等 20 人因此獲罪。〔註110〕

明代永樂年間編纂的《永樂大典》，共有 22877 卷、目錄 60 卷，3.7 億字，是我國歷史上最大的一部類書。這部大書就是人工抄寫而成的。據全祖望《抄〈永樂大典〉記》說：為了編好、抄好這部大書，「公車徵召之士，自纂修以至繕寫幾千人，緇流羽士，亦多予者」。其中抄寫人員都是擅長篆隸楷草的書法家。《永樂大典》共裝成 11095 冊，每冊高 1 尺 5 寸 6 分，寬 9 寸 3 分。封

〔註106〕　《雲莊集·轟遜後序》。
〔註107〕　（宋）薛季宣：《浪語集》卷三十。
〔註108〕　《明太祖實錄》卷一四一。
〔註109〕　（明）焦竑：《焦氏澹園集》卷五。
〔註110〕　《明憲宗實錄》卷二四六。

面左上有長方框，內題「永樂大典」四字，其下用雙行小字注明卷次；右上角有小方格，格內題寫該冊所屬韻目，又低一字注明本冊所在該韻目的冊次。書頁用上等白宣紙，朱絲欄，半頁大字八行、小字十六行，行二十八字。墨色黝黑，器物、山川等均有插圖，插圖用線條勾勒，形態逼真。文中所徵引的書名，全用朱筆。版心有三個魚尾，上魚尾下題「永樂大典卷 XX」，下端雙魚尾內題頁碼。《永樂大典》於永樂七年（1409）十月抄成之後，有人建議付刻，因工費浩繁而作罷。嘉靖三十六年（1557）皇宮失火，世宗亟命救出此書，此書才得以免遭回祿之禍。為了完好地保存《永樂大典》，嘉靖四十一年（1562）決定重抄一部副本，從全國各地招聘書手 180 人。為了保證重錄工作順利進行，有關方面制定了一套規章制度：規定繕寫人員每日抄寫 3 頁；領取《大典》底本必須登記；不准私自帶出門外雇人代抄；發現有怠工者，嚴肅處理；每冊抄完後，於冊後寫上重錄總校官、分校官、寫書官及圈點人姓名，各負其責〔註111〕。這樣，整整用了 6 年，到穆宗隆慶元年（1567）四月抄完。由於該書內容浩博，繕寫人員既多又雜，書中的錯誤也是不少的。例如元代張之瀚寫了一本書，名叫《張西巖集》；另外一個人叫張起岩，寫了一本書，名叫《張起岩集》，因為「西岩」「起岩」發音相近，書手在抄寫時就把張起岩誤作《張西巖集》的著者。元代王禎《農書》中的《穀譜篇》訛作《穀諳集》；《斜川集》的著者「蘇過」訛作「蘇邁」；宋李心傳《舊聞證誤》所辨條目原書均注書名，而《大典》脫漏十之五六。當然，總的說來，《永樂大典》的歷史功勳是不可磨滅的。令人遺憾的是，這部大書的正本在明末毀於戰火，副本在清乾隆間還殘存 8600 多冊，光緒二十六年（1900）八國聯軍侵入北京，又多所焚毀，帝國主義分子也趁火打劫，亡佚殆盡。近年來，經多方搜集，僅得 700 餘冊。有人企圖恢復原貌，異哉！又有人極力貶抑其價值，亦非正論。大典功過得失，需平心論之。

明代民間寫本

明代民間抄書之例更多。今人袁同禮指出：「明人好抄書，頗重手抄本。藏書家均手自繕錄，至老不厭。」〔註112〕

據記載，明代以抄書著稱的藏書家有孫道明、葉盛、楊循吉、陸深、嚴嵩、姚諮、錢穀、柳僉、范欽、謝肇淛、祁承爜、趙琦美、毛晉、馮舒等。

〔註111〕張枕石：《永樂大典史話》第 12 頁。
〔註112〕《明代私家藏書概略》，載《圖書館季刊》第 2 卷第 1 期。

—104—

孫道明，字明叔，華亭（今上海）人，元末明初藏書家。抄書數千卷，至老不輟。80 歲那年還抄有《臨漢隱居詩話》。明郎瑛《七修類稿》卷四十云：

> 洪武中，松江孫道明，屠兒也。每借人書坐肆中，且閱且寫，
> 密行楷字，積寫千餘本也。至今人家書本後，有孫道明識字。

葉盛（1420～1474），字與中，崑山人，服官數十年，未嘗一日輟書，雖持節邊徼，必攜抄胥自隨。每抄一書成，輒用官印識於卷端〔註113〕。如《論語》卷端有「鎮撫燕雲關防」「巡撫宣府關防」二印。

楊循吉，字君謙，吳縣人，藏書十餘萬卷，聞某處有異書，必千方百計購求繕寫。朱彝尊《靜志居詩話》說：「是時吳中藏書家多以秘冊相尚，若朱性甫、吳原博、閻秀卿、都元敬輩，皆手自抄錄，今尚有流傳者，實君謙倡之也。」

陸深，字子淵，上海人，他堅持抄書 56 年，晚年喜抄方書，其《儼山集‧為己方序》云：

> 予喜手抄書。方時少壯，夜寒爐滅，不廢泓穎，今五十有六年
> 矣，衰病垂及，乃喜抄藥方。予外病病齒，最先最其，故抄方自治
> 牙始。其次病目，而扶衰之方兼抄。

嚴嵩（1480～1569），字惟中，分宜（今屬江西）人，明代姦臣，手抄宋元書籍 2613 本。

姚諮，字舜諮，無錫人，著名藏書家。所抄《續談助》、《貴耳錄》和《稽神錄》，為清代著名藏書家黃丕烈珍藏，目為三絕。姚氏為了尋訪《清波別志》，費時長達 30 餘年，訪到之後，日抄 5 頁，手不停揮 70 餘天，終於抄完全書。其跋云：

> 一人稱姑胥袁飛卿家奴，肩一篋，手一編，乃《清波別志》也，
> 其人視為奇貨，索價太高，因持去。三十年來，求之弗得，今始得
> 之貞山陸給事家，前有《雜誌》十二卷，後《別志》三卷，比囊者為
> 全。予喜而執笑，日抄五頁，積七十日訖事。

錢穀，字叔寶，號罄室，吳縣人，聞有異書，雖病必強起，匍匐借觀，手自抄寫，幾於充棟，其子錢功甫貧而好學，酷似其父，年八十餘，隆冬病瘍，映日抄書，薄暮不止〔註114〕。錢穀 28 歲那年，用精楷抄寫的《唐朝名畫錄》（唐朱景玄撰），今藏蘇州博物館。謝國楨先生在《江浙訪書記》中說：

〔註113〕《藏書紀事詩》卷二。
〔註114〕（清）錢謙益：《列朝詩集小傳》丁集中。

（此書）紙白如玉，墨光如漆，鐵畫銀鈎，筆筆俱到，硃光玉
氣，光彩奪目，不覺老眼之欲明，為之心曠神怡，洵吳門之風範、
珍貴之文物也。

《四部叢刊》中《華陽國志》和《南唐書》均據錢氏抄本影印。所撰《錢罄室
雜錄》的手稿遞經文從簡、方塘、劉世布、羅振玉等名家收藏，書末有方塘題
詩云：「先生最妮古，手錄百子強。抄自懸罄室，珍比名山藏。」

柳僉，字大中，吳門人，曾摹寫宋本唐人詩數十種，《四部叢刊》中的《白
蓮集》即據嘉靖八年（1529）柳僉抄本影印。

俞弁，字於容，長洲人，酷嗜藏書，勤奮抄錄，嘗從柳僉處借錄《隨隱漫
錄》，錄畢作詩云：

心愛奇編雨汗流，山妻笑我不封侯。偷閒八日閒中寫，一筆看
來直到頭。

范欽（1506～1585），字堯卿，鄞縣（今屬浙江）人，嘉靖十一年（1532）
進士，任兵部右侍郎，著名藏書家，家有天一閣。他從藏書家豐道生、王世貞
處抄了不少異書，其從子范大澈聞人有抄本，多方借之。長安旅中嘗雇善書
者膽寫，多至二三十人。〔註115〕

謝肇淛，字在杭，長樂（今福州）人，萬曆進士，著名藏書家，室名「小
草齋」。據方品光《福建版本資料彙編》著錄，謝氏抄有《桂林風土記》、《視
草餘錄》、《六壬拔粹》、《意林》、《寓簡》、《沈下賢文集》、《王黃州小畜集》、
《後村居士集》、《北礀文集》、《古靈先生文集》、《慶湖遺老詩集》、《青山集》、
《蘆浦筆記》、《竹友集》、《演山先生文集》等書，其《竹友集》跋云：

時方沍寒，京師傭書甚貴，需銓京邸，資用不贍，乃手抄寫，
每清霜呵凍，十指如槌，凡二十日始竣。萬曆己酉十二月二十四日。
其抄書之勤如此。

祁承爜（1562～1628），字爾光，山陰人，萬曆間進士，曾任江西右參政
等職，著名藏書家，室名澹生堂，著有《澹生堂藏書目》。天啟二年（1622）
他在一封家書中說：

近所抄錄之書，約一百三四十種。共兩大卷箱。此是至寶，自
家隨身攜之回也。我仕途宦況，遺汝輩者雖少，而積書已在二千餘
金之外，汝輩不知耳。只如十餘年來所抄錄之書，約以二千餘本，

〔註115〕《藏書紀事詩》卷二。

每本只約用工食紙張二三錢，亦便是五六百金矣。〔註116〕

可見祁氏抄書多達 2000 餘本，單是天啟二年就抄了一百三四十種。他外出做官，很少為後輩買些珠寶土產之類，惟書是遺。

趙琦美（亦名趙開美），字元度，號清常道人，常熟人，著名藏書家，室名脈望館。傳世《古今雜劇》242 種，即為趙氏所抄，此書遞經錢謙益、錢曾、季振宜、何煌、黃丕烈、汪士鍾、趙宗建、丁祖蔭等名家收藏，抗日戰爭時期，不知下落，後經鄭振鐸多方尋訪，終於 1938 年 5 月以萬金購得，今藏北京圖書館。

毛晉以抄書作為補充藏書的重要手段，「其有世罕見而藏諸他氏不能購得者，則選善手以佳紙墨影抄之，與刊本無異，曰影宋抄。於是一時好事家皆爭仿傚，而宋槧之無存者，賴以傳之不朽」〔註117〕。毛氏雇了很多書工，專事抄書，推官雷某因有「入門僮僕盡抄書」的詩句〔註118〕。毛氏抄書知多少？僅黃丕烈刻《汲古閣珍藏秘本書目》就著錄毛氏抄本 117 種。《天祿琳琅書目》中也著錄了不少毛氏影宋抄本。該書《王摩詰文集》提要云：「自元明以來，刻維集者甚多，今得此（毛氏）影抄以留宋槧面目，亦超出於諸家之上矣。」

何大成，字君立，明常熟人，性喜舊槧。有一次，他聽說寒山趙氏藏有宋刻《玉臺新詠》，秘不示人。何氏嘗於冬月，挈其友取舟支硎山下，於朔風飛雪中，挾紙筆、袖炊餅數枚入山，徑造其廬，乃許出書傳錄，墮指呵凍，窮四晝夜之力，抄副本以歸〔註119〕。

包檉芳，字子柳，明嘉興人。他只要聽說某處有異書，不管再偏僻的地方，也要親自造訪。訪到之書則分命左右傳寫，手自摘錄，垂丙夜不休〔註120〕。

馮舒，字己蒼，明末常熟人，與其弟馮班都是著名藏書家，時人目為「二馮」。馮氏所抄《汗簡》有跋云：

崇禎乙酉，避兵莫城西之洋蕩村，大海橫流，人情鼎沸，此鄉猶幸無恙，屋小炎蒸，無書可讀，架上偶攜此本，發興書之，二十日而畢。

馮氏於兵荒馬亂之際，冒著酷暑抄書 20 天，毫無倦意，其刻意抄書，於此可見。

〔註116〕黃裳：《銀魚集·澹生堂二三事》。
〔註117〕《天祿琳琅書目》卷四。
〔註118〕楊立誠等：《中國藏書家考略》，上海古籍出版社 1987 年版。
〔註119〕《藏書紀事詩》卷三。
〔註120〕《藏書紀事詩》卷一。

除了上述抄書者外，朱謀㙔、何喬新、吳寬、文徵明、朱存理、閻起山、王履吉、何鈁、陸師道、黃居中、秦四麟、秦景陽、曹學佺、徐㷒、陸宇、高培、金俊明、顧韡、錢謙益、陳煌圖、李可敬、王朝志、馬弘道等人也抄了不少書。

明代寫本的特點和價值

明代抄書有三個特點：（一）明抄內容以「秘本」「異本」「善本」為主，而不像宋抄那樣以常見書為主。明人所謂「秘本」「異本」「善本」，多半是指宋本。（二）明抄書法水準較高。例如吳寬抄本書法精楷，書估居為奇貨，漫天要價〔註121〕；毛晉的女婿高培所抄書法精好，令人不敢觸手，蓋深擅楷法也〔註122〕；秦景陽抄，多用行書好寫〔註123〕；陸師道抄本丹鉛儼然，小楷精絕〔註124〕；朱存理抄本尤精楷法〔註125〕。總之，不少明抄都是書法珍品。（三）明代出現影抄。其中以毛晉汲古閣影宋抄本尤其著名。孫慶增《藏書紀要》云：「汲古閣影宋精抄，古今絕作。字畫、紙張、烏絲、圖章，追摹宋刻，為近世無有能繼其作者。」

明代抄本對於古代文化的流傳發揮了重要作用，《永樂大典》成了後人輯佚的寶庫。清編《四庫全書》時，組織學者從《永樂大典》中輯出佚書392種，其中經部73種，史部43種，子部102種，集部175種〔註126〕。大部頭著作如李燾《續資治通鑒長編》520卷、薛居正《舊五代史》150卷、郝經《續後漢書》90卷、王珪《華陽集》70卷等都是從《永樂大典》中輯出來的。我國古代重要的數學著作《九章算術》、《孫子算經》、《海島算經》、《夏侯陽算經》、《五經算術》等在修書前有的已失傳二三百年，有的殘缺嚴重，修書時，用《永樂大典》進行了輯錄和校補，才有了比較完善的本子。《九章算術》在北宋時已經罕見，「自沈括《夢溪筆談》以外，士大夫少留意者，書遂幾於散佚。洎南宋慶元中，鮑澣之始得其本於楊忠輔家，因傳寫以入秘閣，然流傳不廣，至明又亡，故二三百年來，算術之家未有得睹其全者。惟分載於《永樂大典》者，

〔註121〕《藏書紀事詩》卷二。
〔註122〕《中國藏書家考略》。
〔註123〕《中國藏書家考略》。
〔註124〕《中國藏書家考略》。
〔註125〕《中國藏書家考略》。
〔註126〕司馬朝軍：《四庫全書總目研究·四庫全書總目與輯佚學》，社會科學文獻出版社2004年版。

依類裒輯，尚九篇俱在」，四庫館臣全數輯出，《九章算術》才得以重見天日〔註127〕。東漢班固等撰《東觀漢記》，元代已經亡佚，四庫館臣從《永樂大典》中輯出 24 卷，可補《後漢書》之不足，亦可考見最早官修史書的本來面目。《四庫全書》修成之後，徐松、胡敬、孫爾準、繆荃孫等人也從《永樂大典》中輯出不少佚書：徐松輯有《宋會要輯稿》、《宋中興禮書》、《政和五禮新儀》、《秘書省續到闕書》等；胡敬輯有《大元海運記》、《施譚臨安志》等；孫爾準輯有《仇遠山村詞》；繆荃孫輯有《宋十三處戰功錄》、《曾公遺錄》、《順天志》、《宋中興百官題名》、《國清百錄》、《滬州志》等。除了《永樂大典》之外，明代其他寫本也往往多補闕遺，如宋趙明誠《金石錄》，刻本多誤，章丘刻本把「壯月朔」三字刻成「牡丹朔」，而明焦竑從秘府抄出之本、文嘉據宋刻影抄之本就很少錯誤。《四書經疑貫通》傳本甚罕，四庫館臣據范氏天一閣寫本收入《四庫全書》。唐獨孤及《毗陵集》舊本失傳，世無刻本，四庫館臣據吳寬寫本收入《四庫全書》。另外，在《四庫全書》中，《竹友集》據謝肇淛寫本收入；明危素《說學齋稿》據歸有光寫本收入；元張翥《蛻庵集》據明釋大杼寫本收入。如上所言，《四部叢刊》中也有不少書是據明抄本影印的。

五、清代抄本

清代處於專制社會的末期，儘管新的印刷技術即將取代雕版印刷，圖書的製作手段更加先進。然而，人工抄寫，作為一種原始的圖書製作方式，仍在發揮自己的作用。無論官方或民間，抄書之例仍然屢見不鮮。

《四庫全書》

清代官方抄書以《四庫全書》為巨。《四庫全書》是歷史上最大的一部叢書，全書收書 3503 種、79337 卷。卷數之多，相當於《永樂大典》的三倍半。乾隆三十七年（1772）開始修書，修書的第一步工作是徵集圖書，在以後的七年中，共徵集圖書三萬三千多種。第二步工作是整理徵集的圖書：首先要校對同書異本之差異，寫出每書的考證和提要，然後提出應刻、應抄、應存的具體意見，送呈皇帝審定。應刻者被認為是最好的書，除抄入《四庫全書》外，應另行刊印以廣流傳；應抄之書比應刻之書稍遜一色，抄入《四庫全書》就行了；應存之書是不合格的書，僅僅留存其名可也。這種史無前例的考定彙編工作，需要大量人才，據統計，《四庫全書》館先後共任命大小官員 360 人，著名學

〔註127〕《四書全書總目》卷 107。

者紀昀、戴震、邵晉涵、周永年、姚鼐、翁方綱、朱筠、金榜、王念孫等都曾在這裡任職。繕書處是負責抄寫的部門，先後網羅書工 3826 人。為了保證抄書的質量，繕書處還規定了記過的辦法，規定每三個月考核一次，對記過多者要給以處分。經過十年的努力，到乾隆四十六年（1781）第一部《四庫全書》終於編纂、抄寫完畢。接著又用了將近三年的時間，抄完第二、三、四部，分貯文淵閣、文溯閣、文源閣、文津閣珍藏，這就是所謂北四閣。從乾隆四十七年（1782）七月到乾隆五十二年（1787）又抄了三部，分貯江南文宗閣、文匯閣和文瀾閣珍藏，這就是所謂南三閣。每部《四庫全書》裝訂為 36300 冊、6752 函。七閣書情況各異，可謂一孃生九子，九子各不同。多樣化是四庫七閣的特徵之一。

北四閣用開化榜紙，朱碟紅格，半頁八行、行二十一字，書皮經部用綠絹，史部用紅絹，子部用藍絹，集部用灰絹。抄寫南三閣時，因為紙張缺乏，改用堅白太史連紙，行款同上。七閣之書都鈐有璽印，如文淵閣藏本冊首鈐「文淵閣寶」朱文方印，卷尾鈐「乾隆御覽之寶」朱文橢圓印。由於抄寫人員複雜，加上管理方面的原因，《四庫全書》抄寫中的錯誤也是花樣百出，千奇百怪，有的書雖經多次校對，仍然是整篇、整卷、甚至整部漏抄。乾隆五十七年（1792），紀昀重校文津閣藏本，僅在經部就查出空白和錯誤 1000 多處。就版本的角度而言，《四庫全書》不能稱為善本。但如何全面評價《四庫全書》，這是一個牽一髮而動全身的複雜問題，學術界尚沒有統一的認識。

清代民間寫本

清代民間抄書著名者有顧炎武、錢曾、孫承澤、黃宗羲、曹寅、朱彝尊、蒲松齡、曹溶、陸漻、黃丕烈、鮑廷博、周亮工、吳翊鳳、嚴元照、呂無黨、蔣衡、梁同書、惠棟、吳騫、汪憲、張篤、王士模、查慎行、賈炎、宋賓王、金檀、吳尺鳧、馬曰琯、倪模、汪一之、全祖望、王鳴韶、余蕭客、丁傑、孫星衍、陳敬璋、陸芝榮、翁廣平、錢煦祚、朱緒曾、章金、胡樹聲、勞權、劉履芬、朱壬林、瞿世瑛、蔣汝藻、趙魏、曹言純、丁丙等。

顧炎武（1613～1682），字寧人，號亭林，江蘇崑山人，清初思想家、著名學者。他一生抄了許多書，其《抄書自序》云：

> 遊四方十有八年，未嘗干人，有賢主人以書相示者則留，或手抄，或募人抄之。

顧炎武治學嚴謹，他的著作總是一抄再抄，反覆修改。據易宗夔《新世說·雅量》：

> 《詩本音》卷二稿再為鼠齧，再為抄寫，略無慍色，有勸其薰瓦倒壁，一盡其類者，公曰：「鼠齧我稿，實勉我也。不然，度置不動，焉能五易其稿耶？」

朱彝尊（1629～1709），字錫鬯，號竹垞，秀水人，曾任翰林院檢討等職，清康熙間著名學者和藏書家。為了抄書，他想了種種辦法。錢曾《讀書敏求記》寫成之後，秘不示人，朱彝尊很想抄個副本，據吳焯《讀書敏求記跋》：

> 竹垞謀之甚力，終不可見。竹垞既應召，後二年，典試江左，遵王會於白下。竹垞故令客置酒高宴，約遵王與偕。私以黃金翠裘予侍書小吏啟鑰，預置楷書生數十於密室，半宵寫成而仍返之。當時所錄，並《絕妙好詞》在焉。詞既刻，函致遵王，漸知竹垞詭得，且恐其流傳於外也。竹垞乃設誓以謝之。

後來，朱彝尊竟以抄書而丟官，其《書櫥銘》云：

> 予入史館，以楷書手王綸自隨，錄四方經進書。綸善小詞，宜與陳其年見而擊節。尋供事翰苑，忌者潛請學士牛鈕，形之白簡，遂罷予官，歸田之後，家無恆產，聚書三十櫥，老矣不能遍讀也。
>
> 銘曰：奪儂七品官，寫我萬卷書。或默或語，孰智孰愚。

朱彝尊抄書很多，計有《周易圖說》、《內外服制通釋》、《三禮圖》、《太平治跡統類前集》、《崇文總目》、《國史考異》、《方泉集》、《牟氏陵陽集》、《聖宋文選》、《吳都文粹》、《山中白雲詞》等。

王士禛（1634～1711），字貽上，號阮亭，自號漁洋山人，新城人。朱彝尊曾在《曝書亭集·池北書庫記》中說：「新城王氏，門望甲齊東，先世遺書不少，然兵火散佚者半，先生自始仕訖今，目耕肘書，借觀輒錄其副。」

曹寅（1658～1712），字楝亭，號荔軒，漢軍正白旗人，為清康熙寵臣，歷任江寧織造等職。主持揚州詩局，刻《全唐詩》、《佩文韻府》等書。藏書甚豐，其中多有抄本，據李文藻《琉璃廠書肆記》：

> 楝亭掌織造、鹽政十餘年，竭力以事鉛槧。又交於竹垞，曝書亭之本，楝亭皆抄有副本。以予所見，如《石刻鋪敘》、《宋朝通鑑長編紀事本末》、《太平寰宇記》、《春秋經傳闕疑》、《三朝北盟會編》、《後漢書年表》、《崇禎長編》諸書皆抄本；魏鶴山《毛詩要義》、《樓

攻塊文集》諸書皆宋槧本，餘不可盡數。〔註128〕

陸漻，號其清，吳門人，15 歲時，以家貧失學，喜借書，晝夜抄寫，嚴冬乏炭，屈足腹下，冷暖交換，見者匿笑。抄書一頁，於古書肆易刻者五頁，購書歸，端置於幾，揖而後藏。〔註129〕

昊翊鳳，字伊仲，吳縣人，著名藏書家，手抄秘籍數百種。由於晝夜不停地抄，疲勞過度，一隻眼睛因此而失明。

梁同書，字元穎，號山舟，錢塘人。曾用 5 年時間手抄《文選》16 冊，他在該書跋中說：

> 始壬申至丙子，蓋五年畢事，全書無一字草率。有誤者，則朱書其旁。〔註130〕

倪模，字遷村，號韭瓶，望江人，藏書室曰江上雲林閣、經鉏堂等。抄有《宣靖備史》、《鄂國金佗粹編》、《孫子》、《劉賓客文集》、《騎省集》、《小畜集》等。在《宣靖備史》抄本之後附書目二頁，列書 34 種，有倪氏題識云：

> 佚存未備之書，購求原本抄錄，所有書目附於卷末，俟再得秘藏之本，陸續繕成，以行於時。〔註131〕

陳敬璋，字汝霖，號可齋，海寧人。喜抄書，抄書速度很快，一日可抄一萬字。

錢熙祚，字雪枝（一字錫之），松江金山人。為了編刻《守山閣叢書》，曾借抄《四庫全書》文瀾閣藏本 432 卷，據《藏書紀事詩》卷六：

> 浙江文瀾閣，在西湖孤山下，功令願讀中秘書者，許領出傳寫。道光乙未冬，錢錫之通守輯《守山閣叢書》，苦民間無善本，約同人僑寓湖上之楊柳灣，去孤山二里許，面湖環山，上有樓，樓下集群胥。間日扁舟詣閣領書命抄，畢則易之，同人居樓中校棒，湖光山色，滉漾几席間，意豁如也。是筏也，校書八十餘種，抄書四百三十二卷，同遊六人：金山錢熙祚、熙泰、顧觀光，平湖錢熙咸，嘉興李長齡，南匯張文虎。

劉履芬，字彥清，號沸生，江山人。喜藏書，不能得者輒手自抄錄，日抄

〔註128〕孫殿起：《琉璃廠小志》第三章。

〔註129〕《中國藏書家考略·陸漻》。

〔註130〕徐珂：《清稗類抄選·藝術》。今按：梁同書為大學士梁詩正之子，書法有盛名，與劉墉、王文治、翁方綱並稱四大家。

〔註131〕《藏園群書經眼錄》卷四。

數十紙，終日伏案，未嘗釋卷。〔註132〕

瞿世瑛，字良玉，號潁山，錢塘人。數十年如一日，把抄書當作日課，抄有近千冊圖書。根據他的藏書目錄記載，瞿氏藏有名人抄本 792 種，批校抄本 475 種，影宋元抄本 30 種。

蔣汝藻，號樂庵，南潯人，室名密韻樓。手抄宋本書一百多卷，一筆不苟，王國維《觀堂集林・樂庵寫書圖序》說：

> 觀其手影《魏鶴山大全集》一百十卷，則又張目哆脣，舌撟而不得下。蓋海內藏書家如樂庵者，屈指計之，尚不得四五。至於手模宋本至百餘卷之多，非獨今所難能，抑亦古所未有者也……樂庵寫書，率在俶擾鞅掌之中，然首尾百餘萬言，無一筆苟簡。

趙魏，字晉齋，仁和人，書法精妙，尤精篆隸。其家甚貧，甚至連飯都吃不上，曾抄秘書數千卷，換米度日。

曹言純，字種水，秀水人，藏書室名五千卷室。堅持抄書三十年。錢泰吉《曝書雜記》卷中說：

> 同邑曹種水明經言純，自弱冠後專心詞章之學，家苦無書，借人書籍，取其精華，繩頭細書三十年，無慮千百冊。余嘗勸其仿庾仲容《子鈔》、馬會元《意林》，鉤玄提要，匯為一編，種水頷之，而無暇為。今遺書滿簏，恐無人收拾矣。

清代寫本的特點和價值

清代抄書有如下三個特點：

第一，互通有無，借抄成風。為了防止古書亡佚，清初曹溶在《靜惕堂記・流通古書約》中說：

> 今酌一簡便法：彼此藏書家，各就觀目錄，標出所缺者，先經，次史，次文集，次雜說。所著門類同，時代先後同，卷帙多寡同，約定有無相易，則主人自命門下之役，精工繕寫，校對無誤。一兩月間，各齋所抄互換。此法有數善：好書不由戶庭也，有功於古人也，己所藏日以富也，楚南燕北皆可行也。

其實，早在宋代，王欽臣和宋敏求已開了互為借抄的先例，王欽臣「與宋次道相約，互置目錄一本，遇所闕，則寫寄」〔註133〕。不過，那時這種做法尚未

〔註132〕吳晗：《江浙藏書家史略》第 213 頁。
〔註133〕《藏書紀事詩》卷一手跋本和萬曆抄本。

普及。到了清代，互相借抄已蔚然成風。例如清初黃宗羲從曹溶、徐乾學處借抄了不少書；朱彝尊的藏書，曹寅大多抄有副本；朱彝尊也常從宛平孫氏、無錫秦氏、崑山徐氏、晉江黃氏、錢塘龔氏等處借抄圖書。他編《明詩綜》時，還從林佶那裏借抄了不少書。

第二，所抄內容以善本為主。這與清人佞宋之風有關。清代圖籍流佈較廣，質量良莠不齊。比較而言，宋本錯誤較少，人們重視宋本。但是，傳世宋本畢竟有限，每個藏書家都想大量得到宋本是不可能的，只好以影抄來彌補。有些藏書家兼事校書、刻書，版本十分講究，如果以劣本作為底本校書、刻書，那就會以訛傳訛。所以他們對善本非常重視，能購則購，不能購置則借抄。著名藏書家黃丕烈對抄本尤其重視，其《士禮居藏書題跋記·邵氏聞見錄跋》云：

> 宋人說部雖有刻本，必取其抄本而藏之，恐時刻非出自善本，
> 故棄刻取抄也。抄本又必求其最善者，故一本不已，又置別本也。

單是《呂和叔文集》，黃丕烈就藏有 11 種抄本，它們是：碧鳳坊顧氏本、周松靄十卷本、錢曾藏本、毛晉藏五卷本、葉石君抄本、王西讓藏十卷本、崇禎抄本、海鹽黃椒升藏十卷抄本、吳岫藏五卷舊抄本、毛晉手跋本和萬曆抄本。

第三，清代抄本，有不少戲曲唱本、彈詞小說方面的內容。根據有關書目著錄，百本堂、金鑑堂、聚春堂、老聚春堂、別野堂、燕翼堂、莘雅堂、昇平署、車王府等均以傳抄戲曲唱本著稱。百本堂主人姓張，故人稱「百本張」，江南人，書坊設在北京，專門抄寫售賣各種戲曲唱本。百本堂歷史悠久，從乾隆直到民國初年，經營時間長達一百餘年。百本張所抄《二簧戲目錄》首頁有廣告云：

> 本堂專抄各班崑弋、二簧、梆子、西皮、子弟岔曲、趕板、翠
> 岔、代牌子、琴腔、小曲、馬頭調、火鼓書詞、蓮花落、工尺字、東
> 西兩韻子弟書、石派大本書詞，真不二價，不誤主顧。逢七逢八在
> 護國寺東碑亭，逢九逢十在隆福寺西角門祖師殿。本堂寓北京西直
> 門內大街高井兒胡同東小胡同路北門，世傳四代，起首第一，四遠
> 馳名。

這則廣告說明百本張抄本的內容十分豐富，應有盡有，並有固定的發售時間和地點。百本張抄本多有木刻圖記，文字有「別還價，百本張」；「言無二價」；「童叟無欺」；「由乾隆起至今，少錢不賣別還價」；「當面看明，拿回不換」；「諸公君子莫怪，由乾隆年至今，少錢不賣住西直」，等等。昇平署是清宮中

專為承應帝王后妃尋歡作樂、教習戲班組織演出而設立的專門管理機構，乾隆時叫南府，道光七年（1827）改稱昇平署。為了便於演員的記誦和滿足宮廷的閱讀需要，昇平署抄有大量雜劇，據北京故宮、臺北故宮和國家圖書館三家所藏統計，總數約有 12800 餘種〔註 134〕。清末北京蒙古族車王府抄本也是戲曲唱本方面的內容：戲曲方面包括單折戲、皮影戲、崑腔、皮簧等；說唱方面有鼓詞、子弟書、樂曲等。全部共 1444 種、5131 冊，現藏北京大學圖書館、首都圖書館等處。清道光間，福建李桂玉撰彈詞長篇小說《榴花夢》是傳世規模最大的一部古典小說抄本，全書 360 卷、483.8 萬字。

　　傳世抄本，清抄居多。和刻本相比，清抄具有非常寶貴的價值。首先它可補刻本之不足。如清陳澧《東塾讀書記》有多種刻本行世，《皇清經解續編》、《四部備要》、《國學基本叢書》中亦有收錄，但均為殘本。全書分經、史、子、小學四大部分，刻本僅有經、子、小學三部，史部殘闕，中國社會科學院歷史研究所藏稿本《東塾雜俎》正是刻本所缺的史部，稿本和刻本合在一起，才是足本。清畢振姬《西北文集》長期以來只有三卷本、四卷本流傳，《國初山右四家文抄》收的是三卷本，《四庫全書》收的是四卷本。中國社會科學院歷史研究所藏十二卷抄本是傳世惟一的足本。浙江省圖書館藏鮑氏知不足齋抄本《巴西文集》（元鄧文原撰）為傳世足本，該書有鮑廷博跋：

　　　　前借抄振綺堂汪氏所藏抄本《巴西文集》，今見新倉帶經樓所藏抄本，得有八十餘篇，知汪氏本乃不足本，較之尚少十餘篇，未免有憾，因以轉商，借得全集假歸，得以補抄完璧，特誌數語，誌其由來。乾隆四十年鮑廷博。

《四庫全書》本是只有 70 餘篇碑誌記序的殘本，知不足齋抄本可補其不足。其次，有些清抄本有重要的史料價值，如中國社會科學院歷史研究所藏稿本《五湖異聞錄》（清戴熙艾著）記藏書之事甚多，如《記可購書目》、《藏書家備考》、《藏書考》、《修本廬藏書敘》、《滬上出版的洋版書目》、《上海石印書目》等篇，都是研究清末藏書史和版本史的重要資料。

六、佛經寫本

　　敦煌莫高窟發現的《敦煌遺書》是 20 世紀人類文化史上的重大發現之一。其內容十分豐富，舉凡儒家經典、地志、詩歌、詞曲、契約、信札、賬單

〔註 134〕齊秀梅等：《故宮藏書·宮廷劇本》，紫禁城出版社 2006 年版。

等應有盡有，而佛經所佔比重最大。下面就以《敦煌遺書》為例說明佛經寫本的抄寫情況。

佛經寫本的供養者

所謂供養者，就是抄寫經卷的主持人。佛教信徒把念佛、誦經、布施等視為功德，寫經也是造功德的重要手段之一。只要懷著虔誠之心抄寫佛經，就可以帶來福報。歸納起來，供養者主持抄寫佛經主要有下列原因：

第一，因病寫經，希望通過寫經延年益壽。如《斯 0980·金光明最勝王經卷第二》題記：

> 辛未年二月四日，弟子皇太子為男弘忽染痢疫，非常困重，遂發願寫此《金光明最勝王經》，上告一切諸佛諸大菩薩摩阿薩及太山府君、平等大王、五道大神、天曹地府、司命司錄、土府水官、行病鬼王、疫使、知文籍官院長、押門官、專使可口襜官，並一切幽明官典等，伏願慈悲救護，願弘病苦早得瘥平，增益壽命。〔註135〕

第二，因親人去世而寫經，希望通過寫經修成佛道。如《斯 0592·妙法蓮華經卷第二》題記：

> 垂拱四年十二月清信佛弟子王琳妻齊氏奉為亡女放寫《法華》一部，願亡者及遍法界眾生共成佛道。

第三，為停戰而寫經，希望通過寫經謀求和平。如《斯 1963·金光明經卷第一》題記：

> 清信女佛弟子盧二娘，奉為七代先亡見存眷屬、為身陷在異番，教寫《金光明經》一卷，惟願兩國通和，兵甲休息，應沒落之流，速達鄉井，盧二娘同沾此福。

第四，為普濟眾生而寫經，希望通過寫經離苦獲安。如《斯 2527·大方廣佛華嚴經卷第九》題記：

> 開皇十七年四月一日，清信優婆夷袁敬姿謹減身口之費，敬造此經一部，永劫供養，願從今已去，災障殄除，福慶臻集，國界永隆，萬民安泰，七世久遠，一切先靈，並願離苦獲安，遊神淨國，罪滅福生，無諸障累，三界六道，怨親平等，普共含生，同升佛地。

〔註135〕「斯」字代表《斯坦因劫經錄》。下文「伯」字代表《伯希和劫經錄》；「日大」代表《日本大谷大學圖書館所藏敦煌遺書目錄》；「日中」代表《日本人中村不折所藏敦煌遺書目錄》；「劉」字代表《劉幼雲藏敦煌卷子目錄》。

　　佛經寫本的內容以《妙法蓮華經》、《大方廣佛華嚴經》、《金剛般若波羅蜜經》、《無量壽經》為多。《妙法蓮華經》簡稱《法華經》，它用蓮花比喻佛法的清靜微妙，宣揚眾生都能得到和佛一樣的智慧，很容易被人接受。《大方廣佛華嚴經》簡稱《華嚴經》，該經用總、別、同、異、成、壞等「六相」，來說明世界事物的相互依存、相互制約的關係。《金剛般若波羅蜜經》簡稱《金剛經》，該經用金剛比喻智慧有能斷煩惱的功用。《無量壽經》即《阿彌陀經》，該經描寫阿彌陀佛所在的極樂淨土的景象，勸人專念阿彌陀佛的名字，只要這樣，死後即可往生極樂淨土。此經法門簡便，對佛教信徒的吸引力尤其大，有些教徒一天竟念十萬聲佛號，不斷淨化心靈，獲得加持。

　　供養者主持寫經的數量不限，關鍵在於虔誠。抄寫百卷以上者屢見不鮮，如《斯1945‧大般涅槃經卷第十一》題記：

> 周保定五年（565）乙酉朔，比丘洪珍，自慨摩心集於愚懷，宿障隔於正軌，仰惟大聖，遂勸化道俗，寫千五百佛名一百卷、七佛八菩薩咒一百卷、諸雜咒三千三頭，寫涅槃經一部、寫法華經一部、寫方廣經一部、仁王經一部、并疏藥師經一部、寫藥王藥上菩薩經一部、戒一卷，並律。

　　因為傳寫佛經關係造功德之大計，所以供養者往往要題寫姓名。如《斯2136‧大般涅槃經卷第十》是為亡夫乞福所寫，題記中開列了 12 個供養者姓名，他們是：夫人陰氏盧舍那、弟妻令狐氏、孫男上柱國英彥、英彥妻令狐氏、孫女明正信、孫男英諒、孫男為正、孫女小王、孫女母娘、孫女明尚智、孫男鴻鶴等。這裡，全家男女老少齊上陣，陣容頗為強大。

佛經寫本的抄寫者

　　《敦煌遺書》佛經寫本還署有抄寫人姓名。供養者本人也可以是佛經的抄寫者，也可以請人抄寫。如果請人抄寫，費用由供養者負擔。但無論由誰抄寫，態度必須虔誠。據《太平廣記‧尼法信》：

> 唐武德時，河東有練行尼法信，常讀《法華經》，訪工書者一人，數倍酬值，特為淨室，令寫此經。一起一浴，燃香更衣，仍於寫經之室鑿壁通，加一竹筒，令寫經人每欲出息，徑含竹筒，吐氣壁外，寫經七卷，八年乃畢。

為了抄寫經書，又是洗澡，又是焚香換衣，甚至連呼吸都不能隨便，可謂虔誠之至。所供佛經最忌買賣，如果買來現成佛經供養，那就不能報應了。《敦煌

遺書》佛經寫本可考的抄寫者有 100 多人，其中專業書工有數十人，經生有在官府任職的，例如蕭敬為左書坊楷書；成公道、任道、王智莞為弘文館楷書；趙文審、劉大慈、袁元哲為門下省書手；孫玄爽為秘書省楷書。經生也有流落民間者，他們自謀生路，日事傳寫。在雕版印刷尚未發明（或尚未普及）的時代，圖書的製作方式主要靠人工抄寫，經生的數量是很多的。敦煌鎮經生就有張顯昌、劉廣周、馬天安、令狐禮太、令狐崇哲等 5 人。無考的經生當會更多。這說明敦煌地區已經形成一支寫工專業隊伍。經生在抄完經卷之後，常常隨手寫上幾句有關抄寫、衣食住行、天氣等方面的文字，這些文字為我們研究經生的生活情況提供了珍貴資料。例如《伯 2292·摩維詰經講經文》末題：

> 廣政十年八月九日在西川靜真祥院寫此第二十卷文書，恰遇抵黑。書了，不知如何得到鄉地去。

這則題記說明經生的工作十分繁忙，從早上一直抄到天黑。為了糊口，他不得不這樣做。天黑抄完之後，想返回遙遠的家鄉已經來不及了，怎麼辦呢？他左右為難，不知如何度過這漆黑的夜晚。這一夜，他也許露宿街頭，也可能棲身破廟，經生的困苦生活於此可見。

《敦煌遺書》佛經寫本除了署有供養者、抄寫者姓名之外，還有校勘者、裝潢者姓名。如《斯 0036·金剛般若波羅蜜經》除了題寫書手吳元禮的姓名之外，還題有校書手蕭禕、裝潢手解善集的姓名；《斯 0312·妙法蓮華經卷第四》除了題寫書手封安昌的姓名之外，還題有校書手懷福、玄真和裝潢手解善集的姓名；《斯 5319·妙法蓮華經卷第三》除了題寫書手程度的姓名之外，還題有校書手大道、智安和裝潢手王恭的姓名；《伯 3709·佛地經》除了題寫書手鄒玄爽的姓名之外，還題有裝潢手輔文開的姓名，等等。解善集大概是個裝潢能手，由他裝潢的經卷很多，有案可查的就有 20 餘種。為什麼經卷抄過之後，還要校勘呢？因為經卷的版本很多，抄誤本對造功德是不利的。《斯 0102·梵網經佛說菩薩心地戒》在校勘時，網羅 19 種不同的版本，反覆比較。該卷題記說：

> （右此戒本）約共勘校一十九本，將為句義圓滿，文字楷定，稍具備於諸本，是故文有多少，差別不同，所以然，恐時人見之欲傳，傳受者遂妄致生疑執怪，因茲疑怪，則便起機嫌，有愛有憎，或贊或毀，以贊毀故，乃動其三業，故當即俱墜陷諸宿於惡道邪途之中，自招殃累，詎保安樂。

寫本經卷反覆校勘，並請裝潢手認真裝潢，反映了善男信女的虔誠之心。

《敦煌遺書》之外的佛經寫本

　　《敦煌遺書》中的佛經寫本是偶然流傳下來的，《敦煌遺書》之外更多的佛經寫本沒有流傳至今。史書上有不少寫經的記載，例如南朝梁處士劉慧斐手寫佛經二千餘卷，常所誦者百餘卷〔註136〕。南朝陳徐陵之弟徐孝克，性清素，好施惠，故不免飢寒。後主敕石頭津稅給之。孝克悉用設齋寫經，隨盡〔註137〕。石頭津稅當是一筆相當可觀的經濟來源，寫經之多，可想而知。隋文帝開皇九年（589）普詔天下寫經，規模空前。據張遵駒《隋唐五代佛教大事年表》記載：唐代寫經者如貞觀十年（636）鄭惠王元懿寫藏經 3000 卷；貞觀六年（632）中天竺沙門波頗譯諸經畢，敕各寫 10 部流佈海內；龍朔二年（662）淨土宗善導和尚念阿彌陀佛，寫《彌陀經》數萬卷；麟德元年（664）命沙門惠概等參復量校所寫一切經，共合新舊 816 部、4066 卷；天寶元年（742）鑑真和尚寫一切經 3 部，各 11000 卷；天寶七年（748）楊貴妃兄鴻臚卿楊格為玄宗寫一切經 5048 卷；上元二年（761）肅宗有疾，皇后刺血寫佛經；大曆十四年（779）長安鄭道覺巡禮五臺，捨財寫金銀字大藏經 6000 卷；咸通十一年（870）懿宗誕辰之日，命福壽寺尼繕寫大藏經 5461 卷。據贊寧《宋高僧傳》記載，唐代寫經者還有：唐釋嘉尚寫經 1335 卷；子璘寫經 16000 卷；玄覽寫經 2000 餘軸；文綱刺血寫經 600 卷；增忍刺血寫經 283 卷。宋代寫經者如莫用之寫經 48 函、450 餘卷〔註138〕；海惠院寫經 800 函、5408 卷〔註139〕，等等。

　　總而言之，由於佛教的傳播，歷代佛經寫本是很多的。傳世佛經寫本是中華民族文化寶庫的重要組成部分，不可等閒視之。

〔註136〕《梁書‧處士傳》。
〔註137〕《南史‧徐擒傳》。
〔註138〕（宋）劉一止：《苕溪集》卷二七。
〔註139〕（宋）陳舜俞：《都官集》卷八。

第四章　唐五代刻書

　　唐五代時期是古代圖書由人工抄寫向雕版印刷轉變的時期。雕版印刷的發明時間約在唐代初期。唐代尚未普及雕版印刷，至今發現的唐代印刷品是屈指可數的。五代刻印的十二經，是儒家經典第一次刻印，也是公元十世紀人類文化史上的出版工程，在人類文明史上具有劃時代意義。

一、唐代刻書

　　唐代是我國雕版印刷的初創時期。研究唐代刻書對於弄清雕版印刷的起源具有重要意義。

知見刻書目錄

　　關於唐代刻書的資料不多，現將可信資料整理如下：

　　（一）武則天長安四年（704）至玄宗天寶十年（751）之間刻印的《無垢淨光大陀羅尼經咒》。據胡道靜《世界上現存最早印刷品的新發現》（載《書林》1979 年第 2 期），1966 年韓國慶州佛國寺釋迦塔內發現漢譯本《無垢淨光大陀羅尼經咒》，「此件是 704～751 年間的刊印品，即當我國唐朝武后長安四年（704）至玄宗天寶十年（751）之間」。

　　（二）武宗會昌年間（841～846）之前刻印佛經。據司空圖《司空表聖文集·為東都敬愛寺講律僧惠確化募雕刻律疏》：「自洛城罔遇時交，乃焚印本，漸虞散失，欲更雕鏤。」武宗排佛，焚印本事發生在會昌間，所焚之印本當刻於會昌之前，又上文標題下有一小字注：「印本共八百紙。」可知當時確有印本。

（三）唐肅宗至德二年（757）之後刻印的《陀羅尼經咒》。據《中國版刻圖錄》介紹：

> 一九四四年出成都市內一唐墓人骨架臂上銀鐲內。四周雙邊。
>
> 框外鐫「成都府成都縣龍池坊卞家印賣咒本」一行。唐肅宗至德二年（757），成都改稱府，因推知經咒板行，當在是年以後。

（四）唐文宗太和九年（835）刻印曆書。據《全唐文·馮宿禁版印時憲書奏》：

> 准敕禁斷印曆日版。劍南兩川及淮南道，皆以版印曆日鬻於市。
>
> 每歲司天臺未奏頒下新曆，其印曆已滿天下，有乖敬授之道。

馮宿為東川節度使，此疏上於太和九年（835）十二月。又據《舊唐書·文宗本紀》：

> 太和九年（835）十二月丁丑，敕諸道府不得私置曆日版。

這說明中央政府試圖獨攬曆書版權，嚴禁地方政府私自刻印。

（五）唐宣宗大中年間（847～859）刻印《劉宏傳》。據唐范攄《雲溪友議》卷下：

> 統幹尚書泉苦求龍虎之丹十五餘後。及鎮江右，乃大延方術之士，乃作《劉宏傳》，雕印數千本，以寄中朝及四海精心燒煉之者。

紇干泉，字咸一，雁門人，大中元年至三年任江南西道觀察使。〔註1〕

（六）唐懿宗咸通六年（865）以前，西川刻印《唐韻》和《玉篇》。據日僧宗睿所編目錄有「西川印子《唐韻》一部五卷，同印子《玉篇》一部三十卷」。「印子」即印本。宗睿咸通三年（862）來華，咸通六年（865）回國時，隨身攜帶經卷並《唐韻》、《玉篇》等若干雜書。

（七）唐懿宗咸通九年（868）王玠刻印《金剛經》。卷末有「咸通九年四月十五日王玠為二親敬造普施」一行。此經現藏英國。該經現存英國國家圖書館。全長 496.1 釐米，高 26.8 釐米。共 8 紙。前 7 紙紙張相同，其中第 1 紙為木刻扉畫，第 2 紙到第 7 紙為木刻《金剛經》。第 8 紙乃利用廢棄殘狀所接拖尾。尾有原軸，兩端塗黑漆，頂端點朱漆。扉畫長 28.5 釐米，左上角榜書「祇樹給孤獨園」，主題為釋迦牟尼在舍衛國祇樹給孤獨園向四眾弟子宣說《金剛經》。有單線邊框。扉畫中央釋迦牟尼身著通肩袈裟，正結跏趺坐在蓮花筌蹄

〔註1〕「紇干泉」之「泉」字，各書寫法不一，據《舊唐書》卷五十《刑法志》第 2156 頁，當以「泉」為正。

上說法。上有天蓋，配以翠葉，或為「祇樹」之意。左右有護法金剛。前有一桌，蓋布垂地，中鋪長條花氈，桌上放置香爐等供養物。地鋪方格七葉圖案地毯。桌前一比丘脫鞋胡跪於尼師壇，正雙手合十問法，旁作榜書「長老須菩提」。釋迦牟尼兩側有四眾弟子16人，分別為國王、大臣、女眾、僧人、菩薩，除僧人身著袈裟，其餘均著華裝。諸人合十恭立，肅默聽法。上有兩天女散花，盤旋於上；下有雙獅子聽經，躺臥於下。構圖繁簡得當，人物表情生動，刀法純熟細膩，線條圓潤流暢。

（八）唐僖宗乾符間（875～879）四川刻印曆書。據宋王說《唐語林》卷七：

> 僖宗入蜀，太史曆本不及江東。而市有印貨者，每差互朔晦，貨者各徵節候，因爭執，里人拘而送公，執政曰：「爾非爭月之大小盡乎？同行經紀，一日半日，殊是小事。」遂叱去。

（九）唐僖宗中和三年（883）成都刻印雜書。據唐柳玭《柳氏家訓序》：

> 中和三年癸卯夏，鑾輿在蜀之三年也。余為中書舍人。旬休，閱書於重城之東南，其書多陰陽雜記、占夢、相宅、九宮五緯之流，又有字書、小學，率雕板印紙，浸染不可盡曉。

重城即成都，柳玭即唐代藏書家柳仲郢之子。

（十）唐僖宗中和二年（882）成都樊賞刻印曆書。首行有「劍南西川成都府樊賞家曆……」等字樣，次行小字有「中和二年具注曆日」等字樣。

（十一）唐昭宗天祐四年（907）之前西川過家刻印《金剛經》。據國家圖書館藏《敦煌遺書》中「有」字九號《金剛經》殘卷，末有「西川過家真印本」七字，又有「丁卯年三月十二日八十四歲老人手寫流傳」題記。又《伯希和劫經錄》3493號也有後晉天福八年（943）據「西川過家真印本」傳抄的寫本《金剛經》殘卷。由此可知，依「西川過家真印本」傳抄的《金剛經》不一而足。按丁卯年即唐昭宗天祐四年（907）。既然84歲老人於該年抄寫，則「西川過家真印本」的刻印時間當在該年之前。

（十二）唐末刻徐夤著《斬蛇劍賦》、《人生幾何賦》等。徐夤，字昭夢，莆田人，唐昭宗乾寧初進士，有《釣磯文集》。其《自詠十韻》云：「拙賦偏聞鐫印賣，惡詩親見畫圖呈。」〔註2〕鐫印當是刻印之意。

〔註2〕《全唐詩》卷七一一。

刻書特點

綜合分析上述資料，可知唐代刻書有如下特點：

第一，就地區而言，四川刻書最多，江蘇、浙江等地次之。長安和洛陽作為北方的通都大邑和佛教活動中心，也刻了一些書。為什麼四川刻書最多呢？有三個原因：（一）「蜀道之難，難於上青天」。四川交通閉塞雖然有它不好的一面，但是另一方面，它至少給四川帶來兩大好處：一是社會安定，免受兵火之災，給刻書創造了一個良好的環境；二是打消依賴內地輸入圖書的消極思想，迫使四川自己動手刻印圖書。四川農業發達，曆書需求量大，而曆書時間性極強，如果坐待內府所頒新曆，就會貽誤農時，錯失良機。（二）經濟發達，人口眾多，為刻書提供了大量資金和勞力。（三）盛產木材、紙張等刻書必需品，為刻書提供了雄厚的物質基礎。如前所言，唐開元間所抄 125960 卷寫本書，用的都是四川麻紙。

第二，就刻書單位而言，坊刻最多，家刻次之。唐代官刻，文獻尚無明確記載，可能刻過一些曆書。家刻為了廣積「功德」，多局限於刻印佛經。

第三，就內容而言，佛經最多，曆書、字書、韻書、占夢、相宅等民間常用雜書次之。這說明唐代處於雕版印刷的初級階段，印刷能力有限，優先印刷的往往是那些需求量較大的圖書。至唐代晚期，始刻零星詩賦。

二、五代刻書

五代時期雖然時間短暫，但是雕版印刷比起唐代還是有所發展。

知見刻書目錄

關於五代刻書的資料也不多，現將知見資料整理如下：

（一）後唐長興三年（932）開雕「十二經」。據宋王溥《五代會要·經籍》：

> 後唐長興三年二月，中書門下奏請依石經文字刻九經印板，敕令國子監集博士儒徒，將西京石經本，各以所業本經句度，抄寫注出，仔細看讀。然後顧召能雕字匠人，各部隨帙刻印板，廣頒天下。如諸色人要寫經書，並需依所頒敕本，不得更使雜本交錯。其年四月，敕差太子賓客馬縞、太常丞陳觀、太常博士段顒、路航、尚書屯田員外郎田敏充詳勘官，兼委國子監於諸色選人中，召能書人端楷寫出。旋付匠人雕刻，每日五紙，與減一選。

監本經書自後唐長興三年（932）始我雕，至後周廣順三年（953）雕成，共歷四朝七帝 22 年。在雕版過程中，馮道一直主持這項工作，他對古代文化傳播作出了重要貢獻。不過，歷來對於五代監本的底本、刻印時間、種數、刻印順序、書寫人、行款等六個問題說法不一。王國維在《五代兩宋監本考》中對上述問題考證甚詳：其一，關於五代監本的底本問題，五代監本並非完全照刻西京石經（即開成石經），西京石經只有經文，沒有注文，五代監本經注皆備，其注文是據他本另行補入的，就是西京石經的經文，五代監本亦有改竄之處；其二，關於五代監本與蜀本九經的先後問題，五代監本在前，蜀本九經在後，蜀毋昭裔請刊印板九經，正田敏《九經》板成之歲；其三，關於五代監本經書的種數問題，或云九經，或云五經，實則《易》、《書》、《詩》、三禮、春秋三傳外，尚有《孝經》、《論語》、《爾雅》，附以《五經文字》、《九經字樣》，與唐石經種數正同；其四，關於五代監本諸經的刻印順序問題，《五經》與《孝經》、《論語》、《爾雅》、《五經文字》、《九經字樣》皆成於晉漢之間，至二禮二傳，則經始於乾祐，斷乎於廣順；其五，關於五代監本的寫版人問題，《五經》、《孝經》、《論語》、《爾雅》，皆李鶚書，至二禮二傳刊於周初者，則《周禮》、《公羊》皆郭嵺書，《儀禮》、《穀梁》雖不詳書人姓名，然以前事例之，疑以嵺書；其六，關於五代監本經書的行款問題，半頁八行，每行大十六字、小二十一字，竊意此乃五代南北宋監本中經注本舊式也，他經行款固不免稍有出入，然大體當與之同。

（二）後周顯德二年（955）刻印《經典釋文》。據宋王溥《五代會要‧經籍》：

> 顯德二年二月中書門下奏國子監祭酒尹拙狀稱，敕准校勘《經典釋文》三十卷雕造印板，欲請兵部尚書張昭、太常卿田敏同校勘，敕其《經典釋文》已經本監官員校勘外，宜差張昭、田敏詳校。

又據宋王應麟《玉海‧藝文》：

> 周顯德中詔刻《序錄》、《易》、《書》、《儀禮》、《周禮》四經釋文，皆田敏、尹拙、聶崇義校勘。自是相繼校勘《禮記》、三傳、《毛詩音》並拙等校勘。又《古文尚書》音義，周顯德六年田敏等校勘，郭忠恕復定古文並書刻板。

又據宋洪邁《容齋續筆‧周蜀九經》：

> 予家有舊監本《經典釋文》，末云：「顯德六年己未三月太廟室

長朱延熙書」，列宰相范質、王溥名，而田敏以禮部尚書為詳勘官，
此書字畫端嚴，有楷法，更無舛誤。

由此可知，監本《經典釋文》自後周顯德二年（955）始雕，至顯德六年（959）
雕成，歷時5年，校勘人為尹拙、張昭、聶崇義、田敏等，寫板人為郭忠恕和
朱延熙。

（三）後蜀孟昶廣政十六年（953）毋昭裔刻印群書。據宋代委心子《新
編分門古今類事·毋公印書》：

> 毋公者，蒲津人也，仕蜀為相。先是公在布衣日，嘗從人借《文
> 選》及《初學記》，人多難色。公浩歎曰：「余恨家貧，不能力致。
> 他日稍達，願刻板印之，庶及天下習學之者。」後公果於蜀顯達，
> 乃曰：「今日可以酬宿願矣。」因命工匠日夜雕板，印成二部之書。
> 公覽之，欣然曰：「適我願兮。」復雕九經諸書。兩蜀文字，由是
> 大興。〔註3〕

又據《宋史·毋守素傳》：

> 毋守素，字表淳，河中龍門人。父昭裔，偽蜀宰相、太子太師
> 致仕……昭裔性好藏書，在成都令門人勾中正、孫逢吉書《文選》、
> 《初學記》、《白氏六帖》鏤板，守素齎至中朝，行於世。

由此可知，毋昭裔刻有《文選》、《初學記》、《白氏六帖》、《九經》等書。他是
我國古代家刻的先驅。不過，有一個問題需要說明：毋昭裔與毋守素是父子
二人，丘儉是三國人，而葉昌熾《藏書紀事詩》首頁首條誤稱毋昭裔、毋守素
為一人，王明清《揮塵餘話》誤稱毋昭裔為毋丘儉，應予糾正。

（四）和凝刻印自著詩文集。據《舊五代史·和凝傳》：

> 和凝，字成績，汶陽須昌人也……平生為文章，長於短歌豔曲，
> 尤好聲譽。有集百卷，自篆於板，模印數百帙，分惠於人焉。

（五）前蜀乾德五年（923）曇域刻《禪月集》。這當是我國古代最早的別
集刻本之一。據《禪月集》曇域後序：

> 暇日或勳賢見訪，或朝客相尋，或有念先師所製一篇二篇，或
> 記三句五句，或未閒深旨，或不曉根源。眾請曇域編集前後所製歌
> 詩文贊，日有見問，不暇枝梧，遂尋檢稿草及暗記憶者約一千首，
> 乃雕刻板部，題號《禪月集》。時大蜀乾德五年癸未歲。

〔註 3〕關於毋昭裔刻書的記載，以此段文字為最早。

（六）後晉天福五年（940）張薦明刻印《道德經》。據《舊五代史・晉書・高祖本紀》：

> 執其偽都監杜光鄴及淮南軍五百餘人，露布獻於闕下。帝曰：「此輩何罪？」皆厚給放還。癸亥，道士崇真大師張薦明賜號通玄先生。是時帝好《道德經》，嘗召薦明講說其義，帝悅，故有是命。尋令張薦明以道德二經雕上印板，命學士和凝別撰新序，冠於卷首，俾頒行天下。

（七）前蜀任知玄刻印《道德經廣聖義》。據王欣夫《文獻學講義・道書的刻行》：

> 在唐朝滅亡的第二年，前蜀任知玄自出俸錢，雇賃良工，開雕杜光庭的《道德經廣聖義》三十卷，五年內雕成四百六十餘版，藏在龍興觀，印造流行。

（八）五代刻《唐韻》和《切韻》，載羅振玉《鳴沙石室秘錄》，其書為法人伯希和所竊取，今藏巴黎圖書館。

（九）後晉開運四年（947）曹元忠刻《大聖毗沙門天王像》和《觀世音菩薩像》，後漢乾祐二年（949）刻《金剛般若波羅蜜經》。曹元忠，後晉開運元年（944）至宋開寶七年（974）任敦煌歸義軍節度使，頗喜佛事。

（十）五代刻《文殊師利菩薩像》。

刻書特點

綜合分析上舉資料，可知五代刻書有如下特點：

第一，就地區而言，汴京（今河南開封）、成都和杭州三地刻書比較發達。汴京是後晉、後漢、後周的都城，鴻篇巨製監本群經等就在這裡刻成。另外，和凝刻自著詩文集和張薦明刻《道德經》的地點也當在這裡。成都是我國雕版印刷的發祥地。唐玄宗和唐僖宗及其部屬先後兩次逃亡四川，對包括雕版印刷在內的四川文化產生了深遠影響。正如司馬光所說：「唐衣冠之族多避亂在蜀，蜀主禮而用之，使舉修故事，故其典章文物有唐之遺風。」〔註4〕毋昭裔在成都刻了那麼多書，沒有一大批熟練刻書工人是難以勝任的。錢俶在杭州刻印佛經84000卷。此雖虛數，仍可見杭州印刷規模之大、印刷能力之強。

第二，就刻書單位而言，官刻和家刻發展很快。後唐、後晉、後漢、後周

〔註4〕《資治通鑑》卷二六六《後梁紀一》，中華書局1987年版。

諸代國子監在戰火紛飛的年代，能夠按照既定計劃，代代相傳，堅持刻完諸經，實屬不易。官方能夠組織刻印如此卷帙浩繁之書，也正說明官方刻書實力相當雄厚。五代國子監刻書對後代產生了深遠的影響。在此之後相當長的歷史時期內，國子監都是歷代中央官刻的主體之一。歷代學校刻書當是由五代國子監刻書發展而來的。毋昭裔刻書之多，在整個中國古代印刷史上也不多見。

第三，就內容而言，在大量刻印宗教、雜書的同時，開始刻印經書、類書、詩文集等。經書如《九經》、監本群經，類書如《初學記》、《白氏六帖》，詩文集如《文選》、《禪月集》等。這說明隨著雕版印刷的發展，五代時期的印刷能力大大提高。刻印儒家經典，在中國文化史上還是第一次。

第五章　宋代刻書

　　宋代是我國雕版印刷的普及時代。官刻、家刻和坊刻三大系統已經形成。官刻包括中央刻書和地方刻書，中央刻書包括諸殿、院、監、司、局等刻書；地方官刻包括諸州（府、軍）、縣、各路使司和學校刻書，自上而下，已經形成覆蓋全國的官方刻書網絡。家刻和坊刻屬於民間刻書，常以家塾、書肆、書坊、書堂、書籍鋪等名之。官刻代表有國子監、公使庫等；家刻代表有朱熹、周必大、陸游、廖瑩中等；坊刻代表有臨安陳起、建安余氏等。

一、國子監刻書

　　宋代中央刻書單位很多，國子監、崇文院、刑部、秘書監太史局、禮制局等都刻過書，其中國子監刻書最多，它是宋代中央官刻的主體。

國子監簡介

　　國子監是最高學府和教育機關，它除了行使教育職能之外，兼事刻書。淳化五年（994）判國子監李至上言：

　　　　國子監舊有印書錢物所，名為近俗，乞改為國子監書庫官。〔註1〕

　　這就是說，國子監原設掌管印刷事務的印書錢物所，後因名字不雅，改為國子監書庫官。該單位置書庫監官，以京朝官充。掌印經史群書，以備朝廷宣索賜予之用，及出鬻而收其直以上於官〔註2〕。具體來說，國子監書庫官有兩大職能：一是刻印書籍，即所謂掌印經史群書，相當於中央直屬印刷總廠；二

〔註1〕《宋史·職官五》。
〔註2〕《宋史·職官五》。

是發行圖書，即所謂出鬻（圖書）而收其直以上於官。宋代政府對出版事業的投資是相當大的，據記載，太宗雍熙間，國子監祭酒孔維「受詔與學官校定《五經疏義》，刻板行用。功未及畢，被病。上遣太醫診視，使者撫問。初，維私用印書錢三十餘萬，為掌事黃門所發，維憂懼，遽以家財償之，疾遂亟，上赦而不問」〔註3〕。這可算一件特大貪污案，不管其處理是否得當，但由此可知，國家對刻書事業的投資絕不只三十餘萬。這說明北宋政府對刻書極為重視。由於官方重視，國子監刻書成績斐然。

國子監刻書

國子監刻書極多。宋真宗景德二年（1005）以前有案可查，據《宋史·邢昺傳》：

> （景德二年夏天），上幸國子監閱書庫，問（邢）昺經版幾何，曰：「國初不及四千，今十餘萬，經傳正義皆具。臣少從師業儒時，經具有疏者百無一二，蓋力不能傳寫。今板本大備，士庶家皆有之，斯乃儒者逢辰之幸也。」

宋建國於建隆元年（960），到景德二年（1005），僅僅四十多年，書版數量竟增加了二三十倍，可見國子監刻書速度之快、數量之多。據畢沅《續資治通鑒》、徐松《宋會要輯稿》等書記載，尚有《述六藝箴》、《承華要略》、《授時要錄》、《祥符降聖記》、《唐六典》、《御製文集》、《陰陽地理書》、《鳳角集占》、《孟子》、《道德經》、《金匱要略》、《政和聖濟經》等一大批圖書沒有包括進去。

國子監刻書內容極廣。經史子集四部皆備，其中經書、史書、醫書最多。北宋國子監大規模刻印經書大體有四次：第一次從太宗端拱元年（988）至淳化五年（994），刻完五經。五經指《周易》、《尚書》、《詩經》、《儀禮》和《春秋左氏傳》。第二次從太宗淳化五年（994）到真宗咸平四年（1001）刻完七經，七經指《周禮》、《禮記》、《春秋公羊傳》、《春秋穀梁傳》、《論語》、《孝經》和《爾雅》。至此，經傳正義皆具。第三次從真宗景德二年（1005）至大中祥符七年（1014），補刻訛缺經板。第四次從真宗天禧五年（1021）開始，「令國子監重刻經書印板，以本監言其歲久刑弊故也〔註4〕。據記載，宋代皇帝動輒賜九經於大臣鄰邦，例如太宗淳化元年（990）二月賜諸路印本《九經》；真宗景德二年（1005）六月賜殿前都指揮使高瓊《九經》；嘉祐七年（1062）

〔註3〕《宋史·孔維傳》。
〔註4〕（宋）李燾：《續資治通鑒長編》卷九七。

四月賜夏國《九經》；英宗治平年間又賜夏國《九經》……以上《九經》均取
之於國子監，可見國子監刻印經書之多。北宋國子監對刻印史書也很重視，
《十七史》的刻印大體分四個階段：第一階段從太宗淳化五年（994）至真宗
咸平二年（999），校刻《史記》、《漢書》和《後漢書》；第二階段從真宗咸平
三年（1000）至仁宗天聖元年（1023），校刻《三國志》和《晉書》；第三階
段從仁宗天聖二年（1024）至仁宗嘉祐三年（1058），校刻《南史》、《北史》
和《隋書》；第四階段從仁宗嘉祐四年（1059）到神宗熙寧五年（1072）左右，
校刻《宋書》、《南齊書》、《梁書》、《陳書》、《魏書》、《北齊書》和《周書》。
歐陽修等撰《新唐書》是在嘉祐五年（1060）刻印的。《新五代史》是諸史中
刻印最晚的一種，約刻印於熙寧五年（1072）以後。除了《十七史》外，北
宋國子監還刻印了一些其他史學著作，例如《資治通鑑》、《七十二賢贊》等。
不過，許多北宋監本是在杭州刻印的，據王國維考證，《周禮疏》、《禮記疏》、
《春秋公羊傳疏》、《春秋穀梁傳疏》、《孝經正義》、《論語正義》、《爾雅疏》、
《書義》、《新經詩義》、《周禮新義》、《史記》、《漢書》、《後漢書》、《宋書》、
《南齊書》、《梁書》、《陳書》、《魏書》、《北齊書》、《周書》、《新唐書》、《資
治通鑑》等均在杭州鏤版。

　　趙宋南渡以後，國子監隨之南遷。紹興九年（1139）九月，應尚書郎張
彥實之請，「取舊監本書籍，鏤版頒賜」〔註5〕。紹興二十一年（1151）五月，
鑒於舊監本殘缺不全，六經無《禮記》，三史無《漢書》，「輔臣復以為言，上
謂秦益公曰：『監中所闕之書亦令次第鏤板，雖有重費亦所不惜也。』由是經
籍復全」〔註6〕。紹興二十六年（1156）三月二十二日，詔令各級考試，「並
試刑法，令國子監印造《禮部韻略》、《刑統律文》、《紹興敕令格式》，並從官
給」〔註7〕。

　　嘉定十六年（1223）詔令刊修經版，據宋魏了翁《鶴山集・六經正誤序》：

柯山毛居正義甫，其於經傳亦既博覽精擇。嘉定十六年春，朝
廷命胄監刊定經籍，司成，謂無以易。義甫馳書幣致之，盡取六經
三傳諸本，參以子史字書、選粹文集，研究異同，凡字義音切毫釐
必校，儒官稱歎，莫有異辭。旬歲間刊修者凡四經，乃猶以工人憚

〔註5〕（宋）李心傳：《建炎以來朝野雜記》卷四。
〔註6〕（宋）李心傳：《建炎以來朝野雜記》卷四。
〔註7〕《宋會要輯稿・選舉四》。

> 煩，詭竄墨本，以給有司，而板之誤字實未嘗改者十二三也。繼欲
> 修《禮記》、《春秋三傳》，義甫以病目移告，事遂中輟。

由此可見，這次刊修由毛居正校正，因病中輟，僅修四經。由於刻書工人害怕麻煩，詭竄墨本，以給有司，有不少錯字沒有改正。

國子監在刻印經史的同時，也刻印了不少醫書。太祖開寶六年（973）校刻《盧氏詳定本草》；太宗淳化三年（992）校刻《太平聖惠方》；仁宗天聖五年（1027）校刻《黃帝內經素問》、《難經》、《巢氏病源候論》和《銅人腧穴針灸圖經》；仁宗慶祐年間刻有《慶曆善救方》；仁宗嘉祐二年（1057）校刻《千金翼方》、《金匱要略》、《傷寒論》等；神宗熙寧二年（1069）校刻《外臺秘要》和《甲乙經》；哲宗元祐八年（1093）校刻《黃帝針經》；徽宗政和四年（1114）八月校刻《政和聖濟經》；高宗紹興二十一年（1151）復刊《太平惠民和濟局方》。除了醫書之外，國子監也刻印了不少別的子書，例如真宗景德二年（1005）刻《莊子》；仁宗景祐二年（1035）刻《荀子》、《文中子》等；神宗元豐三年（1080）刻《孫子》、《吳子》、《六韜》、《司馬法》、《尉繚子》、《李靖公問對》等兵書；徽宗政和七年（1117）刻《亢倉子》等。

監本的質量

國子監刻書重視校勘。國子監是國家最高教育機關，高級人才雲集，校勘力量極強。一書付刻之前，總要首先校勘，校書已經成了整個刻書過程的第一道工序。茲舉國子監校書例如下：建隆元年（960）崔頌校《禮記》釋文；開寶五年（972）姜融等校《孝經》、《論語》、《爾雅》釋文，李昉、李穆、扈蒙等校《尚書》；開寶六年（973）劉翰、馬志、張素、王從蘊、翟煦、王光祐、陳昭遇、安自良等9人校《神農本草》；次年劉翰、馬志、李昉等重校前書；端拱元年（988）陳澤、姜融、李穆、扈蒙、孔維、李說、王炳、邵世隆、李覺、畢道昇、胡迪、李至、杜鎬、孫責、崔頤正、李沆、吳淑、邢昺、舒雅、李慕清、王渙、劉士元等24人參校《五經正義》；淳化五年（994）杜鎬、舒雅、吳淑等校《史記》，陳充、況思道、尹少連、趙安仁等校《漢書》和《後漢書》；咸平間陳堯佐、周起、丁遜、任隨等復校《史記》，刁衍、晁迥、丁遜等復校《漢書》和《後漢書》；景德二年（1005）刁衍等三校《漢書》；咸平三年（1000）黃夷簡、錢惟寅、劉蒙叟、杜鎬、戚綸等校《三國志》，杜鎬、劉錯、陳充、許衮等校《晉書》；咸平六年（1003）杜鎬、戚綸、劉錯等校《道德經》；景德二年（1005）孫奭、杜鎬等校《莊子釋文》；景德四年（1007）陳彭年、丘建、

晁迥、戚綸等校《韻略》；大中祥符五年（1012）馬龜符、王勉、馮崇超等校
《孟子直講》；大中祥符六年（1013）陳彭年、丘雍等校《玉篇》；乾興元年
（1022）馬龜符、賈昌朝、黃鑒、王宗道等校劉昭注補《後漢志》；天聖二年
（1024）張觀、王質、李淑、彭乘、孫覺等校《南史》、《北史》和《隋書》；
天聖四年（1026）王舉正、石居簡、李淑等校《黃帝內經素問》、《巢氏病源》、
《難經》等；嘉祐二年（1057）掌禹錫、林億、蘇頌等校《千金翼方》、《金匱
要略》、《傷寒論》等。儘管國子監在校書方面作了很大努力，但由於時間緊、
任務重，有些監本書的質量並不能盡如人意，這是可以原諒的。但就整體而言，
監本的質量還是比較好的，常被各地書坊譽為京本、京師本，一再翻刻。

　　就書法角度而言，監本常常是不可多得的書法珍品，監本多請名家手寫上
板，王國維《五代兩宋監本考》卷中指出：

> 宋初，《五經正義》趙安仁所書最多。《詩疏》，安仁與張致用、
> 陳元吉、韋宿等四人書；《左傳疏》，安仁一人書……趙安仁字體在
> 歐柳之間，趙德父評李鶚書窘於法度，而韻不能高，安仁亦頗似之。
> 然在刊本之中，當以李鶚為最精勁矣。

李鶚是五代書法家，曾寫五代監本《爾雅》等。趙安仁是宋代書法家，史書說
他「生而穎悟，幼時執筆能大字，十三通經傳大旨，早以文藝稱。趙普、沈倫、
李昉、石熙載咸推獎之。雍熙二年，登進士第，補梓州榷鹽院判官，以親老弗
果往。會國子監刻《五經正義》版本，以安仁善楷隸，遂奏留書之」〔註8〕。
趙安仁等書法家親為監本寫版，更使監本錦上添花。

二、公使庫刻書

　　公使庫刻本是宋代地方官刻的一種。

「公使庫」小考

　　什麼是公使庫？宋人李心傳曾說：

> 公使庫者，諸道監帥司與邊縣州軍與戎帥皆有之。蓋祖宗時，以
> 前代牧伯皆斂於民，以佐廚傳，是以制公使錢以給其費，懼及民也。
> 然正賜錢不多，而著令許收遺利，以此州郡得自恣。若帥憲等司又有
> 撫養備邊等庫，開抵當賣熟藥，為所不為，其實以助公使耳。〔註9〕

〔註8〕《宋史‧趙安仁傳》。
〔註9〕《建炎以來朝野雜記》卷十七。

由此可知，公使庫是專供公使廚傳的機構，廚傳即飲食住行的總稱。公使庫不僅要為公使出差提供飲食住行的方便，而且承擔其所需費用。其職能大體相當於今天的官辦招待所，但又有所不同：今天的招待所只提供飲食住行方便，而所需費用由所在單位報銷。宋代以前，公使費用是由老百姓負擔的。宋代建立以後，為了減輕人民的負擔，由國家專門撥給公使錢作為旅差費使用，就不再取之於民了。然而，公使錢數量有限，遠遠不夠公使揮霍，於是國家也許可公使庫自找財源補償。這樣，各地公使庫就八仙過海、各顯神通，多方開發財源。刻書就是其廣開財源的方法之一。

公使庫利用刻書大發其財，蘇州公使庫王琪刻印杜甫詩集就是一個例證。宋代杜集版本比較複雜，蘇舜欽、王洙、劉敞、王安石等都曾整理過杜集。其中王洙用力最勤，他在整理過程中不僅參酌眾本，而且將杜詩分為古近二體，按時間先後進行編排。王洙杜集是宋代收錄最完整的一個本子。嘉祐四年（1059），王琪約請何琢、丁修對王本進一步修訂，並經裴煜補遺後，刊板行世。王琪在該書後記中說：

> 原叔（王洙之字）雖自編次，余病其卷帙之多，而未甚布，暇日與蘇州進士何君琢、丁君修得原叔家藏及古今諸集，聚於郡齋而參考之，三月而後已。義有並通者，亦存而不敢削，閱之者固有淺深也。而吳江邑宰河東裴君煜，取以復視，乃益精密，遂鏤於版，庶廣其傳。〔註10〕

王琪刻本是杜集第一個刻本，也是此後所有杜集的祖本。張元濟先生曾經指出：

> 自後補遺、增校、注釋、批點、集注、分類、編韻之作，無不出於二王（王洙、王琪）之所韡梓。〔註11〕

的確，就學術價值而言，王琪不愧為杜集之功臣。就經濟價值而言，王琪也因刻印杜集發了一筆橫財，正如清王士模《居易錄》卷七云：

> 宋王琪守州，假庫錢數千緡，大修設廳，既成，漕司不肯破除。琪家有杜集善本，即伴公使庫鏤板，印萬本，每部直千錢，士人爭買之。既賞省庫，羨余以給公廚，此又大裨帑費，不但文雅也。

王琪以公使庫的名義刻印杜集萬冊，不僅還了數千緡舊賬，而且多所剩餘。公使庫除了刻書之外，還經營賣酒、賣藥等業務，例如台州公使庫「每日貨賣生

〔註10〕萬曼：《唐集敘錄·杜工部集》。
〔註11〕萬曼：《唐集敘錄·杜工部集》。

酒至一百八十餘貫，煮酒亦及此數，一日且以三百貫為率，一月凡九千貫，一年凡收十餘萬貫」〔註12〕。台州公使庫甚至「違法收私鹽稅錢，歲計一二萬緡入公使庫，以資妄用」〔註13〕。當然，資金多了，如果管理不善，就容易發生行賄、貪污、腐敗等不良現象。淳熙八年（1181）台州唐仲友案便是一例。唐仲友，字與政，金華人，紹興進士，復中弘詞科，後守台州，為朱熹所彈劾。唐仲友盜竊公使庫物品，「下至魚鹽臭腐，但直一文以上無不津致」〔註14〕；唐仲友還以饋送為名，大肆行賄，數額多至二萬八千六百一十六貫〔註15〕；台州公使庫刻印《荀子》、《揚子》、《韓非子》等書606部、9090冊，唐仲友貪污378部、5670冊〔註16〕。大量事實表明，唐仲友利用職權，蠶食鯨吞公使庫財產，實屬貪官污吏。當然，這在宋代公使庫中並不是個別現象，「公使苞苴在東南尤甚，揚州一郡每歲饋遺見於賬籍者至十二萬緡，江浙諸郡每以酒遺中都官，歲有五六千斤，以至數千瓶」〔註17〕。「苞苴」即賄賂之意。地方官為了巴結中都官（即中央派出公使），用公使庫資財行賄，成為當時的一大公害。

知見刻書目錄

公使庫利用刻書作為廣開財源的一種方法。通過刻書積累了大量資金，又反過來促進了公使庫刻書事業的發展。公使庫還利用自己的權力，在地方上網羅了一批技術高明的刻工，成為公使庫刻書的技術保證。例如，明州刻工蔣輝因偽造會子而被發配台州監獄，而唐仲友竟利用職權私自放出蔣輝，讓其為公使庫刻《荀子》等書。所謂會子是國家會子局印行的一種紙幣，其印刷工藝比一般圖書要複雜得多。蔣輝既能偽造會子，可見其技術之精。當時和蔣輝一起為台州公使庫刻書者有18人，清黎庶昌翻刻宋台州公使庫大字本《荀子》版心有蔣輝等18人姓名。除了台州公使庫外，蘇州、吉州、明州、沅州、舒州、撫州、春陵、信州、泉州、鄂州、婺州等地公使庫都刻過書，其中尤以撫州公使庫刻十二經為最著名。根據有關文獻記載，現開列宋代公使庫刻書知見書目如下：

《吳郡圖經續記》三卷，（宋）朱長文撰，宋元符元年（1098）蘇州公使

〔註12〕萬曼：《唐集敘錄·杜工部集》。
〔註13〕（宋）朱熹：《晦庵集·按唐仲友第三狀》。
〔註14〕（宋）朱熹：《晦庵集·按唐仲友第三狀》。
〔註15〕朱熹：《晦庵集·按唐仲友第三狀》。
〔註16〕（宋）朱熹：《晦庵集·按唐仲友第六狀》。
〔註17〕《建炎以來朝野雜記》卷十七。

庫刻本。

《六一居士集》五十卷，（宋）歐陽修撰，宋宣和四年（1122）吉州公使庫刻本。

《騎省徐公集》三十卷，（宋）徐鉉撰，宋紹興十九年（1149）明州公使庫刻本。

《續世說》十二卷，（宋）孔平仲撰，宋紹興二十八年（1158）沅州公使庫刻本。

《大易粹言》十二卷，（宋）方聞一編，宋淳熙三年（1176）舒州公使庫刻本。

《禮記鄭注》二十卷，宋淳熙四年（1177）撫州公使庫刻本。〔註18〕

《花間集》十卷，（後蜀）趙崇祚撰，宋淳熙十四年（1187）鄂州公使庫刻本。

《河南程氏文集》十卷，宋淳熙六年（1179）舂陵郡庫刻本。

《資治通鑒》二百九十四卷，（宋）司馬光撰，宋紹興三年（1133）兩浙東路茶鹽司公使庫刻本。

《資治通鑒考異》三十卷，（宋）司馬光撰，宋紹興二年（1132）兩浙東路茶鹽司公使庫刻本。

《資治通鑒目錄》三十卷，（宋）司馬光撰，宋紹興二至三年兩浙東路茶鹽司公使庫刻本。

《貞觀政要》十卷，（唐）吳兢撰，宋婺州公使庫刻本。

《白氏長慶集》七十一卷，（唐）白居易撰，宋平江公使庫刻本。

《夢溪筆談》三十卷，（宋）沈括撰，宋揚州公使庫刻本。

《孔叢子》三卷，舊題（秦）孔鮒撰，宋明州公使庫刻本。

當然，由於文獻無徵，更多的公使庫刻本已不得而知了。

〔註18〕北京圖書館《中國版刻圖錄》圖137載：匡高二〇·二釐米，廣一四·七釐米，十行，行十六字。注文雙行，行二十四字。白口，四周雙邊。宋諱缺筆至慎字。卷末有淳熙四年（1177）撫州公使庫刻書人銜名七行。據《黃震日鈔·成淳九年修撫州六經跋》，知當時刻有六經三傳，至咸淳時又添刻《論》、《孟》、《孝經》，以足十二經之數。今傳世撫本諸經，《禮記》外僅存《周易》、《公羊》與《春秋左氏傳集解》殘帙，他經均佚。此為楊氏四經四史之齋舊藏，宋本四經之一。末附陸德明《釋文》四卷。原藏瞿氏鐵琴銅劍樓，兩書分離已百餘年，今延津劍合，俱歸北京圖書館。此書初印精湛，無一補版，在撫本中，當推甲選。

三、朱熹刻書及其他

隨著雕版印刷的發展，宋代家刻發展較快。可考的家刻有：刻印大字本《資治通鑒》等的廣都費氏、刻印《淮海先生文集》等的眉山文中、刻印《東都事略》等的眉山程舍人宅、刻印《唐文粹》等的臨安孟琪、刻印《詩品》等的京臺岳氏、刻印《史記索隱》等的建邑王氏、刻印《擊壤集》等的建安蔡子文、刻印《管子》的瞿源蔡道潛、刻印《新唐書》等的麻沙劉仲吉、刻印《十七史蒙求》等的麻沙虞千里、刻印《史記》等的建溪蔡夢弼、刻印《鹽鐵論》等的錦溪張監稅、刻印《聖宋名賢四六叢珠》等的建安陳彥甫、刻印《史記正義》等的黃善夫、刻印《後漢書》等的建安劉元起、刻印《昌黎先生文集》等的建安魏仲舉、刻印《新唐書》等的建安魏仲立、刻印《文苑英華》等的周少傅、刻印《禮記注疏》等的建安劉叔剛、刻印《重校添注柳文》等的姑蘇鄭定、刻印《漢書》等的錢塘王叔邊、刻印《周禮鄭注》等的婺州唐宅、刻印《中說》等的王氏取瑟堂、刻印《歐公本末》等的嚴陵詹義民、刻印《新刊淮南鴻烈解》等的茶陵譚叔端、刻印《隸續》等書的尤袤、刻印《南軒集》等的朱熹、刻印《文苑英華》的周必大、刻印《岑嘉州集》等的陸游、刻印《九經》等的廖瑩中，等等。下面重點介紹一下朱熹、周必大、陸游、廖瑩中等人的刻書情況。

朱熹刻書

朱熹（1130～1200），字元晦（一字仲晦），號晦庵，別稱紫陽。徽州婺源（今屬江西）人，僑寓建陽（今屬福建）。朱熹一生在學術上頗有建樹。他不僅是一位著名學者，而且是一位傑出的出版家。朱熹刻書有兩個目的：一是傳播文化，朱熹一生致力於著書講學，對傳播文化作出了重要貢獻，刻書也是他傳播文化的一個重要方式；二是謀生，朱熹一生清貧，每每稱窮，曾有「百事尚儉，尚無以給旦暮」的感歎〔註19〕。他在建陽蓋房，囊中才有數百千，工役未十一二，已掃而空矣〔註20〕，所費百出，假貸殆遍，人尚未能結裹圓備〔註21〕。朱熹被迫刊小書板以自助〔註22〕。他的朋友張栻頗以刊書為不然，要他尋找別的門路，朱熹認為別營生計，顧恐益猥下耳〔註23〕。可見朱熹把刻書當

〔註19〕　（宋）朱熹：《晦庵集·別集》卷六《與林擇之》。
〔註20〕　（宋）朱熹：《晦庵集·續集》卷七《與陳同甫》。
〔註21〕　（宋）朱熹：《晦庵集·別集》卷五《與朱魯叔》。
〔註22〕　（宋）張栻：《南軒集·致朱元晦》。
〔註23〕　（宋）朱熹：《朱文公文集·別集》。

作高尚的謀生之道。朱熹刻書的態度十分嚴謹，這與當時的濫刻之風，正成一個鮮明的對比。他說：

> 平日每見朋友輕出其未成之書，使人摹印流傳，而不之禁者，未嘗不病其自任之不重，而自期之不遠也。〔註24〕

有一次，學官未經允許刻印了他的著作，他馬上去信予以勸阻，並要求自己掏錢把已刻之版買下銷毀。

朱熹刻了哪些書？根據文獻記載，朱熹刻過四經（即《周易》、《尚書》、《詩經》、《春秋左傳》）、四子（即《論語》、《孟子》、《大學》、《中庸》）、《禮書》、《論孟精義》、《近思錄》、《南軒集》、《獻壽記》、《永城學記》、《程氏遺書》、《程氏外書》、《上蔡語錄》、《游氏妙旨》、《庭聞稿錄》、《五臣解》、《包孝肅詩》、《書齋集》、《芸閣禮記解》、《稽古錄》、《家儀》、《鄉儀》、《楚辭協韻》等40多種著作〔註25〕。此外，他還幫助別人刻過不少書。朱熹刻書非常重視選擇底本，反覆比較各本優劣，擇優而從。底本確定之後，請書工認真抄寫，校對後才予付梓。版片刻成之後，還要多次校勘，發現錯誤，就請刻工趕快修改。他刻《程氏遺書》時，吩咐程舶來請許順之、王近思、柯國材等多人分校，但程為了省事，只令葉學古就城中獨校，朱熹知道後非常生氣，質問道：「如此成何文字？」並再次寫信給程，讓他一定送請多人校對，一再叮囑：「千萬與二丈、三友仔細校過。」〔註26〕二丈、三友共五人，多人參校，才能保證刻書質量。紹熙二年（1191），朱熹在臨漳（今福建漳州）主持刻印了四經、四子。由於刻印方面的原因，四經、四子出現一些錯誤，朱熹馬上令匠人改正，其《朱文公文集·答藤德章》云：

> 向在彼刊得四經四子，當時校刊自謂甚仔細，今觀其間，乃猶有誤字，如《書·禹貢》「厥貢羽毛」之「羽」誤作「禹」字，《詩·下武》「三后在天」之「三」誤作「王」字，今不能盡記，或因過目，遇有此類，幸令匠人隨手改正也。古《易》音訓最後數版有欲改易處今寫去，所欲全換者兩版，並第三十四版之末行五字。此已是依原版大小及行字疏密寫定，今但只令人依此寫過，看令不錯誤，然後分付匠人，改之為佳。

〔註24〕《朱文公文集·答楊教授》。
〔註25〕馬劉鳳：《朱熹文獻學研究》，2006年武漢大學碩士學位論文。
〔註26〕《晦庵集》卷三九《答許順之》。

《南軒集》是著名學者張栻的文集。張栻與朱熹、呂祖謙並稱東南三賢。《南軒集》當時已有多種刻本流傳，但是比較而言，以朱熹刻本為優。別本主要收錄張栻早期不成熟的少作，朱本除收錄少作之外，還收錄了不少最新發現的作品；別本往往隨便填補文中空字，朱本則保持本來面目，暫付闕如。

朱熹親自參與刻書活動，事必躬親。在刻《禮書》時，書工難覓，為之焦慮數日。由於他常與書工交往，對書工非常熟悉，他曾寫過一首詩，題為《贈書工》：「平生久耍毛錐子，歲晚相看兩禿翁。卻笑孟嘗門下士，只能彈鋏傲東風。」〔註27〕這首詩形象地描繪了書工的工作特點，高度評價了書工的犧牲精神。為了印書，朱熹到處張羅紙張。有一次，他弄到一萬紙張，怎樣使用這一萬張紙呢？其《晦庵別集》卷三云：

> 欲印經子及《近思》、《小學》二儀，然比板樣，為經子則不足，為《四書》則有餘。意欲先取印經子，分數以其幅之太半印之，而以其餘少半者印他書，似亦差便。但紙尚有四千未到，今先發六千幅，便煩一面印造，仍點對，勿令脫版為佳。餘者亦不過三五日可遣也。工墨之費有諸卒借請……庫中墨刻，亦各煩支錢買紙打數十本，內《獻壽記》及《永城學記》多得數本不妨，《獻壽記》要者更多也……臨行時，令庫中刻一書目，如已了，幸寄來也。

由此可見，朱熹既刻書，又賣書。每書印數依讀者多少而定。例如買《獻壽記》的人多，就多印一些。為了擴大宣傳，還備有刻書目錄，供讀者查閱。當然，朱熹雖然刻書、賣書，但他總是把刻書質量放在第一位，決不惟利是圖，他對只要賣錢的書估十分反感，其《朱文公集·答廖子晦》云：

> 今人得書不讀，只要賣錢，是何見識！苦惱殺人，奈何奈何！

朱熹直到晚年，仍然堅持刻書。其《朱文公集·答林德久》云：

> 《中庸章句》已刻成，尚須修一兩處，以《或問》未罷，亦未欲出，次第更一兩個月可了。大抵日困應接，不得專一工夫，今又目盲，尤費力爾。不知天意如何，且留得一隻眼，了些文字以遺後來，亦是一事。今左目已不可治，而又頗侵右目矣。

朱熹作為一個著名學者，來訪者自然是很多的，他在日困應接之暇，能夠抽出時間刻書，實屬不易。再加上晚年左目失明，「留得一隻眼」，其困難之大，可想而知。

〔註27〕（宋）朱熹：《晦庵集》卷十。

周必大、陸游、廖瑩中等刻書

周必大（1126～1204），字子充（一字洪道），自號平園老叟，廬陵人。紹興進士，歷仕權給事中、樞密使等職，著作等身，有《平園集》二百卷等。刻有《六一居士集》、《文苑英華》、《文苑英華辯證》等書。其《六一居士集》自序云：

> 會郡人孫謙益志於儒學，刻於斯文，承直郎丁朝佐博覽群書，尤長考證，於是遍搜舊本，旁採先賢文集，與鄉貢進士曾三異等互加編校，起紹熙辛亥，迄慶元丙辰夏，成一百五十三卷，別為附錄五卷，可繕寫模印。

紹熙辛亥即紹熙二年（1191），慶元丙辰即慶元二年（1196），可知周必大等整理歐陽修文集用時五年半，其精審刻書如此。

陸游刻有《岑嘉州集》、《陸氏續集驗方》、《江公奏議》等。《岑嘉州集》刻於孝宗乾道九年（1173）；《陸氏續集驗方》刻於孝宗淳熙七年（1180）；《江公奏議》刻於孝宗淳熙十三年（1186）。陸游的先祖陸贄為唐代大臣，後貶至四川忠州，因集古方書數卷。後世俱喜方書，至陸游時編為《陸氏續集驗方》付梓刊行，陸游在刻書跋中說：

> 予家自唐丞相宣公在忠州時，著《陸氏集驗方》。故家世喜方書。
> 予宦遊四方，所獲亦以百計，擇其尤可傳者，號《陸氏續集驗方》，刻之江西倉司民為心齋。淳熙庚子十一月望日，吳郡陸某謹書。

陸游之子陸子遹繼承父志，也喜歡刻書，他刻的書主要是陸游的著作，如《劍南詩稿》、《渭南文集》、《老學庵筆記》等。《渭南文集》刻於南宋寧宗嘉定十三年（1220），「游」字缺筆，刻工陳彬、吳椿、董澄、金滋、馬祖、丁松年、徐琪、邵亨、劉昭、馬良等，皆當時杭州地區良工。明弘治間無錫華理銅活字本，即據此本排印。《老學庵筆記》是陸游晚年退隱鏡湖之後的著作。此書陸游生前並未刊行，直到宋理宗紹定元年（1228）才由子遹印行，這是惟一的宋本。如果不是陸子遹刻本，陸游的許多著作可能就會失傳，那將是一個無可彌補的損失。此外，陸子遹還刻有《鉅鹿東觀集》、《開元天寶遺事》、《徂徠文集》等。

廖瑩中，字群玉，號藥洲，福建紹武人。刻有《九經》、《昌黎先生集》、《河東先生集》、《文選》等。其刻《九經》，「凡以數十種比校，百餘人校正而後成，以撫州革抄紙、油煙墨印造，其裝襯至以泥金為籤，然或者惜其刪落諸

經注為可惜耳，反不若韓、柳文為精妙。又有《三禮節》、《左氏節》、《諸史要略》及建寧所開《文選》諸書，其後又欲開手節《十三經注疏》、姚氏注《戰國策》、注《坡》詩，皆未及入梓，而國事異矣」〔註28〕。韓、柳二集刻於度宗咸淳間，「二集字體版式悉同，書法在褚柳間，秀雅絕倫」。〔註29〕

宋代家刻除了朱、陸、廖三家之外，廣都費氏、蔡夢弼、黃善夫、魏仲舉等也很著名。

四、陳起刻書及其他

隨著雕版印刷的發展，宋代坊刻發展也比較快。可考的宋代坊刻有：刻印《韓非子》等的建寧府黃三八郎書鋪、刻印《皇宋事實類苑》等的建陽麻沙書坊、刻印《漢書》等的建寧蔡琪、刻印《資治通鑑綱目》的武夷詹光祖、刻印《五臣音注揚子法言》等的崇川余氏、刻印《新書》等的建寧陳八郎書鋪、刻印《二十先生回瀾文鑒》等的建安江仲達、刻印《南陽活人書》等的杭州大隱坊、刻印《釣磯立談》等的臨安府尹家書籍鋪、刻印《寒山拾得詩》等的杭州郭宅、刻印《甲乙集》等的臨安府金氏、刻印《梅花喜神譜》等的金華雙桂堂、刻印《增廣太平惠民和劑局方》等的新喻吾氏、刻印《國朝二百家名賢文粹》等的咸陽書隱齋、刻印《十便良方》等的汾陽博濟堂、刻印《春秋經傳集解》等的閩山阮氏種德堂、刻印多種唐宋別集的臨安陳起、世代相傳的刻書世家建陽余氏，等等。

臨安陳起等刻書

陳起（亦名陳彥才），字宗之，號芸居，南宋臨安著名出版家。其生卒年不詳，但據有關文獻，可推知其生於孝宗淳熙十四年（1187）左右，死於理宗寶祐五年（1257）左右，歷經孝宗、光宗、寧宗、理宗四朝。陳起的書坊位於棚北大街睦親坊南，坊內藏書處名叫芸居樓，樓內書堆如山。陳起酷愛讀書，能寫一手好詩，有《芸居乙稿》行世。陳起和讀者的關係非常融洽，他的書坊簡直成了文人學士的學術活動中心。劉克莊、鄭斯立、黃佑甫、杜耒、周文璞、許棐、俞桂、徐從善、周端臣、朱繼芳、黃文雷、危積、吳文英、釋庭芳等數十人都是陳起書坊的常客，都與陳起有深厚的友誼。陳起一生道路坎坷，理宗寶慶年間，即陳起38歲左右的時候，在一起文字獄中受到牽連，這就是有名

〔註28〕（宋）周密：《癸辛雜識・後集》。
〔註29〕北京圖書館：《中國版刻圖錄・昌黎先生集》。

的「江湖詩案」。「江湖詩案」的簡單經過是這樣的：陳起與江湖詩人過從甚密，先後把江湖詩人的作品編入《江湖集》出版發行。江湖詩人之中有個叫曾極的人，他寫的一首小詩激怒了權臣史彌遠。史彌遠大興問罪之師，收有曾極詩作的《江湖集》自然不能幸免，該書版片被劈毀，許多江湖詩人也因此受到牽連，敖器之、劉克莊、趙師秀等被捕入獄，曾極被流放到千里之外。陳起也因刻印《江湖集》而被流放數年。

關於陳起、陳解元、陳思的關係，說法不一。陳起、陳解元實則一人，據清丁丙《武林坊巷志》和朱彭《南宋古蹟考》：

> 陳宗之，錢塘人，寧宗時鄉貢第一，時稱陳解元，事母至孝，居睦親坊，開肆賣書以奉母。

可見解元為陳起的功名。又據朱繼芳《靜佳乙稿·贈續芸》詩：「誰謂芸居死，餘香解返魂。六丁將不去，孤子續猶存。」由此可見，續芸為芸居之子，陳起和陳續芸是父子關係。有人以為續芸指陳思，即陳思為陳起之子，此說似難成立。據周端臣《挽芸居》詩：「遽聞身染患，不見子成名。易簀終婚娶，求棺達死生。」可見陳起死時，其子剛剛結婚，在事業上還沒有成名，還是一個血氣方剛的青年人。然而，陳思早在 25 年前的紹定五年（1232）就是一個精通業務的老手了。陳思在紹定五年（1232）曾編刊《寶刻叢編》。到了寶祐五年（1257）陳起去世的時候，又過了 25 年，其年齡之大、業務之精，可想而知。由此可見，陳思絕非陳起之子。有人認為，陳起、陳思是一個人。此說亦難成立。陳起、陳思確實有許多共同之處：他們的籍貫相同，均臨安人；他們的別號相同，均號陳道人；他們的職業相同，均以寫書、刻書、賣書為業。儘管如此，陳起、陳思絕非一人。如上所述，陳起死於寶祐五年（1257）左右，而在陳起死後 10 年，即咸淳三年（1267）陳思還刻了《書小史》。在刻書內容方面，兩人也有所不同：陳起多刻唐宋詩人別集，而陳思多刻資料彙編性質的書，如《寶刻叢編》是碑刻資料彙編；《書小史》是歷代書法家傳記資料彙編；《書苑菁華》是歷代書法理論資料彙編；《海棠譜》是關於海棠故實、題詠資料彙編；《小字錄》是歷代人物名字的資料彙編。

陳起刻了哪些書？歸納起來，主要有兩個大類：第一，唐詩別集，如《披沙集》、《唐女郎魚玄機詩集》等。清光緒二十一年（1895）元和江標輯《唐人五十家小集》均據陳起刻本翻刻，其中李建勳《李丞相詩集》卷末有「臨安府洪橋子南河西岸陳宅書籍鋪」一行，似非陳起所刊，因為宋代臨安陳姓書商甚

夥，凡書鋪不在棚北大街睦親坊者，似不應屬之陳起。另外，今藏國家圖書館
的《常建詩集》、《周賀詩集》、《朱慶餘詩集》等，又沒有包括進去。因此，可
以肯定地說，《唐人五十家小集》並非陳起所刊唐集的全部，陳起所刊唐集總
數當遠在 50 家以上。第二，宋江湖詩人作品總集。陳起刻印發行的辦法是收
集一批、刻印一批、發行一批。據《永樂大典》所錄，有《江湖集》、《江湖前
集》、《江湖後集》、《江湖續集》、《中興江湖集》諸名。由於當時「刻非一時，
版非一律」〔註30〕，各藏家所收種數也不一致。《四庫全書》收有《江湖小集》
和《江湖後集》。《江湖小集》收有 62 家作品；《江湖後集》收有 49 家作品。
二者相加，總計 111 人。該 111 人是否陳起所刻原數？肯定不是。例如江湖詩
人曾極、趙師秀等人的詩就沒有收錄，「且洪邁、姜夔皆孝宗時人，而邁及吳
淵位皆通顯，尤不應列之江湖，疑原本殘缺，後人掇拾補綴，已非陳起之舊矣」
〔註31〕。陳起死後，其子繼續刻書賣書。陳起父子於南宋政權日暮窮途、搖搖
欲墜之際，熱心從事刻書事業，為古代文化的流傳作出了重要貢獻。

　　除了陳起父子之外、臨安還有不少書坊，張秀民先生在《中國印刷史‧宋
代》中指出：

　　　　杭州（北宋臨安之名）在北宋時已有書坊，南渡後私人書鋪更
　　　多，紛紛設立，稱為經鋪、經坊，或稱經籍鋪、經書鋪、書籍鋪，又
　　　叫文字鋪。

可考者有桔園亭文籍書坊、積善坊王二郎、太學前陸家等 20 餘家。

建安余氏等刻書

　　建安余氏是福建著名出版家，余氏世代刻書、綿延數百年之久。葉德輝
《書林清話》卷二指出：

　　　　夫宋刻書之盛，首推閩中，而閩中尤以建安為最。建安尤以余
　　　氏為最。

余氏刻書地點在建陽縣崇化書坊。因為古代建陽隸屬建安郡管轄，所以余氏刻
書每稱建安。又麻沙在建陽縣西 35 公里處，崇化又在麻沙西南十餘公里處，
因崇化交通閉塞，刻本多在麻沙出售，久而久之，世人遂以麻沙本相稱。現在
可考的宋代余氏刻書者有餘仁仲萬卷堂、余恭禮、余唐卿明經堂、余騰夫、崇
川余氏、余彥國勵賢堂等，其中以余仁仲萬卷堂最為著名。余仁仲是南宋中期

〔註30〕《四庫全書總目‧江湖後集提要》。
〔註31〕《四庫全書總目‧江湖後集提要》。

人、他刻的書有《尚書精義》、《春秋公羊經傳解詁》、《春秋穀梁經傳》、《事物紀原》、《禮記注》、《周禮注》、《尚書注疏》、《陸氏易解》、《尚書全解》、《王狀元集注分類東坡先生詩》等。趙萬里先生指出：

> 建本在南宋影響最大，面向大眾，編了很多便利知識分子的書，老書用新的辦法來編。《史記集解》、《史記索隱》、《史記正義》原各自單行，北宋曾有過三家注合為一編的刻本，早已失傳。南宋時有人在安徽南部廣德刻《史記集解索隱》，不刻正義。建安黃善夫第一個刻成三位一體本。明嘉靖間王延姑才又刻在一起，明代的王本、秦藩本、汪諒本（開設在北京正陽門的書鋪）《史記》，都是從黃善夫本出來的。還有一個廖鎧刻本，很少見，也是出自黃本。建本迎合時代需要，編印士子應用的書，作「索引」，建本《荀子重言重意》，凡第一次出現這句話，第二、三次以至以後出現時，注明前邊曾出現意思相同的句子。還編了許多大型類書，感覺當時需要綜古通今的類書，就馬上編這類書。〔註32〕

四川眉山也是宋代刻書的中心地區。眉山毗鄰成都，經濟繁榮，文化發達，有一大批雕版名匠。他們刻印的圖書不僅數量多，而且內容豐富，校勘精審，有明顯的蜀本特色。四川眉山萬卷堂以刻印醫書著稱於世，該堂刻《新編近時十便良方》附有刻書目錄：

太醫局方	普濟本事方
王氏博濟方	海上方
斗門方	初虞世方
集驗方	雞峰普濟方
蘇沈良方	李畎該聞集
孫尚藥方	本草衍義
南陽活人書	郭氏家藏方

這個刻書目錄實則鬻書廣告，它說明兩個問題：第一，坊刻的商業性，為了大量推銷圖書，書坊採取種種方法，刊登書目廣告就是其宣傳方式之一。第二，坊刻多刻醫書之類的民間常用書籍，這些書的讀者面廣，發行量大，經濟效益顯著。

〔註32〕《趙萬里談古籍版本》，載《中國典籍與文化》1994年第1期。

五、宋代刻書的特點

綜觀宋代刻書情況，其刻書特點如下：

第一，就刻書地區而言，汴京、四川、浙江、福建，江西為宋代五大刻書中心。過去人們談論四川、浙江、福建刻書較多，對於汴京、江西刻書談論較少。汴京（今河南開封）為北宋都城，是全國政治、經濟、文化的中心。汴京地處中原，北臨黃河、南接江淮，汴河、蔡河、金水河、五丈河貫城而過，交通十分便利。汴京的手工業有紡織、造船、製茶、兵器製造等。宋張擇端繪《清明上河圖》就反映了宋代汴京商業、手工業的繁華景況。汴京作為都城，文化教育也很發達。徽宗時，太學有房 1872 楹，學生三四千人。北宋實行館閣制度，館閣是高級人才的薈萃之地。總之，汴京作為北宋的政治中心，決定了它在北宋雕版印刷中的領導地位；汴京作為北宋的經濟中心，決定了它從事雕版印刷擁有雄厚的物質基礎；汴京作為文化中心，決定了它從事雕版印刷的優越環境。汴京刻書以官刻為主。官刻除了國子監之外，尚有崇文院、秘書監、印經院等。崇文院除了藏書之外，兼事刻書。淳化三年（992）刻《儒行中庸編》，咸平三年（1000）刻《吳志》，景德四年（1007）刻《切韻》，天聖間刻《齊民要術》和《律文音義》，景祐元年（1034）刻《土牛經》，皇祐四年（1052）刻《簡要濟生方》等。秘書監刻過《張邱建算經》、《輯古算經》等。印經院專門刻印佛經。除了官刻之外，民間刻書也比較發達，相國寺東門大街是書市貿易中心，各類書籍應有盡有。據宋魏泰《東軒筆錄》卷三記載，北宋文學家穆修曾在這裡設肆賣書：

> （穆修）晚年得《柳宗元集》，募工鏤板，印數百帙，攜入京相
> 國寺設肆鬻之。有儒生數輩至其肆，未詳價值，先展揭披閱，修就
> 手奪取，瞑目謂曰：「汝輩能讀一篇不失句讀，吾當以一部贈汝。」
> 其忤物如此，自是經年不售一部。

有個書商名叫榮六郎，也在大相國寺開過書鋪，刻過《抱朴子》等書。除了穆修、榮六郎兩家之外，宋代筆記、文集中所謂京本、京師本云者，概非汴京刻本莫屬。書商為了牟利，非法刊印邊機文字，官方屢禁不止。江西地處長江中游，北臨長江，東西南三面群山環抱，形成以贛江、鄱陽湖為中心的大盆地，自然條件非常優越。宋代江西除了饒州、信州和南康軍劃歸江南東路之外，其餘大部分地區屬江南西路管轄。宋代江西經濟發展較快，江西漕糧名列江南諸路第三，曾鞏曾在《元豐類稿·洪州東門記》中說過，江西田宜粳稌，其賦粟

輸於京師為天下最。宋代江西吉州、景德鎮的陶瓷也很有名，瓷都景德鎮的命名亦始於宋景德年間。宋代江西發現有金、銀、銅、鐵、錫、鉛等多種礦藏，冶煉業已初具規模。宋代江西造紙業也很發達，南康的布衣紙、吉州的竹紙、撫州清江的藤紙頗負盛名。宋代江西的文化也很發達。據統計，宋代江西共有書院149所，其中白鹿洞書院、豫章書院等聞名全國。《宋史》為江西人立傳的有220餘人，其中130人左右是進士出身，約占總數的六成。宋代江西地區出任宰相、副宰相級別的政治家有陳恕、晏殊、歐陽修、王安石、洪适、周必大、文天祥等20餘人。唐宋八大家中的歐陽修、王安石、曾鞏都是江西人。凡此種種，都為江西刻書提供了十分有利的條件。宋代江西刻書主要分佈在南康、宜春、萍鄉、饒州、吉州、撫州等地。傳世刻本數十種，《四部叢刊》中的《方言》（九江刻本）、《清波雜志》（吉安刻本）等均據宋江西刻本影印。四川、浙江、福建是我國雕版印刷的發祥地，宋代刻書方興未艾。四川刻書主要分佈在成都、眉山、廣都、涪州、劍州、潼川等地。可考的刻書者有成都辛氏、俞家、周卿，眉山書隱齋、程舍人齋、秀岩山堂，廣都費氏進修堂，涪州性善家塾等。浙江刻書主要分佈在臨安、紹興、吳興、溫州、建德、婺州、寧波等地。福建刻書主要分佈在建陽、建安、福州、泉州、汀州、莆田、邵武、南平、長樂、武夷等地，建陽麻沙刻書尤其著稱於世。關於四川、浙江、福建的刻書資料到處可見，這裡略而不論。

　　第二，就刻書單位而言，官刻、家刻、坊刻三大系統鼎足而立。唐五代時期，由於雕版印刷處於初創階段，刻家屈指可數，三大系統尚未形成，官刻、家刻的發展比較緩慢。到了宋代，刻家多如牛毛，三大系統發展迅速，尤其是官刻後來居上，在三大系統中有舉足輕重的地位。

　　第三，就刻書內容而言，經史、醫書、文集漸多。大量刻印經史著作的原因有兩個：（一）專制統治者需要通過大量刻印經史著作，向人們灌輸儒家思想，從而鞏固專制統治；（二）經史著作，尤其是經書擁有大量讀者。經書是士子飛黃騰達、一舉成名的敲門磚。宋代從官方到民間也很重視刻印醫書。國子監刻印醫書之多，已如前言。民間刻印醫書者如劉甲刻《經史證類備用本草》、徐正卿刻《針灸資生經》、嚴用和刻《嚴氏濟生方》、勤有書堂刻《婦人大全良方》、杭州大隱坊刻《南陽活人書》，等等。有些暢銷書，書坊爭相刻印，例如《南陽活人書》就有京師、湖南、福建、浙江等多種刻本。當《易簡方》盛行時，《易簡繩愆》、《增廣易簡》、《續易簡》等改編續補之作便接踵而來。

為什麼宋代刻印醫書這麼多呢？有三個原因：（一）宋代皇帝重視醫學，詔令搜求名方、校刊醫書、頒行醫書，次數之多，在中國歷史上是僅見的。例如太平興國六年（981）宋太宗《太平興國六年十二月訪求醫書詔》云：

> 宜令諸路轉運司遍指揮所管州府，應士庶家有前代醫書，並許
> 詣闕進納。及二百卷以上者，無出身與出身已任職官者亦與遷轉；
> 不及二百卷，優給縑錢賞之。〔註33〕

宋代醫學出現不少總結性的成就，小兒科、婦產科、外科和針灸科等方面均有長足的發展。宋代醫學，人皆為之。國家專門建立考試制度，選拔醫學人才。很多歷史名人都有醫學專著，例如文彥博有《節要本草圖》，司馬光有《醫問》，沈括有《沈氏良方》，張耒有《治風方》，莊季裕有《本草節要》，鄭樵有《本草成書》和《食鑒》，等等。宋代醫學研究的興盛，為雕版印刷提供了源源不斷的書稿。（三）醫書的讀者面廣，千家萬戶不可缺少。宋代文集大量印行，也有兩個原因：一是宋代的印刷能力大大提高，除了刻印經史著作和實用圖書之外，完全有能力刻印詩文著作。二是文集擁有大量讀者。

第四，就刻本形式而言，有下列特點：（一）前期多四周單邊，後期左右雙邊占絕大多數。就《中國版刻圖錄》著錄宋本的情況來看，四川刻本 21 種、湖北刻本 7 種、安徽刻本 8 種，均為左右雙邊；浙江刻本 74 種之中，70 種是左右雙邊；江西刻本 21 種中，有 18 種是左右雙邊；福建刻本 40 種中，有 30 種是左右雙邊。（二）書口，以白口為多。《中國版刻圖錄》著錄的 74 種浙江刻本、21 種四川刻本、7 種湖北刻本和 8 種安徽刻本全部是白口。但是福建刻本例外，《中國版刻圖錄》著錄的 40 種福建刻本之中有 26 種是細黑口，占總數的 65%。建陽刻本 25 種，其中細黑口 19 種，占總數的 76%。宋本書口還有下列特徵：書口魚尾上多刻字數，上下魚尾間多刻有書名、卷次和頁碼。下魚尾下有刻工姓名或齋室名。（三）正文多接在序文、目錄之後。（四）均寫刻本，歐、顏、柳三體因時而異，因地而異。（五）多有題識、牌記和刻工姓名。（六）皮紙、竹紙多。（七）諱字多。（八）蝴蝶裝多。其他特點見本書第三編第十二章各節。

如何對待宋代刻本？重宋而不佞宋。一方面，我們要重視宋代刻本，原因有三：一是宋代刻本大多是歷代刻本所形成的龐大家族的「祖本」，校勘精審，錯誤較少，具有重要的學術價值；二是宋代刻本多用歐體、顏體、柳體刻成，

〔註33〕《宋大詔令集》卷 219。

較多地保存了我國古籍刻本的早期風貌，具有重要的藝術價值；三是傳本較少，物以稀為貴，具有重要的文物價值。另一方面，又不可「佞宋」，不要以為宋代刻本十全十美，要採取分析的態度。其實，早在宋代，不少學者已經對某些宋本提出了嚴肅的批評。蘇軾說：「近世人輕以意改書，鄙淺之人好惡多同，故從而和之者眾，遂使古書日就訛舛，深可忿疾。」〔註34〕錢大昕引用陸游的話說：「近世士大夫所至喜刻書板，而略不校讎。錯本書散滿天下，更誤學者，不如不刻之愈也。」〔註35〕葉夢得云：

> 世既一以板本為正，而藏本日亡，其訛謬者遂不可正，甚可惜也。余襄公靖為秘書丞，嘗言《前漢書》本謬甚，詔與王原叔同取秘閣古本參校，遂為《刊誤》三十卷。其後劉原父兄弟，《兩漢》皆有刊誤。余在許昌得宋景文用監本手枝《西漢》一部，末題用十三本校，中間有脫兩行者。〔註36〕

可見宋代刻本的某些錯誤也是客觀存在的，不可盲目推崇。

〔註34〕（清）陳其元《庸閒齋筆記》卷8，中華書局1997年版。
〔註35〕《十駕齋養新錄》卷19，江蘇古籍出版社2000年版。
〔註36〕《石林燕語》卷8，中華書局1997年版。

第六章　遼夏金元刻書

　　遼、西夏、金和元代是少數民族建立的政權。由於民族文化的交流和融合，也很重視刻書事業。1974 年山西應縣佛宮寺木塔發現的一批古籍，展示了雕版印刷的成果。金國滅掉遼國和北宋以後，就很重視雕版印刷，平水是其雕版印刷的中心地區。大量事實表明，西夏的雕版印刷也很發達，西夏木活字是迄今我們發現的古代活字印刷的最早實物。元代刻書繼宋代之後持續發展，影響不斷擴大，中央有秘書監的興文署、藝文監的廣成局、太史局的印曆局等刻書，地方有各級儒學和書院刻書。

一、遼國刻書

　　公元 916 年，契丹族領袖耶律阿保機成立契丹，公元 947 年改國號為遼。遼與北宋對峙，是統治中國北方的一個王朝。公元 1125 年為金所滅，共歷九帝，統治時間長達 210 年。

　　阿保機建立遼國之後，重用從燕薊地區俘虜去的漢族地主知識分子康默記、韓延徽、韓知古等人，這些人為遼國出謀劃策，幫助遼國制定了一系列典章制度，實行一國兩制，對鞏固遼國政權起了重要作用。在漢人的影響下，儒家思想也成為遼國統治的正統思想，聖宗、興宗都喜讀唐吳兢《貞觀政要》，從其中學到不少治國的方法。道宗喜讀《周易》、《尚書》、《詩經》等五經。在文學藝術方面，聖宗、道宗均喜吟詩弄賦，聖宗曾有「樂天詩集是吾師」之詩句，可見，白居易的詩歌在遼國影響之大。遼與北宋也有較為密切的貿易關係，滄州、雄州、易州等地的権場是宋遼官方設置的固定貿易場所。権場之外，還有大量的民間私市交易。在雙邊交易中，除了日常生活用品互通有

無外，也有不少宋代雕版印刷的圖書流入遼國。就內容而言，流入遼國的圖書約有兩類：一是各種文集；二是儒家經典。有一次蘇轍使遼，親眼看到不少蘇軾文集，因有「誰將家集過幽都，逢見胡人問大蘇。莫把文章動蠻貊，恐妨談笑臥江湖」〔註1〕之句。在各種文集之中，經常有一些邊機文字和議論時政得失的內容，宋代官方是嚴禁這些圖書流入遼國的。真宗時，詔民以書籍赴緣邊榷場博易者，自非九經書疏悉禁之，違者案罪，其書沒官〔註2〕。仁宗時，翰林學士歐陽修言京師近有雕市宋賢文集，其間或議論時政得失，恐傳之四夷不便，乞焚毀，從之〔註3〕。契丹文字有大字、小字兩種，使用範圍較窄，僅在契丹貴族文人中流行。精通契丹字的人大多精通漢字，遼文化主要是以漢字為工具得到傳播和發展的。

　　在北宋的影響下，遼國的雕版印刷也有較大的發展。但由於遼國在圖書刻印和圖書流通方面採取了一些限制措施，也在一定程度上影響了圖書的刻印和傳播。道宗清寧三年（1057）禁民私刊印文字〔註4〕，圖書也只限國內流通，正如沈括《夢溪筆談》卷十五所說：「契丹書禁甚嚴，傳入中國者，法皆死。」金人去遼未遠，已有史籍寥寥之歎。元好問曾說：「今人語遼事，至不知起滅凡幾主。〔註5〕如果遼國史籍大量存在，就不至於達到「不知起滅凡幾主」的地步。時至今日，可供研究遼代刻書的資料就更少了。現根據《遼史》、《全遼文》以及1974年山西應縣佛宮寺木塔所發現的有關資料將遼國刻書簡述如下。

　　遼代官刻有印經院等。遼刻《釋摩訶衍論通贊疏卷第十》和《釋摩訶衍論通贊疏科卷下》有題記云：

　　　　燕京弘法寺奉宣校勘雕印流通……印經院判官朝散郎守太子中
　　舍驍騎尉賜緋魚袋臣韓資睦提點。

聖宗開泰元年（1012）八月，鐵驪那沙「乞賜佛像、儒書，詔賜《護國仁王佛像》一、《易》、《詩》、《書》、《春秋》、《禮記》各一部〔註6〕。諸如此類的頒賜之書，當也是官方所刻。

　　遼國家刻有馮紹文、楊家等。遼刻《妙法蓮華經》卷四題記云：

〔註1〕（宋）蘇轍《奉使契丹二十八首其十三神水館寄子瞻兄四絕》。
〔註2〕《續資治通鑒長編》卷六四。
〔註3〕《續資治通鑒長編》卷一七九。
〔註4〕《遼史·道宗三》。
〔註5〕《元文類·故金漆水郡侯耶律公墓誌銘》。
〔註6〕《遼史·聖宗六》。

經板主前家令判官銀崇祿大夫檢校國子祭酒兼監察御史武騎尉
馮紹文抽己分之財，特命良工書寫雕成《妙法蓮華經》壹部，印造
流通。

馮紹文作為一個文士和官僚，既有刻書之才，又有刻書之力，除了為造功德刻印佛經之外，還當刻有其他圖書。遼刻《上生經疏科文》題記稱「燕京仰山寺前楊家印造」；遼刻《妙法蓮華經》卷四題記稱「燕京檀州街顯忠坊南頰住馮家印造」。這裡楊家和馮家也當屬於家刻。

遼國坊刻分佈在燕京、范陽等地。燕京是遼國的刻書中心，范陽距燕京不遠，影響所及，也有一些書坊。宋王聞之《海水燕談錄‧歌詠》云：

聞范陽書肆亦刻子瞻詩數十篇，謂「大蘇小集」，子瞻才名重當代，外至夷虜，亦愛服如此。

另外，應縣木塔所發現的兒童啟蒙讀物《蒙求》也當是坊刻產品。該書半頁十行、行十六字，左右雙邊，白口，是傳世至今屈指可數的遼代刻本之一。

二、西夏刻書

西夏本名大夏，宋人稱為西夏，是宋時党項羌所建立的政權。宋仁宗景祐五年（1038）元昊稱帝，都興慶（今寧夏銀川東南），極盛時有 22 州，包括今寧夏、陝北、甘肅西北、青海東北和內蒙古部分地區，和遼、金先後與宋對峙。與宋、遼、金多次發生戰爭。寶義二年（1227）西夏為蒙古所滅，共歷 10 主、190 年。

西夏刻書有官刻、家刻和坊刻三種形式。國家有刻字司主管刻書工作。西夏國家機構分上、次、中、下、末五品司，刻字司是末等司的第一個機構。刻字司至遲在崇宗乾順年間（1086～1139）已經建立，據崇宗乾順正德六年（1132）刻印的《同音》跋：「設刻字司，以蕃學士等為首，刻印頒行世間。」其後，仁宗乾祐十二至十三年（1181～1182）刻印的西夏文《類林》、仁宗乾祐十三年（1182）重刻的西夏《聖立義海》、仁宗乾祐十六至十七年（1185～1186）刻印的西夏文詩歌集、仁宗人慶三年（1146）刻印的漢文《妙法蓮華經》等，都有「刻字司刊印」「敕有司印造此經」等字樣，這些圖書都是刻字司刻印的。除了官刻之外，也有家刻、坊刻的記載。如陸文政刻印的漢文《般若波羅蜜多心經》、劉德真刻印的漢文《注華嚴法界觀門》、郭善正重刻的西夏文《聖觀自在大悲心總持功德依經錄》、耿長葛刻印的《頂尊勝相總持功德依經

錄》等，都屬於家刻〔註7〕。又據西夏文《同音》跋：

> 今番文字者，乃為祖帝朝搜尋。為欲使繁盛，遂設刻字司，以
> 蕃學士為首，雕版流傳於世。後刻工印匠不（曉）事人等因貪小利，
> 肆開文場，另為雕刻。彼既不諳文字，未得其正，致使印面首尾顛
> 倒，左右混雜，學者惑之。〔註8〕

這裡講的當屬坊刻。這則跋語說明兩個問題：一是西夏刻書以刻字司為主，坊刻因貪小利，沒經官方同意，肆開文場。二是坊刻主人文化水平低，不諳文字，坊刻本往往首尾顛倒，左右混雜，不可卒讀。

西夏刻書有哪些特點？第一，數量眾多。二十世紀，西夏刻書多有發現：第一次是 1909 年在西夏故都黑水城遺址發現。據有關書目著錄，共有西夏文文獻 405 種，其中世俗性著作 60 種（刻本 26 種），佛經 345 種（刻本不詳）；漢文文獻 488 種，其中佛經 26 種（刻本 23 種）。第二次是 1914 年英國人斯坦因在黑水城遺址發現部分西夏文獻。第三次是民國六年（1917）在寧廈靈武縣發現兩大箱西夏文佛經。第四次是民國十六年（1927）在黑水城發現一批西夏文文獻。第五次是 1952 年至 1972 年在甘肅武威發現不少西夏文獻。第六次是 1983 年、1984 年在黑水城遺址發現不少西夏文世俗性著作和佛經多種（刻本數種）。第七次是 1990 年至 1991 年在甘肅賀蘭縣發現西夏文木雕殘版 2000 多塊，並西夏文、漢文文獻數十種（刻本數種）。總之，西夏文獻在考古發掘中屢有發現，以上所言僅是影響較大的幾次〔註9〕。根據實物調查，有些西夏文圖書的卷數也比較多，《天盛改舊新定律令》有 20 卷，《聖立義海》有 15 卷。不少圖書還有多種版本，如《音同》、《番漢合時掌中珠》、《金剛般若波羅蜜經》、《大方廣佛華嚴經普賢行願品》等。一些圖書的印數也很可觀，乾祐二十年（1189），仁宗在《觀彌勒菩薩上生兜率天經》願文中散施番漢《觀彌勒菩薩上生兜率天經》一十萬卷，漢《金剛經》、《普賢行願經》、《觀音經》等各五萬卷。〔註10〕一次散施佛經總數就有 25 萬卷。仁宗去世一週年的天慶二年（1195），羅氏皇

〔註7〕 史金波、雅森·吾守爾：《中國活字印刷的發明和早期傳播——西夏和回鶻活字印刷術研究》，社會科學文獻出版社 2000 年版。

〔註8〕 徐莊：《西夏雕版印刷概況》，載《出版史研究》1994 年第 2 輯。

〔註9〕 史金波、雅森·吾守爾：《中國活字印刷的發明和早期傳播——西夏和回鶻活字印刷術研究》。

〔註10〕 史金波、雅森·吾守爾：《中國活字印刷的發明和早期傳播——西夏和回鶻活字印刷術研究》。

太后發願在三年內「散施八塔成道像淨除業障功德共七萬七千二百七十六幀，番漢《轉女身經》、《仁王經》、《行願經》共九萬三千卷」，二者相加，共計170276卷。可見印數也是很多的。現在，中外不少博物館、圖書館大多收有西夏圖書。據專家估計，西夏圖書總數有數千卷之多。

　　第二，內容豐富。西夏刻印的圖書涉及如下方面：（一）佛經。這類圖書最多。據徐莊編《西夏刊本要目》，西夏刻漢文佛經有《大般若波羅蜜多心經》、《大方廣佛華嚴經普賢行願品》、《妙法蓮華經》、《注華嚴法界觀門》、《佛說聖佛母般若波羅蜜多心經》、《金剛般若波羅蜜經》、《佛說金輪佛頂大威德熾盛光如來陀羅尼經》、《佛說聖大乘三歸依經》等，西夏文佛經《金剛般若波羅蜜經》、《聖勝慧到彼岸功德寶集偈》、《妙法蓮華經》、《現在賢劫千佛名經》、《吉祥遍至口合本續》等多種。據李致忠先生估計，現存西夏刻印的佛經總數有四五百種之多〔註11〕。（二）語言文字類：如西夏文《文海寶韻》、《音同》、《五音切韻》等。其中《文海寶韻》包括平聲、上聲、入聲和雜類，解釋了每一個西夏字的音、形、義。（三）法律、文書類：如《天盛改舊新定律令》20卷，1270多頁，是包括刑法、訴訟法、行政法、民法、經濟法、軍事法等在內的綜合性大型法典。《貞觀玉鏡統》記載了西夏官兵攻守征戰的規定、要求、獎懲等。多種文書，如瓜州審案記錄、天盛年賣地文契、光定年穀物借貸文書等，反映了西夏社會的政治、經濟、軍事情況，具有重要的史料價值。（四）文學、啟蒙類。如《新集錦合詞》、《番漢合時掌中珠》、《三才雜字》、《新集碎金置掌文》等，《聖立義海》15卷，全面記載了西夏的自然條件、社會狀況和西夏人對自然、社會的認識，以事類條，條下有注。（五）醫方、曆書、占卜等。如《還陽丹》屬於醫書，記載了20多種藥方。西夏曆書可見者只有一種，表格形式。（六）譯文類。如《論語》、《孟子》、《孫子兵法三注》、《六韜》、《黃石公三略》、《類林》、《十二國》、《貞觀政要》等。

　　第三，在古代出版史研究中具有重要的文獻價值。這主要表現在裝訂、版畫和活字印刷三個方面。在裝訂方面，西夏世俗書籍多蝴蝶裝，佛教書籍以經摺裝為主，也有少量蝴蝶裝。就整個中國古代圖書裝訂史來看，蝴蝶裝在圖書流傳過程中，多為後人所改裝，流傳至今的蝴蝶裝屈指可數。而西夏圖書的蝴蝶裝為我們研究這種裝訂形式提供了大量實證材料，是極可寶貴的。在版畫方面，西夏圖書中有不少精美的插圖，其中佛經插圖最多。1929年國家圖書館

〔註11〕李致忠：《歷代版印通論・西夏的版印概況》，紫禁城出版社2000年版。

入藏 100 號西夏文佛經，其中 30 號都有卷首扉畫。第 13 號《金光明最勝王經卷第九》經文 42 頁半，首刊佛像 2 頁，像記 1 頁半，經文全用西夏文刻印，字體端莊，刀法嫻熟，行格疏朗，刷印精良，表現了西夏雕印技術的精湛。第 1 號《金光明最勝王經卷第一》、第 3 號《金光明最勝王卷第三》、第 99 號《慈悲道場懺法卷第九》等卷首扉畫，表現出西夏高超的刻印技術。除了佛經扉畫插圖之外，還有不少單幅佛畫，向達先生編《斯坦因氏黑水所獲西夏文書略目》著錄約 39 件單幅佛畫。李致忠先生在分析了這些佛畫之後，說「佛畫雕印的盛行，表現出西夏人對佛教的崇信之深，也表現出西夏的雕版印刷技術已發展到很高水平」。〔註12〕在活字印刷技術方面，雖然北宋已有畢昇泥活字的文獻記載，但還缺乏較早的實物證據。目前所知的西夏活字本是我國古代活字印刷的最早實物。

為什麼西夏的刻書事業如此發達呢？第一，與宋遼金的影響密切相關。我國自唐初發明雕版印刷以後，宋代已經進入普及階段，官刻、家刻和坊刻三大系統已經形成。西夏統治者向北宋請賜佛經的記載至少有宋仁宗天聖八年（1030）、景祐元年（1034）、嘉祐三年（1058）、嘉祐七年（1062）和宋神宗熙寧五年（1072）五次。不少宋代刻工也有到西夏謀生的。隨著西夏和宋代政治、經濟、文化的交往日益頻繁，印刷術也會很自然地傳到那裏。另外，還有遼金對西夏的影響，這是西夏刻書的外部原因。第二，西夏刻書的內因是對圖書（包括佛經）的大量需求和各種物質條件、技術條件的成熟。西夏尊佛，譯經、建寺等活動非常頻繁。元代刻印的西夏文大藏經共計 3620 多卷，都是西夏時期翻譯的。西夏文創製於正式王朝成立前二年（1036），在國主元昊的支持下，由大臣野利仁榮製成。宋代文獻中所謂蕃書，指的就是西夏文。隨著西夏文的產生，就產生了西夏文獻。西夏文和西夏文獻的產生，是西夏刻印圖書的重要條件。另外，西夏的紙張除了從宋代購進之外，也有自造的。西夏刻漢文《雜字》中物部有表紙、大紙、小紙、三抄、連抄、小抄、金紙、銀紙、京紙等名稱。《文海》釋「紙」云：「此者白淨麻布、樹皮等造紙也。」可見西夏紙的種類很多，造紙原料有破布、樹皮等，從而為刻印圖書創造了物質條件。外來刻工和西夏所培養的本地刻工，也是西夏刻印圖書的技術條件。

〔註12〕李致忠：《歷代版印通論·西夏的版印概況》。

三、金國刻書

　　公元 1115 年，女真族完顏部領袖阿骨打創建金國，太宗天會年間先後滅掉遼國和北宋，與南宋對峙，統治中國北部達 120 年之久。

　　金統治者重視文化典籍。太祖天輔五年（1121）十二月下詔：

　　　　若克中原，所得禮樂儀仗圖書文籍，並先次津發赴闕。〔註13〕

宗翰、宗望攻下汴州之後，太宗使穆宗第五子完顏勖前往慰勞，宗翰等問其所欲，曰惟好書耳。載數車而還〔註14〕。名將赤盞暉攻下蘇州、餘杭等地後，載《資治通鑑》版以歸〔註15〕。明昌五年（1194）章宗依據《崇文總目》下令購求所缺各書；泰和二年（1202）章宗再次下令搜訪遺書。女真人在和漢人接觸中所受漢文化的影響也是比較大的。世宗極力尊孔崇儒，為孔子修墓立碑；章宗熟讀《尚書》、《孟子》，並詔各州縣建立孔廟，避孔子名諱。金國還設立譯經所，用女真文翻譯《史記》、《漢書》、《周易》、《尚書》、《論語》、《孟子》等一大批漢文書籍。另外，女真人也多通漢字，漢字書籍在金國廣泛流傳。在漢文化的薰陶下，金國人才濟濟，魁儒碩士，文雅風流，殊不減江以南人物，如虞仲文、徒單鎰、張行簡、楊雲翼、趙秉文、王若虛、元好問輩，或以經術顯，或以詞章著，一代製作，能自樹立〔註16〕。虞仲文七歲知作詩，十歲能屬文，日記千言，刻苦學問〔註17〕。徒單鎰有《弘道集》；張行簡有《禮例纂》；楊雲翼有《大金禮儀》和《周禮辨》；趙秉文有《易叢說》、《中庸說》、《資暇集》、《淺水文集》、《孟子解》等；王若虛有《墉夫集》；元好問有《遺山集》、《中州集》、《續夷堅志》、《唐詩鼓吹》等。

　　以上條件促進了金國雕版印刷的發展。官方刻書以國子監為代表。國子監專門有一批刻字工人，待遇因人而異，據《金史·百官四》：

　　　　國子監雕字匠人，作頭六貫石，副作頭四貫石，春秋衣絹各二

　　匹……初習學匠錢六百，來六斗，春秋絹各一匹，布各一匹；民匠

　　日支錢一百八十文。

海陵王天德三年（1151），國子監刻有王弼、韓康伯《易經注》，孔安國《尚書傳注》，《毛詩鄭注》，《周禮注疏》，《禮記疏》，《杜預左傳注》，《唐玄宗孝

〔註13〕《元史·太祖本紀》。
〔註14〕《元史·完顏勖傳》。
〔註15〕《元史·赤盞暉傳》。
〔註16〕（清）龔顯增：《金藝文志補錄·序》。
〔註17〕《金史·虞仲文傳》。

經注》等〔註18〕。劉迎撰《山林長語》也是由國子監刻印的。另外，國子監還刻有蘇軾奏議彙編，據《中州集》卷九記載，耶律履「錄（蘇）軾奏議上之，詔國子監刊行」。世宗大定二十三年（1183）九月譯經所譯《周易》、《尚書》、《論語》、《孟子》、《老子》、《揚子》、《劉子》、《新唐書》等，命頒行之〔註19〕。頒行之書，數量巨大，當是官方刻本，大定二十年（1180），世宗詔曰：

> 太師（完顏）勗諫表詩文甚有典則，朕自即位，所未嘗見。其諫表可入實錄，其《射虎斌》詩文等篇什，可鏤版行之。〔註20〕

由此可見，完顏勗的賦詩文等也曾由官方刻印。

金國家刻有蘇伯修、朱抱一、王賓、常氏、苗君瑞、孫執中等。蘇伯修刻有《補正水經》，朱抱一刻有《重陽教化集》，王賓刻有《道德經取善集》，常氏刻有《校補兩漢策要》，該書王大鈞序云：

> 先是吾鄉同知彥修宅取舊本《兩漢策要》，摹搭刊行於世，其間錯謬及有不載者，僅數十篇，殆為闕典。彥修痛恨遺脫，嘗欲增廣，方經營間，不幸早逝，今二孫克家，不墜箕裘之緒，皆業進士，乃承意繼志，遂再為編次，時向者遺脫，一一校證，添補附入，命工綾木，用廣傳佈。

苗君瑞刻有《琴辨》，孫執中刻有《素問玄機原病式》。

金國坊刻分佈在碣石、嵩州、太原、運城、寧晉、平水等地。碣石趙衍刻有《李賀歌詩編》，嵩州福昌孫夏氏書籍鋪刻有《經史證類大全本草》、《本草衍義》等。太原劉氏書坊刻有劉完素《傷寒直格》，該書無名氏序云：「今太原書坊劉生，銳梓以廣其傳，深有益於世。如宵行冥冥，迷不知徑，忽遇明燈巨火，正路昭然。」寧晉（即今河北邢臺地區）荊氏是一個刻書世家，刻有《五經》等書。金末荊氏後裔荊祐刻有《泰和律義篇》、《廣韻》等書。平水刻書最多，是全國的刻書中心地區。知見書坊有書軒陳氏、中和軒王宅、李子文、張謙、姬氏、徐氏、張存晦等。書軒陳氏刻有《新刊補注銅人腧穴針灸圖經》；中和軒王宅刻有《道德寶章》、《新刊韻略》等；李子文刻有《重刊增廣分門類林雜說》，前有著者王朋壽序：

> 鄉人李子文一見曰：「專門之學，不可旁及，至如此書，無施不

〔註18〕 《金藝文志補錄・經部》。
〔註19〕 《金史・世宗下》。
〔註20〕 《元史・完顏勗傳》。

可。好學通變之士之所願見，我為君刊鏤，以廣其傳，如何？」予
謹應之曰：「諾。」於是舉以畀之，並為之序。

張謙刻有《圖解校正地理新書》，姬氏刻有《四美人圖》等，徐氏刻有關羽圖
像。張存晦，字魏卿，肆名晦明軒，「精於星曆之學，川里以好學見稱」〔註21〕，
刻有《重修政和經史證類備用本草》、《丹淵集》、《通鑑節要》等。另外，今藏
國家圖書館的《南豐曾子固先生集》、《劉知遠諸宮調》、《黃帝內經素問》、《重
編補添分門字苑撮要》也是金平水坊本。

　　為什麼平水會成為刻書中心呢？第一，平水地理位置優越，有一個安定的
環境，正如葉德輝《書林清話》卷四所說：「金源分割中原不久；乘以干戈，
惟平水不當要衝，故書坊時萃於此。」

　　第二，平水所在的河東廣大地區，雕版印刷歷史悠久，著名家刻先驅毌昭
裔就是河東人。除了毌昭裔之外，北宋時，河津王氏取瑟堂、解人龐氏等也很
著名。這為平水刻書業的發展奠定了技術基礎。第三，平水所在的河東地區盛
產紙、墨和梨、棗等木材，為刻書奠定了物質基礎。據《山西通志》記載：「平
陽綿紙，以白麻為之，有尺樣、雙抄諸名，出臨汾、襄陵。」唐杜佑《通典·
土貢》云：「絳郡貢墨一千四百七十挺。」宋王存等《九域志》云：「上黨郡貢
墨一百錠。」梨、棗二木是雕版印刷的最佳木料，而平水早在秦漢時就以盛產
梨、棗而著稱海內。第四，平水為晉東南重鎮，經濟繁榮，為刻書提供了雄厚
的資金。元人胡祇遹在《紫山大全集·平陽府臨汾縣新廨記》云：「平陽當河
汾間為巨鎮，屬邑五十餘城。臨汾劇而最重。經界才百里，占籍者幾萬五千戶，
凡兵賦之重、徭役之煩，十常居其二。」既然官方如此重視，說明這裡的經濟
基礎是比較好的。第五，平水文化基礎較好。金代平水著作如林，如毛麾《平
水集》，王琢《姑汾漫士集》和《次韻蒙求》等，王文郁《增注禮部韻略》，王
朋壽《增廣分門類林雜說》，高守元《沖虛至德真經四解》等。正是由於上述
原因，促進了平水刻書事業的發展。金國專門在平水設有管理刻書的部門，可
見平水書坊之多。

四、元代官刻

　　元朝的建立促進了各民族之間的團結與交流，刻書事業有了進一步的發

〔註21〕　（金）元好問：《集諸家通鑑節要序》，見閻鳳梧《全遼金文》，山西古籍出版
　　　　社 2002 年版。

展。元人袁桷《清容居士集‧袁氏舊書目序》云：「國家承平，四方無兵革之虞，多用文儒為牧守，公私間暇，鮮享醼會僚屬，以校儁刻書為美譔。至於細民，亦皆轉相模錢以取衣食。」元代官方十分重視刻書。早在元代剛剛建立的時候，就把宋代府庫書板一搶而光，並從江南招募了不少刻工，據《元史‧張惠傳》：「宋降，伯顏命（張）惠與參知政事阿剌罕等入城，按閱府庫版籍，收其太廟及景靈宮禮樂器物、冊寶、郊天儀仗。籍江南民為工匠凡三十萬戶，惠迄直多業者僅十餘萬戶。」這些工匠之中，就有不少刻字匠人。

中央官刻

元代中央官刻有興文署本、廣成局本、太醫院本、太史院本等，其中興文署本最為著名。

興文署建於元初，元姚燧《讀史管見敘》云：「宋社既墟，詔令湖南憲使盧摯，以內翰籍江南諸郡在官四庫精善書板，舟致京師，付興之署。」〔註22〕可見興文署沿用了不少宋代書板，縮短了出書週期，並節省了大量刻書經費。

關於興文署的編制和興廢，柯劭忞《新元史》卷五十七云：

> 興文署秩從六品，署令一員，從六品，以翰林修撰兼之；署丞一員，從七品，以翰林應奉兼之。至元四年改經籍署為宏文院，罷立興文署。復罷，二十七年復置，掌經籍版及江南學田錢穀。至治二年罷，置典籍一員，從七品，掌提調諸生飲膳。

可見興文署有署令、署丞等編制。興文署曾兩立兩罷：元初建立，至元四年（1268）初罷；至元二十七年（1290）再立；至治二年（1322）再罷。而元王士點、商企翁撰《秘書監志》卷七云：

> 至元十年十一月初七日，太保大司農奏過事內一件：「興文署掌雕印文書，交屬秘書監呵，怎生？」奉聖旨：「那般者。」欽此。

又云：

> 至元十三年十二月，中書省奏：「奉聖旨，省併衙門，內興文署併入翰林院，王待制兼管。有印造每年曆日事，務撥附秘書監親管。王待制牒保都作頭董濟於本監依舊勾當，祗受吏部劄請俸，依上勾當。」

比較上述記載，似乎有一個矛盾：《新元史》稱至元四年（1268）罷興文署，

〔註22〕《全元文》卷三〇二。

何來《秘書監志》關於至元十年（1273）和至元十三年（1276）興文署事的記載？王士點、商企翁是元代人，《秘書監志》的記載當是可信的，即至元四年（1268），興文署並沒有廢置，只是取消其獨立建置：至元十年（1273）興文署交秘書監管轄；至元十三年（1276），興文署交翰林院管轄，興文署的名稱似乎並沒有廢除。到了至元二十七年（1290）又恢復了興文署的獨立建制，從翰林院裏分離出來。故《元史》云：「至元二十七年正月，復立興文署。」其中「復」字，就是恢復獨立建制的意思。

至元十一年（1274），興文署有雕字匠四十名、印匠十六名。至元二十七年（1290）興文署本《資治通鑑》王磐序云：

> （朝廷）於京師創立興文署，署置令、丞並校理四員，咸給祿廩，召集良工刻諸經子史版本，頒佈天下，以《資治通鑑》為起端之首。

這個序言說明三個問題：其一，說明興文署的編制除了署令、署丞各一員外，還有校理四員，專門負責校勘事宜；其二，說明興文署刻書內容只有「經子史」三類圖書，不包括文集。其三，所謂「以《資治通鑑》為起端之首」，當指興文署恢復獨立建制後所刻的第一部書，而非興文署創始時所刻的第一部書。

興文署刻書知多少？由於文獻無徵，不得而知，但據下面一組數字可以推其大略，至元十四年（1277）裱精匠焦慶安曾經作過一次統計：

> 書籍文冊六千七百六十二冊。精殼綾一萬三千八百六十二尺一寸，每冊黃綾二尺，計一萬三千五百二十四尺；每冊題頭藍綾半寸，計三百三十八尺一寸。紙札每冊大小紙六張，計四萬零五百七十二張；濟源夾紙三張，計二萬零二百八十六張；束鹿綿紙三張，計二萬零二百八十六張。〔註23〕

上述數字當據中央官刻統計。可以相信，刻書單位當以興文署為主，可見興文署刻書之多。每冊圖書均用黃綾、藍綾裱褙，可見興文署刻本裝潢之精。

廣成局屬藝文監管轄，掌傳刻經籍及印造之事〔註24〕。藝文監主管編譯工作，因此廣成局所刻圖書當以翻譯作品為多。據記載，至順元年（1330）廣成局刻有《雅克特穆爾世家》。〔註25〕

〔註23〕《秘書監志》卷六。
〔註24〕《元史・百官四》。
〔註25〕《續資治通鑑》卷二〇六。

太醫院刻有《聖濟總錄》、《危氏世醫得效方》、《傷寒論》等。

太史院掌管天文曆法，下設印曆局專印曆書。元代重視發展農業生產，而曆書與安排農事活動密切相關。為了不誤農時，曆書的出版要求做到及時、準確。為了使各地及時看到當年曆書，常常由幾個地方同時出版，至元十七年（1280），著名科學家郭守敬主持太史院工作時，編成《授時曆》，這是一部極為精良的曆法。至元二十年（1283）十一月，命各省印《授時曆》〔註26〕。至元二十二年（1285），以遠方曆日取給京師，不以時至，荊湖等處四行省所用者隆興印之；合刺章、河西、西川等處所用者京兆印之。〔註27〕

地方官刻

元代地方官刻多在學校，如後至元五年（1339）十一月揚州郡學刻《馬文貞文集》；至正元年（1341）仲夏四明郡學刻《寶慶四明志》；至正二年（1342）五月三山郡學刻《通志》；至正二年（1342）八月婺州郡學刻《壽親養老新書》；至正間括蒼郡學刻《性理四書》、《太極圖說》、《通書》、《正蒙》等；徽州郡學刻《九經要義》、《鶴山大全集》、《易集義》等。

元代地方官刻以九路十七史本和書院刻本比較著名（書院刻書詳本章第五節），九路十七史就是刻於學校的。

元大德間，全國分22道，江東建康道就是其中之一，治所在寧國路（今安徽宣城）。肅政廉訪司是在元中書省和路府之間設置的地方監察區劃，江東建康道肅政廉訪司包括寧國路、徽州路、饒州路、集慶路、太平路、池州路、信州路、廣德路和鉛山州。元大德九年（1305）刻本《漢書·孔文聲跋》云：

> 江東建康道肅政廉訪司以十七史書覬得善本，從太平路學官之請，遍牒九路，令本路以《西漢書》率先，俾諸路咸取而式之，置局於尊經閣，致工於武林。三復對讀者，耆儒姚和中輩十有五人，重校修補者學正蔡泰亨，版用二千七百七十五面，工費俱載學記，茲不重出。始大德乙巳仲夏六日，終是歲十有二月二十四日，太平路儒學教授曲阜孔文聲謹書，承務郎太平路總管府判官劉遵督工，中順大夫江東建康道肅政廉訪司副使伯都提調。

據此，則十七史是由江東建康道肅政廉訪司組織下屬九路聯合刻印，太平路首刻《漢書》，「俾諸路咸取而式之」。其實，最早刻書的不是太平路而是寧國路，

寧國路刻印《後漢書》比太平路刻印《漢書》的時間要早一個月，茲有大德九年寧國路刻本《後漢書‧雲謙跋》為證：

> 江東憲副伯都公語謙曰：「浙西十一經已有全版，獨十七史則未也。今丈移有司董其役，庶幾有成。」謙應曰：「此盛舉也。」宛陵郡學分刊《後漢書》，自大德乙巳孟夏刻梓，至仲冬書成，版計二千二百四十有奇，字計一百二十餘萬，郡侯謹齋夏公力贊其成。

在寧國路、太平路的帶動下，信州路刻有《北史》、集慶路刻有《新唐書》、饒州路刻有《隋書》、池州路刻有《三國志》。《北史》書口刻有「信州路儒學」「上饒縣學」「玉山縣學」「弋陽縣學」「貴溪縣學」「永豐縣學」等字樣。元時，上饒、玉山、弋陽、貴溪、永豐五縣均屬信州路。《隋書》書口有「堯學」「番泮」「樂平」「浮學」等字樣：「堯」即「饒」之省文，「堯學」即饒州州學；「番」即「鄱」之省文，「泮」即縣學，「番泮」合起來即鄱陽縣學；「浮學」即浮梁縣學之簡稱。元時，饒州、鄱陽、樂平、浮梁均屬饒州路。這裡需要考辨一個問題：不少著作把瑞州路刻《隋書》作為九路諸史之一，洵為大誤。考《元史‧地理志》：瑞州原稱筠州，南宋寶慶元年（1225）避理宗趙昀的諱而改名，元至元十四年（1277）升為路，屬江西湖東道肅政廉訪司管轄。既然大德九路諸史為江東建康道肅政廉訪司組織刻印，瑞州路不在其轄區之內，何能參與是役？又據傅增湘《藏園群書經眼錄》：瑞州路儒學刻印《隋書》的時間是在文宗至順三年（1332），比大德九路本晚二十六年，其非大德本甚明。另外，大德九路本均半頁十行，而瑞州路本《隋書》卻是半頁九行。總之，從管轄範圍、刻印時間、行款三個方面分析，瑞州路本《隋書》不應屬於大德九路本。除了上述各路之外，其他各路分刻何史，由於文獻無徵，不得而知。但是，《十七史》似已刻完，茲有元謝應芳《龜巢集‧募朋友置十七史疏》為證：

> 命甥女婿周朋舉詣集慶路干託士友陳雲心買紙，儒學內印置，共作四百六十冊，所用裝潢作料二真等費，計二百貫，遊泊齋藏貯諸史，時至元五年歲在己卯余在鳴鳳王氏家塾。

由此可知，謝應芳所藏《十七史》是後至元五年（1339）在集慶路儒學印造的。又據元張鉉《至正金陵新志》著錄，集慶路儒學有《史記》、《漢書》、《後漢書》、《三國志》、《晉書》、《南史》、《北史》、《隋書》、《新唐書》、《新五代史》諸史版片，其中《漢書》版片2275面，與上文所引孔文聲跋中所稱太平路版片之數正同；《後漢書》版片2266面，與上文所引雲謙跋中所稱寧國路版片之

數正同。那麼，這裡就有一個問題：大德十年，集慶路儒學僅僅分刻《新唐書》一史，這裡怎麼會出現《十七史》呢？有兩種可能：一種可能是集慶路（即今之南京地區）地處交通要道，九路諸史既竣，版片一併彙集於此，以便四方過往學者刷印流傳；另一種可能是集慶路儒學在九路匯刻諸史 30 餘年之後，於後至元五年（1339）之前將《十七史》重刻行世。總而言之，不管是哪種可能，《十七史》已經刻齊是毫無疑問的。

除了九路諸史之外，見於記載的地方官刻還有江浙行省刻《宋史》、《金史》、《大學衍義》、《大德重校聖濟總錄》、《燕石集》、《唐詩鼓吹》、《農桑輯要》等。集慶路儒學刻《朱子讀書法》、《檜亭集》、《救荒活命類要》、《修辭鑒衡》、《至正金陵新志》等。慶元路儒學刻《玉海》、《周易鄭康成注》等，其中《玉海》刻於後至元六年（1340），提調官為桂克忠等 8 人，王秉、王異、楊德載 3 人書寫，張周士等 20 人刻字。無錫儒學刻《白虎通》、《風俗通義》等，平江路儒學刻《玉靈聚義》等，撫州路儒學刻《道園類稿》等，臨江路儒學刻《春秋集傳》等，太平路儒學刻《班馬異同》等，福州路儒學刻《樂書》等，揚州路儒學刻《石田先生文集》等，嘉興路儒學刻《大戴禮記注》、《詩外傳》等，紹興路儒學刻《吳越春秋音注》等，江西行省刻《春秋纂例》、《春秋辨疑》、《春秋微旨》，等等。

五、元代書院刻書

書院在我國有著悠久的歷史。元代書院發展較快，元統治者曾下令江南諸路：「先儒過化之地，名賢經行之所，與好事之家出錢粟贍學者，並立為書院。」〔註 28〕

據統計，元代新建書院 282 所，修復書院 124 所，共計 406 所。〔註 29〕

書院刻書簡介

元代書院刻書見於記載者有：興賢書院刻《渡南遺老集》，廣信書院刻《稼軒長短句》，宗文書院刻《五代史記》、《經史證類大觀本草》和《本草衍義》，梅溪書院刻《校正千金翼方》、《類編標注文公朱先生經濟文衡》、《書集傳纂疏》等，圓沙書院刻《周易傳義附錄》、《廣韻》、《大廣益會玉篇》、《新箋決科古今源流至論》、《記纂淵海》、《皇鑒箋要》和《山堂考索》，西湖書院刻

〔註 28〕《元史・選舉志》。
〔註 29〕白新良：《中國古代書院發展史》，天津大學出版社 1995 年版。

《文獻通考》、《國朝文類》和《金陀粹編》，武溪書院刻《新編古今事文類聚》，
龜山書院刻《道命錄》，建安書院刻《蜀漢本末》，屏山書院刻《止齋先生文集》
和《方是閒居士小稿》，豫章書院刻《豫章羅先生文集》，南山書院刻《廣韻》，
蒼岩書院刻《標題句解孔子家語》和《記纂淵海》，臨汝書院刻《通典》，桂山
書院刻《孔叢子》，梅隱書院刻《書集傳》，雪窗書院刻《爾雅郭注》，圭山書
院刻《黃氏補注杜詩》，鳳林書院刻《元草堂詩餘》，中溪書院刻《周易本義附
錄集注》，陽平書院刻《聲律發蒙》，象山書院刻《北史》，道一書院刻《北史》，
藍山書院刻《北史》，稼軒書院刻《北史》，等等。其中圓沙書院、梅溪書院、
西湖書院刻書尤為著名。西湖書院在杭州西子湖畔，原宋國子監舊址，至正二
十一年（1361）在陳基等人主持下，刻書甚多，據元陳基《夷白齋稿·西湖書
院書目序》：

> 重刻經史子集欠缺以板計者七千八百九十有三，以字計者三百
> 四十三萬六千三百五十有二；所搭補各書損毀漫滅以板計者一千六
> 百七十有一，以字計者二十一萬一百六十有二；用粟以石計者一千
> 三百有奇；木以株計者九百三十；書手刊工以人計者九十有二。對
> 讀校正則餘姚州判官宇文桂，山長沈裕，廣德路學正馬盛，紹興路
> 蘭亭書院山長凌雲翰，布衣張庸，齋長宋良、陳景賢也。

在短短的一年時間裏，刻板9564塊，刻字3647514個，速度之快，可想而知。
其後刻書工作從未停止，「凡書板之刑缺者補治之，舛誤者刊正之，有所未備
者增益之」﹝註30﹞。書院刻本的質量也是比較好的，元泰定三年（1326）西湖書
院刻《文獻通考》刻印俱佳，堪稱元本的代表作。元大德三年（1299）廣信書
院刻《稼軒長短句》卷十二后有「大德己亥中呂月刊畢於廣信書院，後學孫粹
然，同職張公俊」兩行，知為廣信書院刻本。據北京圖書館《中國版刻圖錄》
圖305介紹：

> 此本酬和贈送范先之詞共十首，別有宋時甲乙丙丁四卷本八首
> 都作「廓之」，余二首不著姓名。案范先之原名當作「廓之」，四卷
> 本刻於宋寧宗趙擴即位前，故用本名。此本祖本則刻於寧宗朝，或
> 已在稼軒身後，故刻時避寧宗諱嫌名改「廓之」為「先之」。可見此
> 本淵源之古。此本流傳最廣，明嘉靖十五年（1536）王詔刻之，二
> 十四年（1545）何孟倫再刻之。毛氏汲古閣本雖合併為四卷，事實

﹝註30﹞（元）黃晉：《西湖書院田記》，見李修生《全元文》卷九五一。

上亦源出此本。清光緒間王鵬運四印齋刻本、一九五九年中華書局印本，均據此帙翻印。

書院刻書的條件

為什麼書院能夠刻書，並且世稱精善呢？

第一，書院擁有大量藏書，其中多有善本。這不僅能為刻書提供較好的底本，而且是校勘工作的重要保證。書院藏書有四個來源，一是御賜，皇帝經常賜書給書院；二是贈送，鄉賢名人和地方官吏重視書院建設，常有贈書之舉；三是自刻，書院自己刻書，也是補充藏書的一個重要方法；四是購買，書院藏書大多是掏錢買來的。元代書院藏書最多的有西湖書院、四川草堂書院等。西湖書院藏書甚豐，泰定元年（1324）重編《西湖書院書目》，藏書總數已逾二十餘萬冊。四川草堂書院也有大量藏書，儘管四川與內地交通不便，但它還是克服重重困難，從各地購進 27 萬冊圖書，正如《草堂書院藏書銘》所說：「蜀都阻於一隅，去之萬里，孰云能阻，稽於版籍，詢於文獻，北燕南越，西陝東吳，有刻則售，有本則書，僕輸肩賴，車遞牛汗，厥數惟何？廿有七萬，載之以舟，入於蜀江……」〔註31〕

第二，書院擁有大量學田，這是書院經費（包括刻書經費）的主要來源之一。政府所撥經費，大多以田產應充；私人籌措經費，亦多用田產替代。至元二十四年（1287），有關方面捐給西湖書院田地 250 畝，山地 1076 畝。至元二十八年（1291），朱慶宗捐田 275 畝，遵著令，減其租什二，實為米一百三十有二石，請別儲之，以待書庫之用，毋移他費〔註32〕。泰定四年（1327），有關方面又捐田 204 畝，山地 484 畝，摹銀書板之費，靡不給足〔註33〕。呂思勉《讀史劄記·隋唐以下》指出：「郡縣之學，自宋以後，所設日多，其經費大多侍學田也，即書院亦然。」元代官府對書院學田基本上是採取保護政策，至元二十三年（1286）二月，江南諸路學田昔皆隸官，詔復給本學，以便教養〔註34〕；政府還用法律的形式明確規定下來，據《元史·刑法二》：「諸贍學田土，學官職吏或賣熟為荒，減額收租，或受財縱令豪右占佃，陷沒兼併，及巧名冒支者，提調官究之。」

〔註31〕（元）李祁：《雲陽集》卷十。
〔註32〕（元）楊維楨：《東湖書院造田記》，見《全元文》卷一三三四。
〔註33〕（元）楊維楨：《東湖書院造田記》，見《全元文》卷一三三四。
〔註34〕《元史·世祖本紀》。

　　至元二十九年（1292）正月詔曰：「江南州縣學田，其歲入聽其自掌，春秋釋奠外，以原師生及士之無告者。」〔註35〕至元三十一年（1294）命中書省議行貢舉之法時，又令「其無學田去處，量撥荒閒田土，給贍生徒，所司常與存恤〔註36〕。書院把田租給佃農，按時收租，換得錢糧，以保證教學工作正常進行。剩餘資金，則可用以刻書。正如明陸深《金臺紀聞》所說：「勝國時，郡縣俱有學田，其所入謂之學糧，以供師生廩餼，餘則刻書。」

　　第三，山長學術水準較高，精於校勘，這就從根本上保證了刻書的質量。山長就是書院的首領，為什麼叫山長呢？天下名山僧占多。書院受禪林的影響，院址也多在山林名勝之處，如嶽麓書院在嶽麓山抱黃洞下；嵩陽書院在嵩嶽太室山南；石鼓書院在石鼓山回雁峰下，等等。因為書院多依山而建，故其首領就叫山長（也有叫洞主、洞正或堂長的）。山長多由名師碩儒擔任，著書立說者甚多。就以元代而言，東湖書院山長趙文著有《青山集》，安定書院山長任士林著有《松鄉文集》，景星書院山長黃澤著有《易學濫觴》、南陽書院山長王申子著有《大易集說》，道一書院山長胡炳文著有《周易本義通釋》，先賢書院山長王天與著有《尚書纂傳》，上蔡書院山長陳孚著有《觀光稿），美化書院山長胡助著有《純白齋類稿》，臨汀書院山長劉將孫著有《養吾齋集》，麗澤書院山長袁桷著有《延祐四明志》，澄江書院山長許恕著有《北郭集》，貞文書院山長周聞孫著有《鼇溪文集》，等等。

　　第四，眾多的書院生徒為書院刻書提供了銷售市場。書院雖然不像書估以營利為目的，但是書院刻本的讀者近在眼前，書院生徒就是忠實讀者。有些書院定期刻印學生的文章彙編，如此面子書幾乎是人手一冊，銷售量相當可觀。

　　由於上述四個方面的原因，才得以使書院刻書不斷發展。顧炎武《日知錄》卷十八指出：

　　　　宋元刻書皆在書院，山長主之，通儒訂之，學者相互易而傳佈
　　　　之。故書院刻書有三善焉：山長無事，則勤於校讎，一也；不惜費，
　　　　而工精，二也；版不貯官，而易印行，三也。

所謂版不貯官，就是說版片不貯存於官府，自己保存，根據需要，可以隨取隨印，非常方便。

〔註35〕《元史·世祖本紀》。
〔註36〕《元典章》卷二。

六、元代民間刻書

在官刻帶動下，元代民間刻書也有較大的發展。

元代家刻

元代家刻可考者有平陽府梁宅刻《論語注疏》，平水許宅刻《重修政和經史證類備用本草》，平水高氏尊賢堂刻《河汾諸老詩集》，平水司家頤真堂刻《御藥院方》，平陽段子成刻《史記集解附索隱》，建安鄭明德刻《禮記集說》，建安蔡氏刻《玉篇》，建安劉承幹刻《續添是齋百一選方》，建安詹璟刻《蜀漢本末》，麻沙劉通判仰高堂刻《纂圖分門類題注荀子》，姚樞刻《論語》，陳忠甫刻《楚辭朱子集注》，花溪沈氏家塾刻《松雪齋集》，古迂陳氏家塾刻《尹文子》」雲坡家塾刻《類編層瀾文選》，成都彭寅翁崇道精舍刻《史記集解索隱正義》，虞氏南溪精舍刻《春秋諸傳會通》，存存齋刻《周易集說》，孫存吾如山家塾刻《范德機詩集》，孝永堂刻《傷寒論注解》，范氏歲寒堂刻《范文正集》，復古堂刻《李長吉歌詩》，叢桂堂刻《通鑒續編》，嚴氏存耕堂刻《和濟局方圖注本草藥性歌括總論》，唐氏齊芳堂刻《尚書表注》，汪氏誠意齋集書堂刻《增刊校正王狀元集注分類東坡先生詩集》，余彥國勵賢堂刻《新編類要圖注本草》，精一書舍刻《孔子家語》，熊禾武夷書堂刻《易學啟蒙通釋》，崇川書府刻《春秋諸傳會通》，商山書塾刻《春秋屬辭》，溪山道人刻《山海經》，雲衢張氏刻《續宋中興編年資治通鑒》，旺南孫氏刻《大字毛詩》，劉震卿刻《漢書》，龍山趙國寶刻《翰苑英華中州集》，西園精舍刻《說苑》，田澤刻《大易輯說》，溪山家塾刻《四書疑節》，袁桷刻《漢雋》，張士寧刻《如宜方》，王厚孫刻《六經天文編》，歐陽必學刻《林泉高致集》，成廷珪刻《樂庵遺書》，黃叔善刻《日損齋筆記》，傅若金刻《傅與礪詩文集》，胡仕可刻《胡氏本草歌括》，吳瑞刻《吳氏日用本草》，丁思敬刻《元豐類稿》，岳濬刻《九經》，李璋刻《九經》和《四書》，劉貞刻《大戴禮記》、顧瑛刻《草堂雅集》等。其中姚樞、顧瑛、岳濬、李璋、劉貞等比較著名。

姚樞（1201～1278），字公茂，柳城人。歷任宣撫使、司農使、中書左丞、翰林學士承旨等職，著名理學家、出版家。據許有壬《雪齋書院記》：

> （樞）板《小學》、《論》、《孟》、《或問》、《家禮》，伴楊中書（惟中）板《四書》，田尚書板《詩折衷》、《易程傳》、《書蔡傳》、《春秋胡傳》，又以《小學》流佈未廣，教弟子楊古為沈氏活板，與《近思

錄》、《東萊經史論說》諸書散之四方。〔註37〕

可見姚樞除了自己刻書之外，還大力支持別人刻書，還教學生用畢昇發明的泥活字版擺印了《小學》等書。

顧瑛（一名德輝），崑山人，元末詩人。池館聲伎、圖書器玩，甲於江左，有《玉山璞稿》、《玉山名勝集》等。據元殷奎記載：

> 改築園池於舊宅四偏，名曰玉山佳處。日夜與客置酒賦詩為樂。
> 而君才瞻思捷，語笑之頃，章篇輒就，恒屈服其坐人，今所傳《玉山
> 集》是也。又萃所友名公之作，如張承旨翥、李徵君孝光、楊先生維
> 楨、張外史雨而下，刻梓者數十家，總題為《草堂雅集》。〔註38〕

岳濬，字仲遠，岳飛九世孫，居常州，有荊谿家塾，積書萬卷，名士多遊其門。岳氏為了刻好九經三傳，凡用 23 種版本相比較，於書本、字畫、注文、音釋、句讀、脫簡等皆有考證，《九經三傳沿革例》集中反映了岳氏的校勘成果。九經三傳對後世影響很大。《易》、《書》、《詩》、《禮記》、《左傳》有明翻刻本、清武英殿翻刻本，清代貴陽、廣州、成都、長沙等地均有翻刻。《四部叢刊》中有長沙葉氏觀古堂藏明翻岳氏《周禮》十二卷影印本，有江陰繆氏藏崑山徐氏影抄相臺岳氏《孝經》影印本等。

李璋，山東鉅野人。其祖父已欲刻梓六經，壯志未酬；其父刻而未就。李璋「從事江右憲幕，關浙閫掾，得學制錦於海濱，秩滿少間，請於家君，願成大父之志，《易》、《書》、《詩》、《禮》先就，既以北還，而《春秋左氏傳》及朱子《四書》，重至江右而後克成，《四書》版加厚，字加大。命子某謹繕寫，不敢忽，猶慮北方風高，木善裂，取生漆加布其四端，歸諸孔廟之下，俾久於模印而無壞，願書其事。諸經板凡若干，《四書》板凡若干〔註39〕。可見李氏四代前仆後繼，終於刻成群經。

劉貞，字庭僕，海岱人。以文儒起家。出為嘉興路總管，擢授海道都漕運使。他刻的書有《大戴禮記》、《逸周書》、《韓詩外傳》等。其父名克誠，字居敬，號節軒先生，嗜校古書，庭僕所刻皆節軒所校。〔註40〕

元代家刻募金刻書的現象非常普遍，例如王惲《為刊字醵金疏》云：

> 《汲郡志》者，發明潛德，豈惟鄉國之賢，關係民風，庶見古

〔註37〕 李修生：《全元文》卷一一九二。
〔註38〕 李修生：《全元文》卷一七七五《故武略將軍錢塘縣男顧府君墓誌銘》。
〔註39〕 （元）虞集：《道園學古錄‧跋濟寧李璋所刻九經四書》。
〔註40〕 （清）繆荃孫：《藝風藏書記》卷二。

今之事。為書者一十五卷，計字數近六七萬言。欲廣其傳，必錄諸
梓。惟是閒居之人，苦無力量之多。凡工費口糧，倘蒙少助。雖夜
光明月，不為暗投。公等自憂為之，我正賴有此耳。謹疏。〔註41〕

可見作者無力刻印《汲郡志》15卷，被迫募金，倘蒙少助。

元代坊刻

元代坊刻數量也很多，葉德輝《書林清話》卷四云：「元時書坊所刻之書，
較之宋刻尤夥，蓋世愈近則傳本多，利愈厚則業者眾，理固然也。」

元代坊刻主要分佈在平水、建寧等地。平水書坊有曹氏進德齋等。建寧於
至元二十六年（1289）稱路，轄建安、建陽、崇安等七縣。可考書坊有葉日增
廣勤書堂、宗文堂、建陽余氏、鄭氏積誠堂、劉綿文日新堂、虞氏務本堂、劉
君佐翠岩精舍、熊宗立種德堂、魏氏仁實堂、陳氏餘慶堂，等等。其他各地書
坊還有燕山竇氏活濟堂、廬陵泰宇書堂、三衢石林葉敦、茶陵陳仁子、武夷詹
光祖等。曹氏進德齋刻有《爾雅郭注》、《中州集》等。劉君佐翠岩精舍刻有《周
易傳義》、《詩考》、《廣韻》、《玉篇》、《陸宣公奏議》、《國朝文類》、《翰苑集》
等。鄭希善宗文堂刻有《藝文類聚》、《經史證類大全本草》、《臨川集》、《靜修
先生文集》等。建陽余氏刻書始於南宋，終於清康熙間，歷時500年左右，在
中國刻書史上是僅見的。據有關書目著錄，元代余志安勤有堂刻有《太平惠民
和劑局方》、《分類補注李太白集注》、《集千家注分類杜工部詩》、《三輔黃圖》、
《四書通證》、《唐律疏義》、《國朝名臣事略》、《易源奧義》、《易學辨惑》、《漢
書考證》、《後漢書考證》、《詩童子問》、《詩傳綱領》、《儀禮圖》、《新編婦人大
全良方》、《普濟本事方》、《詩輯》、《春秋後傳》、《洗冤錄》、《古列女傳》等；
余氏勤德堂刻有《增修互注禮部韻略》、《皇元風雅》、《廣韻》等；余氏雙桂堂
刻有《書集傳》、《廣韻》、《聯新事備詩學大成》等。下面簡單介紹葉日增和劉
錦文的刻書情況。

葉日增廣勤書堂是建陽名肆，刻有《孟子通》、《針灸資生經》、《新刊王氏
脈經》等。《新刊王氏脈經》今藏國家圖書館，《四部叢刊》本即據此帙影印。
葉日增廣勤書堂的部分版片是從建安余氏繼承而來，往往將余氏牌記挖去，補
以葉氏牌記，冒充新刻。例如《千家注分類杜工部詩集》，原為建安余氏所刻，
有牌記云「皇慶壬子余志安刊於勤有堂」，版片歸葉日增後，將余氏牌記挖去，

換上「廣勤書堂新刊」牌記，並附以文集二卷，字跡與原刻迥異。葉日增死後，版片傳歸其子葉景逵，目錄之後又增刻「三峰書舍」鍾式牌記。故事到此並沒有完結，明正統間，版片轉歸金臺汪諒，汪氏又將廣勤堂、三峰書舍牌記一併挖去，換上「汪諒重刊」牌記。由此可知，《千家注分類杜工部詩集》版片三易其主，牌記換了又換，其流傳情況是相當複雜的。

劉錦文，字叔簡，肆名日新堂，建陽人。他「博學能文，教人不倦，多所著述。凡書板磨滅，校正補刊」〔註42〕。集學者、書商於一身，與學者汪克寬、倪士毅等關係密切，為著名刻書世家。自元迄明，刻印大量圖書，例如《廣韻》、《春秋金鑰匙》、《四書通義》、《朱子成書十集》、《九經直音》、《新編方輿勝覽》、《唐詩鼓吹》、《東漢文鑒》、《朱文公校昌黎先生文集》、《新刊歐陽文忠公集》、《伯生詩續編》、《太平金鏡策》、《新刊醫林類證集要》等。

坊刻內容除了部分經史著作之外，主要有以下三個方面的內容：第一，有關舉業之書。例如朱熹《四書集注》充塞市場，元陳棟《定宇集》卷十七云：

> 自朱文公《四書》行世，學者童而習之，或病其不能驟通也，為《語孟句解》，取《集注》語裂而附之，刊本如麻，數十年比比然，其體弗類。

第二，諸子百家著作。元人吳海《聞過齋集》卷八云：

> 今天下之書已多矣，然《詩》、《書》、《易》、《禮》、《樂》、《春秋》、《孝經》、《論語》、《大學》、《中庸》七篇，凡六經聖賢之言未嘗多也；商周而下，秦漢以來十八代之史記、紀傳、表志、編年、紀事之不可無者，未嘗多也。所以多者，皆諸子百氏、外家雜言、異端邪說之不可計其名，讀之畢世不能盡其卷帙。

第三，元曲作品。元曲是元人吸收宋金以來諸宮調及其他藝術形式逐漸發展而成的一種文學體裁，清俞樾《茶香室叢鈔》卷十八轉引明人沈德符的話說：

> 元人未滅南宋時，以此定士子優劣。每出一題，任人填曲，如宋宣和畫學出唐詩一句，能得畫外趣者登高第，故宋畫元曲，千古無匹。

元曲在中國文學史上佔有光輝的一頁。元代劇作家見於記載者有200多人，著名者如關漢卿、馬致遠、王實甫、白樸、鄭光祖等，其中關漢卿尤負盛名。元

〔註42〕（清）柳正芳修，王維文等纂，《建陽縣志》卷十二，清康熙四十二年（1703）刻本。

曲數量很多，見於元末鍾嗣成《錄鬼簿》著錄的就有 400 餘種。其中不少作品都有書坊刻本。《古本戲曲叢刊》第四集所收《元刊雜劇三十種》即據元刊影印。《元刊雜劇三十種》中有關漢卿《新刊關目閨怨佳人拜月亭》、《古杭新刊的本關大王單刀會》、王伯成《古杭新刊關目的本李太白貶夜郎》、狄君厚《新編關目晉文公火燒介子推》、金仁傑《新刊關目全蕭何追韓信》等。這些雜劇大多是由杭州書坊刻印的。

七、元代刻書的特點

綜觀元代刻書情況，其刻書特點如下：

第一，就刻書地區而言，大都、平水、杭州、建陽為元代四大刻書中心。大都為元代都城，是全國政治、經濟、文化的中心，興文署就設在這裡，刻書之多，不言而喻。平水承襲金國遺風，刻書亦盛，傳世平水刻本有蒙古乃馬真後三年（1244）刻《雲笈七籤》，蒙古憲宗三年（1253）張宅晦明軒刻《增節標目音注精議資治通鑑》，元至大三年（1310）曹氏進德齋刻《中州集》等。杭州和建陽兩地雕版印刷久負盛名。元代很多官刻書都是奉詔下杭州刻板，傳世元杭州刻本有大德三年至四年（1299～1300）刻《大德重校聖濟總錄》，至正七年（1347）刻《大元大一統志》，泰定四年（1327）西湖書院刻《文獻通考》，至正五年（1345）刻《金史》，至正六年（1346）刻《宋史》等。傳世元建陽刻本有元天曆三年（1330）廣勤書堂刻《新刊王氏脈經》，至順元年（1330）宗文堂刻《靜修先生文集》，元統三年（1335）余志安勤有書堂刻《國朝名臣事略》，至元六年（1269）鄭氏積誠堂刻《纂圖增新群書類要事林廣記》，至元六年（1269）劉氏日新堂刻《伯生詩續編》，至元七年（1270）虞氏務本堂刻《趙子昂詩集》，至正十六年（1279）翠岩精舍刻《廣韻》，廣勤書堂刻《針灸資生經》等。元張復《建陽縣儒學重修記》云：「建陽乃考亭故居，匯道學淵源之地，《五經》、《四書》，澤滿天下，世號小鄒魯。」〔註43〕

第二，就刻書單位而言，元代學校刻書比較發達。元代官方刻書大多由各級學校承擔，學校是元代官方刻書的主體。葉德輝《書林清話》卷七云：

> 元時官刻之書，多由中書省行江浙等路有錢糧學校贍學田款內
> 開支，有徑由各省守鎮分司呈請本道肅政廉訪使行文本路總管府事
> 下儒學者，有由中書省所屬呈請奉准施行，撮轉經稔林國史院禮部

〔註43〕《全元文》卷一六四五。

詳議照准行文各路者。

例如延祐五年（1318）集賢院通過中書省和禮部批准，令江西等行省各路儒學刻印《陵川集》；後至元二年（1336）禮部通過中書省批准，令江南浙西道肅政廉訪司刻印《元文類》，浙西道交由西湖書院刻印；後至元五年（1339）江北淮東道肅政廉訪司令揚州路儒學刻印《石田先生文集》。如前所言，大德九路諸史也是由江東建康道肅政廉訪司下達任務，由各路儒學承辦的。至正五年（1345）江浙、江西刻宋遼金三史，前有牒文云：「准中書省諮右丞相奏，去歲教纂修遼金宋三史，令江浙、江西二省開板，就彼有的學校錢內就用，疾早教各印造一百部。欽此。」〔註44〕這是皇帝詔令江浙、江西學校刻印史書之例。元代學校刻書除了上文列舉者外，尚有武昌路儒學刻《大易緝說》，龍興路儒學刻《唐律疏議》，中興路儒學刻《春秋比事》，婺州路儒學刻《論孟集注》，漳州路儒學刻《北溪先生大全文集》，贛州路儒學刻《南軒易說》等。

第三，就刻書內容而言，農書較多。蒙古族在動用武力統一全國的過程中，把大片農田變為牧場，強制推行牧區的生產方式，使農業生產遭到嚴重破壞，田園荒蕪，餓殍千里，蒙古政權面臨嚴重威脅。為了穩定封建政權，迅速改變經濟衰敗的局面，元朝統治者採取了一系列措施。元世祖即位之初，首詔天下，國以民為本，民以衣食為本，衣食以農桑為本〔註45〕，並多次頒布屯田墾荒之令。中統元年（1260）命各路宣撫司選通曉農事者任勸農官，其職責是巡行郡邑，察舉勤惰。至元七年（1270）由左丞張文謙等組建司農司，專門負責農桑水利方面的工作。同年，中央還頒布了關於發展農桑的十四條規定。至元二十五年（1288）在江南地區設立大司農司及營田司，強化對江南農業生產的管理。至元二十八年（1291）頒行《農桑雜令》，對農業生產的若干問題又作了具體規定。成宗大德元年（1297），罷妨農之役。大德十一年（1307）取消擾農之禁，獎勤罰懶。以後歷代皇帝都很重視農業生產。官方還考慮到田里之人雖能勤身從事，而播殖之宜、蠶繰之節，或未得其術，則力勞而功寡，獲約而不豐矣。於是遍求古今所有農家之書，披閱參考，摭其切要，編寫了《農桑輯要》等大批農書〔註46〕。《農桑輯要》共七卷，分典訓、耕墾、播種、栽桑、養蠶、瓜菜、果實、竹木、藥草、孳畜等10類。《四庫全書總目》稱其詳

〔註44〕《書林清話》卷七。
〔註45〕（元）王磐：《農桑輯要序》。
〔註46〕（元）王磐：《農桑輯要序》。

而不蕪，簡而有要，於農家之中最為善本。《農桑輯要》先後共刻《元史・食貨志・農桑門》印五次：初刻於世祖至元十年（1273）〔註47〕；再刻於仁宗延祐元年（1314），「以舊本弗稱，詔江浙省臣端楷大書，更銀諸梓，仍印千五百帙，頒賜朝臣及諸牧守，令知稼穡之艱難，以勸諭民〔註48〕；三印於仁宗延祐二年（1315），「詔江浙行省印《農桑輯要》萬部，頒降有司，遵守勸課〔註49〕；四印於英宗至治二年（1322），「丞相暨大司農臣協謀奏旨，複印千五百帙，凡昔之未沾賜者，悉與之〔註50〕；五印於文宗至順三年（1332），印 1 萬部。累計五次刷印總數約 2.5 萬部。一部圖書發行 2.5 萬部，在中國刻書史上是少見的。除了《農桑輯要》之外，元朝還多次刻印過王禎《農書》、魯明善《農桑衣食撮要》、張光大《救荒活民類要》、苗好謙《栽桑圖說》等書。

第四，就刻本形式而言，早期多左右雙邊，晚期多四周雙邊。《中國版刻圖錄》著錄元本 65 種，其中左右雙邊 33 種，占著錄總數的 50%；四周雙邊 21 種，占著錄總數的 32%。各地刻本情況不大一致，例如平水刻本多四周雙邊，嘉興刻本多左右雙邊。就書口來看，早期多白口，晚期多黑口。《中國版刻圖錄》著錄元代黑口本 42 種，占著錄總數的 65%。多花魚尾，魚尾的位置除了書口之外，目錄題名、書序題名、書內標題等處到處可見。另外，趙（孟頫）體字多，簡體字多，諱字極少。

〔註47〕 （元）王磐：《農桑輯要序》。
〔註48〕 （元）蔡文淵：《農桑輯要序》。
〔註49〕 《續資治通鑒・元紀十七》。
〔註50〕 《續資治通鑒・元紀十七》。

第七章　明代刻書

　　明代是我國雕版印刷的黃金時代。刻書地區之廣、規模之大、數量之多、內容之豐、技術之精是任何朝代無與倫比的。官方有司禮監（經廠）、國子監、都察院、欽天監、太醫院，中央各部、藩府和各府、州、縣刻書，其中司禮監、國子監、藩府刻書，尤其著名。家刻多如牛毛，尤以毛晉為著。坊刻難以數計，尤以建陽、蘇州、金陵、杭州、北京、新安為盛。活字印刷、套版印刷均普及於明代。餖版、拱花的發明把版畫印刷技術推向新的階段。

一、經廠刻書

　　明朝成立之初，鑒於歷史教訓，不許太監識字，嚴禁太監參政，甚至在宮廷內掛著「內臣不得干預政事，違者斬」的鐵牌。然而，明成祖上臺以後，一反前規，開始重用太監。到了宣德年間，宦權日重，秉筆太監甚至可以代表皇帝御批重要公文。明中葉之後的幾個皇帝大多昏庸無能，不問國事，太監乘機秉權，一再形成太監專政的局面。明朝末年，一次招募太監，數額多至 4500 人，有 2 萬多人應招[註1]，可見明代太監之盛。明代宮廷設有規模龐大的太監機構，號稱二十四衙（十二監、四司、八局）。在二十四衙之中，司禮監掌管宮內儀禮、刑名、內外章奏、書籍名畫等，經廠是司禮監內負責刻印書籍的專門機構。

經廠概述

　　經廠的規模很大，據記載，嘉靖十年（1531）經廠擁有箋紙匠 62 名、裱

〔註1〕（日）寺尾善雄：《話說太監》。

褙匠 293 名、折配匠 189 名、裁歷匠 81 名、刷印匠 134 名、黑墨匠 77 名、筆匠 48 名、畫匠 76 名、刊字匠 315 名，總計 1275 名〔註 2〕，人數相當於現代的大型印刷廠。經廠的工作由提督、掌司、監工等主持，「提督總其事，而掌司、監工分其細也〔註 3〕。提督掌古今書籍、名畫、冊頁、手卷、筆硯、墨硃、綾紗、絹布、紙札等，這些物品各有倉庫貯藏。掌司四至七人，只管一應經書印板及印成書籍、佛藏、道藏、番藏，皆佐理之〔註 4〕。監工負責看管倉庫，是倉庫保管員。據明陸容《菽園雜記》卷四：

> 洪武中，內官僅能識字，不知義理。永樂中，始令吏部聽選教官入內教書。正統初，太監王振於內府開設書堂，選翰林檢討正字等官入教，於是內官多聰慧知文義者。

刻書需要一定的文化知識，不少太監在內書堂進行過專門訓練。內書堂（也叫內館）是培養太監的專門學校。宣德四年（1429）命大學士陳山專授小內使書，而太祖不許識字讀書之制，由此而廢〔註 5〕。內書堂收容十歲左右的淨身兒童二三百人，所學課本有《內令》、《百家姓》、《千字文》、《孝經》、《四書》、《千家詩》、《神童詩》等，尤其重視書法的訓練。對於那些成績不佳、違犯紀律的學生，輕則用界方打手，重則向聖人罰跪，或者「向聖人前直立彎腰，用兩手扳著兩腳，不許體屈，屈則界方亂打如雨，或半炷香，或一炷香，其人必眼脹頭眩，昏暈僵仆，甚而嘔吐成疾者〔註 6〕。就是通過這種方法，使不少太監粗通文墨。「凡各衙門缺寫字者，即具印信本奏討，奉旨撥若干名，即挨名給散」〔註 7〕。正德元年（1506）十月，人稱八虎之一的太監劉瑾主持司禮監工作，他常常濫用職權，借題發揮，誣陷忠良。據《明武宗實錄》卷二十八：

> 正德二年秋七月癸卯，《通鑒纂要》進呈後，司禮監官即至內閣，傳示聖意，令刊刻板本。中官（即太監）督刻者，檢其中有一二張裝潢顛倒，復持至內閣見示，欲更定其序耳。是日值大學士李東陽家居，惟同官焦芳、王鏊在閣。芳以為編纂總於東陽，非己責也，慢其人，不加禮遇。其人怒，遂以白於瑾。瑾方欲以事裁抑儒臣，

〔註 2〕《明會典》卷一八九。
〔註 3〕（明）劉若愚：《酌中志·土集》。
〔註 4〕（明）劉若愚：《酌中志·木集》。
〔註 5〕《明史·職官三》。
〔註 6〕（明）劉若愚：《酌中志·木集》。
〔註 7〕（明）劉若愚：《酌中志·木集》。

> 初一日早期，畢集府部大臣科道等官於左順門，以進呈本出示，遍
>
> 摘其中字畫之濃淡不均，又微有差訛者百餘處，以為罪。

為了這部書稿，處分了二十多人，其暴戾恣睢，於此可見。《通鑑纂要》書稿後來改由「文華殿書辦官張駿等改謄，超拜官秩，駿由光祿卿擢禮部尚書，他授京卿者數人，裝潢匠役悉授官〔註8〕。明代後期，經廠的管理相當混亂，圖書、版片丟失現象十分嚴重，據明劉若愚《酌中志·土集》：

> （萬曆年間）講幄塵封，右文不終，官如傳舍，遂多被匠夫廚
>
> 役偷出貨賣。柘黃之帖，公然羅列於市肆中，而有寶圖書，再無人
>
> 敢詰其來自何處者。或占空地為圃，以致板無曬處，濕損模糊，甚
>
> 或劈毀以禦寒，去字以改作。即庫中現貯之書，屋漏泊損，鼠齧蟲
>
> 巢，有蛀如玲瓏板者，有塵黴如泥板者。放失虧缺，日甚一日。若
>
> 以萬曆初年較，蓋已什減六七矣。

為什麼會造成如此混亂的局面呢？因為經廠「既無多學博洽之官綜覈齊理，又無簿籍數目可考以憑銷算。蓋內官發跡，本不由此，而貧富升沉，又全不關乎貪廉勤惰。是以居官經營者，多長於避事，而鮮諳大體，故無怪乎泥沙視之也。然既屬內廷庫藏，在外之儒臣又不敢越俎條陳，曾不思難得易失者，世惟書籍為最甚也」〔註9〕。這說明混亂的原因有三條：一是經廠缺乏博洽之官綜覈齊理；二是內官發跡與貪廉勤惰沒有關係；三是太監權重，外人不敢越俎條陳。

經廠刻了多少書？據明劉若愚《酌中志》統計，有161種，版片105833面，此外，還有佛經一藏、道經一藏、番經一藏、大五大部經、小五大部經、五般經等。據明周弘祖《古今書刻》著錄，經廠本有83種，其中《難經》、《素問》、《興都大志》、《五箴注》、《孝慈錄》、《禮儀定式》、《洪武儀式》、《大明令》、《軍政條例》、《教民文榜》、《資世通典》、《歐蘇文集》、《敬一箴》、《宋元綱目》、《洪武聖教記》等16種圖書不見《酌中志》。二目相加，去其重複，共得177種。當然，這177種圖書也當是經廠刻書的一部分，其他圖書有待進一步查考。

經廠本的內容和版式

經廠本在內容和版式上也有自己的特點。

〔註8〕《明史·宦官一》。

〔註9〕（明）劉若愚：《酌中志·土集》。

在內容上，以下四個方面的內容較多：第一，經書多。如《周易大全》、《書傳大全》、《詩傳大全》、《春秋大全》、《禮記大全》、《易傳》、《書傳》、《詩傳》、《春秋傳)、《禮記》、《四書大全》、《四書集注》、《四書白文》、《大學》、《中庸》等。正統十二年（1447）經廠本《禮記集說》序云：

> 司禮監欽奉聖旨：五經四書經注，書坊刊本，字有差訛，恁司
> 禮監將《易》程朱傳義、《書》蔡沈集傳、《詩》朱熹集傳、《春秋》
> 胡安國傳、《四書》朱熹集注，都謄寫的本，重新刊印，便於觀覽。

可見，經廠大量刻印經書，是聽命於皇帝的。第二，誥、訓、律、戒、鑒、忠、孝方面的書多。如《御製大誥》、《大明律》、《歷代君鑒》、《女訓》、《內訓》、《明心寶鑒》、《皇明祖訓》、《曹大家女訓》、《昭鑒錄》、《外戚事鑒》、《忠經》、《鄭氏女孝經》、《孝順事實》、《孝經大義》、《達達字孝經》、《忠經直解》、《孝經直解》、《帝鑒圖說》等。第三，史書，尤其是明代史書多。如《大明會典》、《大明一統志》、《大明集禮》、《大明官制》、《高皇后傳》、《洪武禮制》等。第四，小學著作多。如《洪武正韻》、《廣韻》、《玉篇》、《古字便覽》、《百家姓》、《千字文》、《四言雜字》、《七言雜字》、《三字經》等。嘉萬間刻《新編對相四言》相當於今天的看圖識字課本，「數百年前，此類兒童讀物已通行，實教育史上所應大書特書者」〔註10〕。以上四類圖書，雖然內容不同，但其目的是一樣的，都是為封建統治服務的。這些書中如《諸司職掌》、《皇明祖訓》、《御製大誥》、《大明令》、《大明集禮》、《洪武禮制》、《禮儀定式》、《稽古定制》、《孝慈錄》、《教民榜文》、《大明律》、《軍法定律》、《憲綱》、《大明會典》、《性理大全》、《五經大全》等都是官修的。正德四年（1509），武宗《御製大明會典序》云：

> 特敕司禮監命工刻梓，俾內而諸司，外而群服，考古者有所依
> 據，建事者有所師法，由是綱舉目張，政成化洽，保斯世於無疆，
> 豈曰小補之哉。

由此可知，經廠刻書的目的在於綱舉目張，政成化洽，保斯世於無疆。

經廠本在版式上也有自己的特徵：書品寬大，高20～30釐米，寬15～28釐米。字體以趙體為主，字大如錢。正德以前粗黑口多，正德以後間有白口，冊首多鈐「廣運之寶」印，紙張以綿紙為多。

〔註10〕王重民：《中國善本書提要‧新編相對四言》。

經廠刻書的有利條件

經廠是明代內府刻書的專門機構，刻書之多是其他部門無可比擬的。經廠刻書具有下列有利條件：

第一，明代最高統治者把刻書當作鞏固其統治地位的重要手段。經廠所以大量刻印經、誥、訓、律、戒、鑒、忠、孝等圖書的原因正在於此。經廠的許多圖書都是詔令刻印的。這些圖書之中有不少是法定教科書，強令購買。例如《御製大誥》第七十四條規定：「朕出是誥，昭示禍福。一切官民諸色人等，戶戶有一本。若犯笞杖徒流罪名，每減一等；無者，每加一等。所在臣民，熟視為戒。」此為強行發賣之例。有此書者，罪減一等；無此書者，罪加一等。必欲做到「戶戶有一本」，其發行量之大，可想而知。由於明代最高統治者重視刻書，所以經廠的規模才能越辦越大。

第二，明代民間刻書發達，為官方利用這種先進技術提供了方便。皇帝內廷雖然高高在上，但它畢竟擺脫不了客觀環境的制約。內廷的一切，包括衣食住行在內，都與民間息息相關。經廠的許多刻書工人，都是直接來自民間，發達的民間刻書為經廠提供了用之不竭的技術和勞動力。

第三，內廷擁有雄厚的財力，為經廠刻書奠定了雄厚的物質基礎。刻書需要付出昂貴的代價，沒有優裕的經濟條件作為後盾，就寸步難行。據《大明會典》記載，全國各地每年要向內廷提供大量紙張：陝西 15 萬張、湖廣 17 萬張、山西 10 萬張、山東 5.5 萬張、福建 4 萬張、北平 10 萬張、浙江 25 萬張、江西 20 萬張、河南 2.5 萬張、直隸 38 萬張。經廠刻書所需紙張就是由此而來。

正確評價經廠本

怎樣評價經廠本？目前尚有爭論。我們的看法是：（一）從形式上看，經廠本「版式字畫，頗為工楷」〔註11〕，這是毫無疑義的。（二）從內容上看，經廠本有好有壞，不能一概貶斥。長期以來，人們出於對太監的反感心理，因人及書，對經廠本否定過多。其實，經廠本也不乏善本，例如明景泰間刻元忽思慧《飲膳正要》是一部營養學名著，「舊時民間傳本極稀，近世藏目以抄本為多，究不若此本之可信」〔註12〕。過去人們給經廠本列舉的「罪狀」並不完全符合實際。例如清朱彝尊說經廠本《廣韻》「欲均其字數」，大量刪掉注文，

〔註11〕《四庫全書總目·易傳義》。
〔註12〕張元濟：《涉園序跋集錄·飲膳正要跋》。

其實，元刻本早已如此，並非經廠所刪〔註13〕。又如《明祖訓》一書中本無「委任閹人（即太監）之禁」，有人硬說是主持經廠的閹人刻印此書時故意刪去的。《四庫全書總目‧明祖訓》曾對此事進行考證：

> 皇甫錄《明紀略》云《祖訓》所以教戒後世者甚備，獨無委任閹人之禁，世以為怪。或云「本有此條，因版在司禮監，削去耳」。然《永樂大典》所載，亦與此本相同，則似非後來削去，錄所云云，蓋以意揣之也。

過去人們評價經廠本，大多以意揣之，這是靠不住的。

二、國子監刻書

朱明王朝是以南京為基地，崛起江南，統一全國的。元末至正十六年（1356）三月，朱元璋率部攻下集慶路（今南京地區），改其名為應天府。至正二十五年（1365）九月，將原集慶路儒學改建為國子學。明朝正式建立之後，重視發展文化，洪武八年（1375）又建中都（即安徽鳳陽）國子學。洪武十四年（1381），對南京（洪武元年改應天為南京）國子學進行了整頓。洪武十五年（1382）國子學改名國子監。洪武二十六年（1393）停辦中都國子監，保留南京國子監。明成祖奪取政權之後，決定遷都北京。永樂元年（1403）又在北京建立了一個國子監。這樣，明代就出現了南北兩監並存的局面。南京國子監簡稱南監或南雍；北京國子監簡稱北監或北充。國子監在為國家培養高級人才的同時，對文化典籍的保管和流傳十分重視，下面就來談談國子監刻印圖書的情況。

南監繼承的版片

據明周弘祖《古今書刻》著錄，南京國子監先後刻印圖書 270 種。這 270 種圖書有新刻的，也有將前代版片略事修補之後重印的。朱明王朝成立之初，南監搜羅了大量宋元版片。如宋刻《宋書》版片 2716 面、《梁書》版片 970 面、《南齊書》版片 1061 面、《陳書》版片 556 面、《魏書》版片 3385 面、《北齊書》版片 716 面和《周書》版片 877 面。以上七書即所謂眉山七史。〔註14〕

弘治四年（1491）南監再次搜羅各地版片，當時祭酒謝鐸奏稱：

> 本監所有書板，雖舊多藏貯，而散在天下者，未免有遺。雖旋

〔註13〕《四庫全書總目‧廣韻》。
〔註14〕或以為眉山七史非眉山所刻，待詳考。

加修補，而切於日用者猶或未備，乞敕各布政司將所有如《程朱大
全集》與《宋史》等書，盡行起送到監，而改東西書庫屋為樓，上
以為度置之所，下以為印造之局，則不致污壞散漫，而教化之助，
亦永有賴矣。〔註15〕

據黃佐《南雍志》著錄，南監搜羅的版片有宋乾道五年（1169）刻《桂林誌》
397 面，宋景定四年（1263）刻《臨川志》866 面，宋咸淳二年（1266）刻《續
文章正宗》569 面，元延祐間池州刻《讀書工程》145 面，元至治二年（1322）
刻《文獻通考》741 面（雙面），元至正間朱天爵刻《朱子行狀》67 面，元至
正間浙東憲使張士和刻《歷代十八史略》548 面，後至元二年（1336）刻《元
文類》1600 面，元丁饒介刻《檜亭詩稿》97 面，元刻《通志略》13724 面，元
江浙行省刻《六書統》803 面，等等。特別值得注意的是，南監繼承元集慶路
儒學版片多達 20 餘種，為了弄清這種繼承關係，現將《金陵新志》（元張鉉
撰）著錄的元集慶路儒學版片數與《南雍志》著錄的集慶路儒學版片數列表對
比如下〔註16〕：

書　名	金陵新志	南雍志		
		存	亡	總　計
史記	1819	1600	219	1819
漢書	2775	2775		2775
後漢書	2266	2366		2366
三國志	1296	1392	6	1398
晉書	2965	3152	13	3165
南史	1773	1643	130	1773
北史	2721	2676	45	2721
隋書	1732	1694	37	1731
新唐書	4981	4796	85	4881
新五代史	773	763		763
貞觀政要	200	78	122	200
南唐書	180	92	88	180

〔註15〕（明）黃佐：《南雍志·事紀四》。
〔註16〕表中數字均據《南雍志·經籍考》。

禮部玉篇	270	117	157（其中壞 1 面）	274
修辭鑑衡	56	56		56
農桑撮要	58	30	28	58
救荒活民書	150	86	46	132
魯齋先生詩解大學	19	8	11	19
厚德錄	60	2	58	60
刑統賦	63	4	59	63
憲臺通紀	515	285	258	543
樂府詩集	1380	1316	24	1340

由此可以看出，《南雍志》和《金陵新志》所著錄的各書版片大體是一致的，個別不一致者大約是由筆誤造成的。這說明上述各書版片原係元集慶路儒學所刻，南監原原本本地繼承了集慶路儒學刻書的成果。正如《南雍志·經籍考》所說：

> 《金陵新志》所載集慶路儒學史書梓數正與今同，則本監所藏諸梓多自舊國子學而來也明矣。自後四務多以書板送入。

南監除了繼承宋元版片之外，還收集了不少明代各地所刻版片，如洪武間蜀藩刻《蜀漢本末》173 面，洪武四至六年永豐尹蔡圮刻《歐陽居士文集》533 面，成化浙江副使張和命等刻《文鑒》2200 面，嘉靖五年（1526）山東巡撫都御史陳鳳梧刻《新刊儀禮注疏》860 面和《諸史會編》6000 面，等等。因為南監繼承了大量前人所刻版片，所以節省了大量人力、物力、財力，大大縮短了出書週期，這也正是南監出書多的重要原因。

南監修補的版片

版片畢竟是木製的，隨著時間流逝和刷印次數的增加，字跡漫漶是不可避免的，即使新刻版片也不例外。為了充分發揮前代版片和新刻版片的作用，南監非常重視版片的修補工作，有案可查的修補之舉就有七次：

第一次是在洪武年間。洪武十五年（1382）十一月，太祖命禮部修補國子監舊藏書版，諭曰：

> 古先聖賢立言以教後世，所存者書而已。朕每觀書，自覺有益，嘗以諭徐達，達亦好學，親儒生，囊書自隨。蓋讀書窮理於日用事物之間，自然見得道理分明，所行不至差謬，書之所以有益於人也

如此。今國子監所藏舊書板多殘缺，其令諸儒考補，命工部督匠修
治之，庶有資於學者。〔註17〕

第二次是在永樂年間。永樂二年（1404）三月，成祖「命工部修補國子監
經籍版」〔註18〕。但是，這兩次修補，收效甚微，加上管理不善等原因，書版大
量丟失，正如《南雍志‧經籍考》所說：

> 洪武、永樂時，兩經欽依修補，然板既叢亂，每為刷印匠竊去
> 刻他書以取利，故旋補族亡。至成化初，祭酒王坊會計諸書亡數，
> 已逾兩萬篇。

第三次是在正統年間。正統六年（1441）四月祭酒陳敬宗言於朝曰：

> 《文獻通考》等書乃朝廷備用書籍，今既捐闕，宜令禮部委官
> 盤點見數，轉行工部委官帶匠計料修補。上皆從之。〔註19〕

第四次是在成化年間。成化初年，巡視京畿、南京、河南諸道御史董綸以
贓犯贖金送充修補之費，《文獻通考》補完者幾二千頁。成化十八年（1482）
修補《新唐書》。

第五次是在嘉靖年間。嘉靖七年（1528）錦衣衛閒住千戶沈麟「奏准校勘
史書，禮部議以祭酒張邦奇、司業江汝璧博學有聞，才猷亦裕，行文使逐一考
對修補，以備傳佈」〔註20〕。嘉靖八年至十年曾先後修補《新唐書》、《晉書》、
《宋書》、《南史》、《北史》、《元史》等書；嘉靖三十五至三十六年修補《宋史》；
嘉靖三十七年（1558）修補《晉書》。明何良俊《四友齋叢說》卷三云：

> 南京道中，每年有印差道長五人，例有贓罰銀數千。丁巳年，
> 屠石屋、葉淮源管印差，要將贓罰銀送國子監刻書，因見訪及。爾
> 時朱文石為國子司業，余與趙大周先生極力慫恿，勸其刻《十三經
> 注疏》。此書監中雖有舊刻，然殘闕已多，其存者亦皆模糊不可讀。
> 福州新刻本復多訛舛，失今不刻，恐後遂至漫滅，所關亦不為小，
> 諸公皆以為是，大周託余校勘。余先將《周易》校畢，方校《詩》、
> 《書》二經，適文石解官去，祭酒意見不同，將此項銀作修《二十
> 一史》板費去，其事遂寢。

這裡講的就是嘉靖間修書事，丁巳即嘉靖三十六年（1557）。

〔註17〕《南雍志‧事紀一》。
〔註18〕《南雍志‧事紀二》。
〔註19〕《南雍志‧事紀三》。
〔註20〕《南雍志‧經籍考》。

第六次是在萬曆年間。萬曆五年（1577）修補《梁書》、《新唐書》、《新五代史》等；萬曆十年（1582）修補《漢書》、《晉書》等；萬曆十六年（1588）修補《陳書》、《周書》等；萬曆十八年（1590）修補《南齊書》、《北齊書》、《南史》等；萬曆二十一年（1593）修補《北史》等；萬曆二十二年（1594）修補《宋書》等；萬曆二十三年（1595）修補《隋書》等；萬曆二十四年（1596）修補《魏書》、《史記》等。

第七次是在天啟二年（1622）。天啟二年（1622）秋，祭酒黃儒炳上任，「珍護是書，爰有修輯之役，司業葉燦繼至同心協贊，正其訛謬，修其殘蝕，次其錯落，原無板者購求善本修補，以成全璧」〔註21〕。在黃儒炳的主持下，先後修補了《後漢書》、《元史》、《遼史》、《金史》、《宋史》等。

當然，修補版片是一項經常性的工作，隨壞隨修，從未間斷，如《元史》曾於崇禎元年、二年、三年、七年、八年、十年、十一年多次修補。以上七次，規模稍大而已。

南監新刻的版片

南監在利用前人版片印書的同時，也新刻了不少書。嘉靖以前，南監多以舊版刷印，所刻新書不多。弘治五年（1492）禮部尚書兼文淵閣大學士丘濬《重編瓊臺集·請訪求遺書奏》云：

> 敕兩京內外守備大臣合同南京司禮監、禮部翰林院官查盤永樂
> 中原留南京內府書籍有無多寡全欠，具數奏知，量為起取存留，分
> 派輳補。其止有一本無副餘者，將本書發下國子監，敕祭酒、司業
> 行取監生抄錄，字不必工，惟取端楷，錄畢散各堂教官校對，不許
> 差錯，每卷末識以卷寫監生、校對教官銜名。

其師生只照常例俸廩，別無支給，挨次差撥如常。合用刊字、折背、刷印匠作及紙筆之費，行合於衙門量為撥辦，不限年月。書成裝訂，陸續付兩監典籍掌管，如此則一書而有數本，藏貯而又有異所，永無疏失之虞矣。

這個奏章是研究明代國子監刻書的重要文獻，從刻書目的、刻書方法到刻書經費，都作了具體說明。刻書目的是「一書而有數本，藏貯而又有異所，永無疏失之虞」。刻書方法約分六步：第一步是盤點「永樂中原留南京內府書籍有無多寡全欠」；第二步是沒有副本的書交國子監「監生抄錄」，要求認真

〔註21〕（明）黃儒炳：《續南雍志·經籍考》。

抄寫，卷末署名；第三步是校對，為了各負其責，也要求卷末署以「校對教官銜名」；第四步是刻印，包括刻字、折背、刷印等工序；第五步是裝訂，即裝訂成冊；第六步是收藏，即將成書交「兩監典籍掌管」。刻書經費分兩部分：參與抄寫、校對的國子監師生「只照常例俸廩」，不再另付；刻印工匠的報酬和紙筆費等「量為撥辦，不限年月」。從此，明代國子監刻書數量與日俱增。就史書而言，嘉靖以前，只就十七史舊版（其中宋眉山七史七種、儒學十種），陸續做了一些修補的工作。史書「大規模之雕版，則以嘉靖七年至十年為第一期，所刊為《史記》、《兩漢》、《遼》、《金》五史，餘皆略事修補；萬曆二年至二十四年為第二期，所刊者為《史記》、《三國志》、《晉書》、《宋書》、《南齊書》、《梁書》、《陳書》、《魏書》、《北齊書》、《周書》、《南史》、《北史》、《新五代史》十四史，其餘隨時補刻，迄天啟、崇禎不替」〔註22〕。嘉靖本與萬曆本有明顯區別：嘉靖本只載祭酒、司業之名，其他一概不書；而萬曆本則遍載僚屬。如嘉靖八年（1529）南監本《遼史》卷端僅題「大明南京國子監祭酒臣張邦奇、司業臣江汝璧奉旨校刊」；萬曆二十三年（1595）南監本《隋書》目錄後題云：

> 南京國子監司業季道統枝，前監丞詹仰聖，監丞李之峰，博士趙世典，助教何詩，學正鄭俶、曾士科、陳一道，學錄王之機、石可大，典簿劉堅榮，典籍劉邦重同校。

書板刻好之後，交典籍保管，據《續南雍志‧職官》：

> 典籍掌書籍，經史子雜以類分，檢而謹藏之。刻板者貯於庫，呈代交盤各書及各板，檢驗。夏日督役匠曝曬印刷各書。嚴防匠役，不許損失。諸生入監印監規等書及監中官到任所印送書，皆有定例。按國家典籍官惟文淵閣一員及兩太學各一員，秩雖卑而任則重，所謂文學掌故者也。近南雍以其事簡，使理號舍園場事。

南監刻書眾多的原因

明代南監刻書眾多的原因何在？

第一，國子監作為全國最高學府，人才薈萃，為刻書提供了雄厚的學術實力。大量材料表明，南監從祭酒到監生無不參與刻書。如上所述，萬曆十年（1582）參與刊刻《晉書》的人有祭酒、司業、監丞、博士、助教、學正、學錄、典籍等大小官員。就分工來看，祭酒和司業主要擔任校勘的任務，張邦奇、

〔註22〕柳詒徵：《南監史談》，載《史學雜誌》1930年第2卷第3期。

余有丁、周子義、趙用賢、馮夢禎等人，為校勘《二十一史》作出了重要貢獻。不少監生承擔了寫刻的任務，如成化十八年（1482）修補《新唐書》時，由監生汪鑒繕寫；嘉靖三十五年（1556）至三十六年（1557）修補《宋史》時，監生劉夢雷、夏愈等親自握刀向木。當然，也有不少監生參與了校勘工作，如萬曆二十四年（1596）監生劉世教等就曾參校《三國志》。柳詒徵《南監史談》曾經指出：「南監諸史悉出師生之手，不獨寫樣、校樣、循行數墨，且躬親製廁之彼。」

第二，國子監的大量藏書，不僅為刻書提供了底本，而且也為校勘提供了佐證。據《南雍志》著錄，南監共藏正史 178 部（含副本），其中彝倫堂 52 部（含副本），率性堂、修道堂、誠心堂、正義堂、崇志堂、廣業堂各 21 部。這個數字就足以說明南監藏書之富。

第三，多方面的經濟來源，為南監刻書提供了資金。南監刻書經費主要有五個來源：一是變賣庵寺之銀。如嘉靖七年（1528）曾用變賣庵寺銀 700 兩修補圖書〔註 23〕；嘉靖十七年（1538）用變賣庵寺銀 498 兩刻印《杜氏通典》〔註 24〕。二是利用南京戶部多餘之銀。如南監刻印諸史時，就曾從「南京戶部羨銀內動支一千八百兩以給費用〔註 25〕。三是利用各種罰款。萬曆五年（1577）南監刻《新五代史》有司業周子義題識云：「南雍故藏史刻，歲久剝闕，至不可句，侍御胡君捐所部贖鍰，畀梓人重刻之。」贖鍰就是罰款。萬曆十六年（1588）南監刻《周書》有祭酒趙用賢題識云：「大中丞王公用飯，督學使者詹君事講，江臺使者陳君邦科，各舉所部贖緩來助，遂復刻此。」四是由工部承擔刻書費用。如前所言，洪武十五年（1382）和天啟二年（1622）修補監版費用，均由工部承擔。據《南雍志·事紀三》，正統六年（1441）四月，祭酒陳敬宗言於朝：「《文獻通考》等書乃朝廷備用書籍，今既捐闕，宜令禮部要官盤點見數，轉行工部委官帶匠計料修補，上皆從之。」這裡，工部將所有修補工作全部承包下來，更是國子監求之不得的。又如萬曆十二年（1584）祭酒張位疏陳國事：「臣謂南監有《二十一史》，而《十三經注疏》久無善本，容臣等率屬訂校，工部給資，鏤梓於監，可為明經造士之助。」〔註 26〕五是由大家捐資。如景泰二年（1451）因司業趙琬言，內外諸學生徒兼習兵書，劄至南監，

〔註 23〕 《南雍志·經籍考》。
〔註 24〕 《南雍志·經籍考》。
〔註 25〕 《南雍志·經籍考》。
〔註 26〕 《續南雍志·事紀》。

舊版已失其半，祭酒吳節、府尹馬諒等捐資重刻〔註27〕。嘉靖十七年（1538）
刻印《杜氏通典》，監生卞峽助銀百兩。〔註28〕

北監刻書與監本的質量

北監在萬曆年間刻書最多。《十三經注疏》刻於萬曆十四年（1586）至二
十一年（1593）；《二十一史》刻於萬曆二十四年（1596）至三十四年（1606）。
據鄧之誠《骨董瑣記》卷一：「明北監《二十一史》，司業新建張位所刻，位字
明成，號洪陽，自萬曆二十四年開雕，閱十年乃成，費工部六萬金。」北監刻
書知多少？據清《欽定國子監志》所附《明太學誌載書籍版片名目》著錄，北
監刻書約有 137 種，其中經部 39 種、史部 59 種、子部 37 種、集部 12 種。當
然，這個數字也並非北監刻本的全部，北監實際刻書比這還要多。《古今書刻》
著錄的《忠經》、《西林詩集》、《大都志》等書，就沒有包括進去。另外，《二
十一史》中的《新唐書》、《宋史》、《遼史》、《金史》等也不見著錄。儘管明代
國子監刻書較多，但是質量卻並不高，前人已經多所非議。例如南監本《史記》
將司馬貞補撰《三皇本紀》冠於《五帝本紀》之上，殊失舊觀；還將《史記》
集解、索隱、正義妄加刪削，訛舛叢生。南監本《十三經注疏》也有不少錯誤，
為此，顧炎武撰《九經誤字》專門糾正監本、坊本之失。北監本校對草率，除
了因襲南監本的錯誤之外，又增加了不少新的錯誤。遼金諸史，缺文動至數
頁，《儀禮》脫誤尤多。顧炎武在《日知錄》卷十八中曾經尖銳地指出：「校勘
不精，訛舛彌甚，且有不知而妄改者……此則秦火之所未亡，而亡於監刻矣！」
把明代國子監刻書比作秦火，雖然有失偏頗，但也確實是一針見血之談。和書
院相比，國子監擁有人力、物力、藏書等優勢，而刻書質量反居其下，這是一
個值得深思的問題。當然，在眾多的明監本中也有比較好的，例如南監本《三
國志》就是一個代表。

三、藩府刻書

明初，建立皇子封親王之制，明太祖朱元璋陸續將其 24 子和一個從孫分
封到全國各地，以後各代皇帝又陸續分封了一些藩王。這些藩王是「分封而不
錫土，列爵而不臨民，食祿而不治事」〔註29〕。他們既能協助中央抵禦外族侵

〔註27〕《南雍志・經籍考》。
〔註28〕《南雍志・經籍考》。
〔註29〕《明史・諸王傳贊》。

略，又能監督地方官吏，正如《明史稿·列傳三》所說：「西北遼遠非親子弟不足以鎮撫而捍外患，其他則分王內地用資夾輔焉。」

藩王的待遇僅次於皇帝，據《明史·諸王傳敘》：

> 皇子封親王，授金冊金寶，歲祿萬石，府置官屬。護衛甲士少者三千人，多者至萬九千人，隸籍兵部。冕服車旗邸第，下天子一等。公侯大臣伏而拜謁，無敢鈞禮。

由於藩王官高位顯，因此胡作非為，甚至反叛中央的事件時有發生。都指揮使、布政使、按察使是掌管地方軍、政、監察大權的三大巨頭，但和諸王相比，官卑職低，也無可奈何。加上藩王數量眾多，在物質供應方面也成了明朝政府的大包袱。所以，有明一代，藩王在政治、經濟、文化等方面都是一支舉足輕重的力量，與明代盛衰關係極大，成為明史研究中的一大課題。

明代是我國雕版印刷的鼎盛時期。藩王憑藉其特殊的歷史地位，在雕版印刷方面作出了有益的貢獻，藩府刻本被譽為明代官刻的珍品。那麼，藩府刻書多而好的原因何在？

財力之富

物力、財力雄厚，為藩王刻書奠定了堅實的基礎，御史林潤曾說：

> 天下財賦，歲供京師米四百萬石，而各藩祿歲至八百五十三萬石。山西、河南存留米二百三十六萬三千石，而宗室祿來五百四萬石。〔註30〕

可見藩府糧食之多。嘉靖二十年（1541）建太廟，蜀府獻黃金六十斤，白金六百斤〔註31〕；崇禎十四年（1641）冬，李自成率領農民起義軍攻打開封，周王朱恭梅出庫金五十萬，餉守陣者〔註32〕。可見藩府資金之富。刻書需要大量木材、紙張等，對於藩府來說，都不在話下。

藏書之多

藩府藏書重多，為刻書提供了大量優秀底本。藩府藏書最多的有周府、寧府、秦府、楚府、魯府、湘府、慶府、潞府、唐府、德府、晉府、遼府、鄭府、蜀府、衡府、徽府等。據記載，「開封周邸圖書文物之盛甲他藩」〔註33〕，周

〔註30〕《明史·諸王一》。
〔註31〕《明史·諸王二》。
〔註32〕《明史·諸王一》。
〔註33〕《明史·高名衡傳》。

藩鎮國中尉朱睦㮮有《萬卷堂書目》（或者以為此目亦名《聚樂堂藝文目錄》，不確）共分四部，其中經部下分 11 大類，收書 680 部、6120 卷；史部下分 12 大類，收書 930 部、18000 卷；子部下分 10 大類，收書 1200 部、6070 卷；集部下分 3 大類，收書 1500 部、12560 卷。總計 4310 部、42750 卷。寧府藏書也多，史稱獻王七世孫朱謀㙔藏書與天府埒〔註34〕。藩府的藏書來源主要有三個方面：一是皇帝頒賜之書。明代皇帝重視教育子孫，經常賜書各府。例如，洪武初年，親王之國，必以詞曲一千七百本賜之〔註35〕；嘉靖十年（1531）沈憲王朱胤移上疏乞內府諸書，詔以五經四書賜之〔註36〕。二是藩王自購之書，錢謙益在《列朝詩集小傳・乾集中》曾經談及朱睦㮮的購書情況：「海內藏書之富，近代推江都葛氏、章丘李氏，灌甫傾費購之。」把兩個大藏書家的書全部買下，耗資之多，可想而知。寧府也買了不少書，據《明史》記載，寧府後裔朱多健、朱多熅杜門卻掃，多購異書，校讎以為樂〔註37〕。三是藩府自抄之書。例如周藩朱睦㮮鑒於古人經解失傳，「訪求諸海內通儒，繕寫藏弆，若李鼎祚《易解》、張洽《春秋傳》，皆敘而傳之〔註38〕，寧藩朱謀㙔著書百十有二種，皆手自繕寫。〔註39〕

人才之盛

諸藩人才之盛，給藩府刻書創造了一個良好的環境，並得以保證刻書的質量。早在明朝建立初期，明太祖就很重視對子孫後代的教育，「建大本堂，取古今圖籍充其中，徵四方名儒教太子諸王，分番夜直，選才俊之士充伴讀」〔註40〕。封藩之後，藩王為了教育後代，招聘了不少名師，例如蜀藩招聘方孝孺，寧藩招聘胡奎，楚藩招聘管時敏等。鄭藩世子朱載堉是學者何塘的外甥，其律數之學就是學自何塘。秦簡王朱誠泳「年十歲，康王妃陳教以小學，日記唐詩一章。惠王聞吳人湯潛名能詩，請為教授，傳聲律之學」〔註41〕。由於重視教育，各藩人才輩出、著作如林。周藩朱橚有《救荒本草》、《普濟方》等，朱有

〔註34〕《藏書紀事詩》卷二。
〔註35〕（明）李開先：《張小山小令・後序》。
〔註36〕（清）錢謙益：《列朝詩集小傳・乾集下》。
〔註37〕《明史・諸王二》。
〔註38〕《列朝詩集小傳・閏集》。
〔註39〕《列朝詩集小傳・閏集》。
〔註40〕《太祖實錄》卷三六。
〔註41〕《列朝詩集小傳・乾集下》。

燉有《誠齋樂府》等；寧藩朱權有《通鑒博論》、《肘後神樞》等；鄭藩朱載堉有《樂律全書》、《曆學新說》等。許多藩王雖然身處高門，但絕非一般紈絝子弟可比，其「修學好古，則河間比肩；巾箱寫經，則衡陽接席」〔註42〕。藩王著述既多，刻書所需書稿則源源不斷；藩王學識既博，刻書所需校勘人才則比比皆是。這都為藩王刻書創造了有利條件。

韜晦之計

明代皇帝監督之嚴，逼得藩王把刻書當作保命的韜晦之計。藩王雖然官高位顯，但也並不是那麼自由，皇帝對他們也並不放心，採用種種手段嚴密監視，以防犯上作亂。洪武二十六年（1393）十二月，「《永鑒錄》成，其書輯歷代宗室諸王為惡悖逆者以類為編，直敘其事，頒賜諸王」〔註43〕。永樂二十二年（1424）十一月，明成祖對侍臣說：

> 若者，往往作聰明、亂舊章，而卒至喪敗不救，可謂鑒戒。朕十餘歲侍太祖皇帝側，親見作《祖訓》，屢經改易，而後成書，是時秦、晉、周世子皆在。太祖閒暇，即召太孫及諸世子於前，分條逐事委曲開諭之，皆持身正家，以至治天下之要道，為天子為藩王能每事遵守，豈有不福祿永遠者？朕寤寐不忘，今已命司禮監刊印，賜諸子及弟姪。〔註44〕

顯然，頒賜《永鑒錄》、《祖訓》等書的目的在於約束諸王，要他們規規矩矩，惟命是聽。尤其在明代中期以後，「防閑過峻、法制日增。出城省墓，請而後許，二王不得相見。藩禁嚴密，一至於此」〔註45〕。儘管如此，藩王鬧事之例仍然屢見不鮮。為了懲前拔後，明帝毫不手軟，對肇事者進行了嚴厲的制裁。據《明史》統計，在朱明享國276年之中，因圖謀不軌、違法亂紀而受到制裁的諸藩案例就有60起之多。就制裁範圍而言，秦、晉、周、楚、齊、潭、湘、代、襄、肅、遼、慶、寧、岷、谷、韓、沈、唐、伊、靖江、吳、衡、漢、趙、鄭、荊、淮、徽等28藩均有制裁之例，其中遼、寧、岷三藩最多，各5例；周、徽二藩各2例；鄭、唐、趙三藩各3例。就制裁手段而言，有削為庶人、守墳園、築高牆、賜死、斬首等。其中削為庶人者近40例，賜死者4例，

〔註42〕 《書林清話》卷五。
〔註43〕 《太祖實錄》卷二三〇。
〔註44〕 《成祖實錄》卷四上。
〔註45〕 《明史・諸王傳贊》。

斬首者 4 例。宣德八年（1433）漢高陽王朱高煦起兵造反未遂，捉拿歸案後，「覆以巨鼎，燃炭炙殺之」，可見朱高煦是被活活燒死的；正德十四年（1519）寧王朱宸濠，勾結李士實、劉養正等人，詭稱奉太后密旨，起兵南昌，奪九江，攻安慶，直逼南京，當時王陽明巡撫南贛，沒有正面和朱宸濠對抗，卻帶兵偷襲朱宸濠的根據地南昌，朱宸濠被迫回救，被王陽明生擒，朱宸濠從起兵到被擒時僅 43 天，不久即被處死。有些藩王深知刑法嚴峻，畏罪自焚者亦有多例〔註46〕。駭人聽聞的案例多如牛毛，使得藩王不寒而慄，人人自危。今日還是榮華富貴，明日一旦廢為庶人就一落千丈，糞土不如。為了保全自己，諸王不得不採取韜晦之計，力避一切可能產生的嫌疑。韜晦的手段很多，或藏書、或著書、或繪畫、或吟詩、或從醫，真是不一而足。藩王藏書、著書之例已見上文。繪畫者如荊藩朱厚焜，寧藩朱多焜、朱謀𪅾，唐藩朱彌鍗等，他們都以畫山水花鳥著稱。據說，朱厚焜畫了一幅葵花圖，放在太陽底下曝曬，馬上招來一群蝴蝶，屢驅不散。但他們為什麼不畫人物，卻要畫山水花鳥呢？恐怕也與避嫌有關。攻書者如蜀成王朱讓栩，寧府鎮國中尉、榮安王曾孫朱多焜等。朱多焜善行草，頗得鍾繇、王羲之書意，每一紙出，好事者往往重價收藏。吟詩者如寧府朱多熉、朱多炡、朱多穎、朱多煃，沈府朱恬烷、朱珵堄、朱珵增、朱珵塏、朱珵塯、朱敬鑑，周憲王朱有燉，肅靖王朱真淤，楚府朱翊鈘等。朱恬烷、朱珵煃、朱珵堄、朱珵塯四人成立了一個詩社，終日吟詩不絕。朱多煃與南昌余德甫為詩友，因入七子之社。朱翊鈘兄弟三人，嘗共處一樓，成立了一個詩社，名花萼社，朝夕唱和。不過諸王詩作的內容多風花雪月，如「月落棋聲久，涼生酒興多」，「酒嫌蘆筍少，春恨李花多」，等等。為什麼諸王詩作不去面對現實，卻要吟風弄月呢？當然也與避嫌有關。從醫者如桂府靈丘王朱遜銓，在一次瘟疫流行時，他開的藥方救活了成千上萬的人。諸王為了避嫌，甚至別號也要叫什麼道人、山人、散人之類，例如趙府康王朱厚煜號枕易道人；沈府鎮康王朱恬烆號西岩道人；安慶王朱恬爧號西池道人；憲王朱胤杉號南山道人；安王朱銓鈝號凝齋道人；德平王朱胤椵號南岑道人；宣王朱恬炆號西屏道人；蜀府溫懿王朱宣墡號味一道人；荊府樊山王朱載垮號大隱山人；鄭府世子朱載堉號句曲山人；桂王五世孫朱俊㠱號蘆花散人等。號曰道人、山人、散人，似乎就給人以超脫紅塵、與世無爭的印象。有的藩王性格怪僻，亦是韜晦之計，如寧獻王之孫朱多炡，曾隱名埋姓，把姓名改

〔註46〕以上各例據《明史·諸王傳》。

作來相如，輕裝出走吳楚間，遊山玩水；其子朱謀埤亦把姓名改作來鯤，出走三湘吳越間，浪跡江湖，寄情山水。寧獻王朱權，太祖第十七子，洪武二十四年（1391）封，就藩大寧。靖難之變，被迫為燕王草檄。當時燕王與之約定：事成，二人中分天下。然而，後來燕王稱帝後自食其言。永樂元年（1403）朱權被改封南昌，不久，有人誣告朱權犯上，成祖派密探偵查未果，才免於追究。自此以後，朱權心有餘悸，事事戰戰兢兢，如履薄冰，乃退講黃老之術，「所居宮庭，無丹彩之飾，覆殿飆甌，不請琉璃」〔註47〕，別構精廬，名曰「神隱」，並著《神隱志》以明志。《四庫全書總目·神隱志》說：「蓋藉此韜晦以免患，非真樂恬退者也。」當然，刻書更是一種功德無量的韜晦之計。刻書既可避嫌，又可名垂千古。

諸藩刻書

據記載，吉府簡王朱見濬刻《先聖圖》及《尚書》於嶽麓書院，以授學者〔註48〕；衡府新樂王朱載璽索諸藩所纂述，得數十種，梓而行之〔註49〕；慶府安塞王朱秩炅，「人有古今書，輒捐金購之繡梓，與遠近學者共」〔註50〕；寧府凡群書有秘本，莫不刊布國中〔註51〕。其他各府都刻了不少書。韜晦的結果，雖然磨掉了諸王的棱角，但也造就了一大批人才，這對刻書非常有利。根據有關書目著錄，諸藩刻書可考者326種，其中弋陽王府56種，蜀藩38種，楚藩26種，周藩23種，寧藩23種，趙藩20種，遼藩18種，慶藩13種，益藩12種，沈藩11種，唐藩、秦藩、德藩各8種，魯藩、晉藩各7種，吉藩、徽藩各6種，代藩、衡蕃各5種，伊藩4種，崇藩、潞藩、襄藩各3種，淮藩、鄭藩、韓藩、靖藩、肅藩各2種，荊藩、汝藩、岷藩、榮藩各1種。就內容而言，寧藩醫書、益藩茶書、晉藩文集、吉藩子書比較有名。顧廷龍等先生曾經指出：

> 明時藩邸王孫襲祖宗餘蔭，優游文史，雕槧之業，邁軼前朝，今可溯者殆十數家。蜀府最先，自洪武迄萬曆，傳本不絕；寧藩自號臞仙，所刊多道家養性保命諸籍；他如唐藩之《文選》、吉府之

〔註47〕《列朝詩集小傳·乾集下》。
〔註48〕《明史·諸王四》。
〔註49〕《明史·諸王四》。
〔註50〕（明）朱謀埤：《藩獻記》，見《說郛續》卷八。
〔註51〕《列朝詩集小傳·乾集下》。

《賈子》，於今傳誦，餘則代、崇、肅三府各有垂典，並為世睹。此
成化以前藩邸之概略也。嘉靖以下，晉府最著，淹雅奕世，載美光
啟前業，其所署有寶賢堂、志道堂、虛益堂、養德書院諸稱，循名
可覘其實，其所刊有《文選注》、《唐文粹》、《宋文鑒》、《元文類》、
《初學記》諸書，浩瀚卷帙，為諸藩之冠；次則秦藩之《史記》、德
藩之《漢書》、趙府之《詩輯》、益府之《玉篇》，並得擅美濟武。而
鄭藩之通音律，所刊《樂律全書》尤為審音家所推重，不獨以雕版
著藝苑也。其他諸藩，曰周、曰徽、曰沈、曰伊、曰魯、曰楚、曰
遼、曰潞，一二精槧，更僕難數，河間衡陽無與為盛。〔註52〕

四、書帕本

書帕本是古籍版本的一個類別，盛於明代。

「書帕」小考

「書帕」之「帕」是什麼意思？為什麼要把帕同書聯繫在一起呢？帕指佩
巾之類的物品。據漢劉熙《釋名》：「巾，謹也。二十成人，士冠庶人巾，當自
謹修四教也。」可見，是否「冠庶人巾」是判斷成人與否的重要標誌。不僅如
此，巾也是古代成人服飾的重要組成部分，據記載：「漢末王公多委王服，以
幅巾為雅，是以袁紹、崔鈞之徒，雖為將帥，皆著縑巾。」〔註53〕在任用賢才
和從事外事活動時，巾也常被用來當作重要的外交禮品。據李延壽《南史·陶
弘景傳》記載，梁武帝打算重用陶弘景，「手敕招之，錫以鹿皮巾。後屢加禮
聘，並不出」。東晉大將王敦打算攻打梁州刺史甘卓，先禮後兵，便以巾為禮，
據鄧粲《晉書》記載：「王敦欲伐甘卓，遣使送大巾。」〔註54〕到了明代，巾
仍然是外交場合的重要禮品。為師長祝壽，更是不可缺少的最佳壽禮。據《明
史·魯鐸傳》：

> 大學士李東陽生日，（魯）鐸為司業，與祭酒趙永皆其門生也，
> 相約以二帕為壽。比檢笥，亡有，徐曰：「鄉有饋乾魚者，盍以此往？」
> 詢諸庖，食過半矣，以其餘詣東陽。東陽喜，為烹魚置酒，留二人
> 飲，極歡乃去。

〔註52〕《明代版刻圖錄初編》卷四。
〔註53〕《三國志·魏武帝紀》注引《傅子》語。
〔註54〕《太平御覽·服章部四·巾》。

以上例子表明，巾在古代決非等閒之物。它是禮的標誌之一。既然如此，在明代官場，除了送書騙取風雅美名之外，還要送帕表示一下禮節。帕的數量沒有明確規定，可以是一書一帕，也可以是一書兩帕。明耿定向《先進遺風》卷下云：「梁材為杭州守，會入覲，止具一書二帕，以贄京師。」

書帕本是家刻嗎？過去，人們以為書帕本既是私人禮品，便以家刻稱之。其實，書帕本除了個別自費刻印者外，大多數是動用公款刻印的，應當屬於官刻。具體說來，書帕本的製作可分兩種情況：第一種情況是官吏朝覲入都，地方官為了巴結上司，慷國家之慨，用公費刊書為其送行。正如明陸容《菽園雜記》卷十云：「上官多以（書帕本）饋送往來，動輒印至百部，有司所費亦繁。」這些費用，均取之於民，加重了人民的負擔，民以為困，地方官被迫採取措施，「乃檄毀之〔註55〕。《大統曆》是明代官頒曆書，有關人員揮霍國家資金，大量刻印，以充書帕之用。成化七年（1471）湖廣按察司僉事尚褫上疏：

> 大統曆，我國家正朔所繫，近在外兩司官視為家藏之書，濫作私門之饋，紙費動以萬計，航運巨如山積，無非藉以結權豪、求名譽，而圖升薦也。士風之壞，此其一端。臣請敕禮部條議為令，今後務使紙數有常，印造有額，而私饋者有罰。疏入，上命所司知之。〔註56〕

明代清官海瑞對於揮霍民脂民膏濫印的書帕本極為憤慨，他要求依法嚴辦，其《備忘集‧禁印書籍》云：

> 訪得各撫院按院臨將覆命，往往牌行府縣印刷書籍，為入京封帕，用費以數十兩，計工百餘兩亦有之，合各府縣算，不啻數百兩矣。有假稱動支本院贓罰，有不動贓罰，借稱無礙官銀者，此等皆是府縣剝民充之。縱是贓罰，原無可作此用之理，朝廷原無許作此用之法。憲司官犯法，法當參究……各州縣官，但有各院道刷印書籍並取送鄉官長，夫禮物等項，即抄本院前後禁約，將原取牌面申繳。其有一意阿奉、不恤民艱、不顧國法者，定行究治。此等事在內謂之禮；在外執律論之，便是贓，府州縣官識之。

第二種情況是：官吏朝覲入都，時間緊迫，來不及新刻一書，於是就把官刻舊版拿來稍加刪改，以舊充新。例如明魯點於萬曆三十二年（1604）編刊《黃樓集》，萬曆三十五年（1607）便稍改面目，一變而為官場禮品書帕本。以上兩

〔註55〕《四庫全書總目‧丹鉛錄》。
〔註56〕《明憲宗實錄》卷九三。

種情況儘管製作方法不一，但都是動用公費所刻，絕非自費刻書。因此，不能稱其為家刻，都是道道地地的官刻。《四庫全書總目》云：

> 蓋明代朝覲官入都，例以重貨賂津要，其餘朝官則刊書一部，佐以一帕致饋，謂之書帕，其書即謂之書帕本。其倉卒不暇自刊者，則因舊官司所刊稍改面目而用之，動以舊刊漫漶為詞，而偶忘其相去不久也。〔註57〕

書帕本的特點

《四庫全書總目》共著錄明代書帕本 23 種（含《存目》），這 23 種書是《素王紀事》、《歷代小史》、明車璽《治河總考》、明周詔《石鼓書院志》、元張養浩《三事忠告》、元許衡《魯齋心法》、明楊道會《性理鈔》、元王好古《醫壘元戎》、明黃瑜《書學會編》、明楊慎《丹鉛錄》、明楊昱《牧鑒》、明王國賓《群書摘草》、明朱東光《中都四子集》、宋潘自牧《記纂淵海》、明魯點《黃樓集》、佚名《群公小簡》、明賀泰《唐文鑒》、明楊四知《黃梁遺跡志》、明傅履禮等《廉平錄》、明傅振商《蜀藻函勝集》、明傅振商《四家詩選》、明項夢原《宋史偶識》和明郭惟賢《三忠集》〔註58〕。

綜觀這些書帕本，有如下特點：（一）亂題書名。如《群公小簡》，第一卷卷端題《五先生手簡》，第二卷卷端又題《六先生手簡》；《三事忠告》本名《為政忠告》，明宣德六年（1431）河南知府李驥重刊時臆改今名。（二）著者不明。如《歷代小史》卷端不題著者，序稱「侍御李公集」，李公為何許人，不明；《素王紀事》卷端題「明浙江嚴州府通判太原傅汝楫校正」，則非傅汝楫所撰，卷末楊奐《東遊記》之首又題「河南開封府知府西蜀黃潛輯錄」，似為黃潛所撰，然不列姓名於卷端，而附於書後，殊乖舊例；《記纂淵海》卷端在潘自牧之後題「中憲大夫、大名府知府、前監察御史東魯王嘉賓補遺」，然陳文燧序中又稱此書為陳文燧、蔡之奇、顧爾行等人補遺，而王嘉賓為刊刻者，前後牴牾，不知補遺到底出自誰手。（三）體例參差。如《治河總考》，後署「山東兗州府同知陳銘續編」，然前後無序跋，不知孰為原書，孰為續編。（四）東拼西湊。如《四家詩選》雜選顧起元、焦竑、郭正域、葉向高四人之詩各一卷拼湊成書；《三忠集》從《離騷》、《武侯集》、《金陀粹編》中雜取屈原、諸葛亮、岳飛之文拼湊成書，而一些關鍵性的文字多所遺漏。（五）校勘不精。如《書

〔註57〕《四庫全書總目》卷一七四《黃樓集》。
〔註58〕司馬朝軍：《〈四庫全書總目〉研究》，社會科學文獻出版社2004年版。

學會編》訛脫之多，不可卒讀；《丹鉛錄》訛字如林。（六）刊刻拙劣。字體、版式、刀法等概不講究，這是書帕本的共同特點。明胡應麟《少室山房筆叢·經籍會通四》云：

> 今宦途率以書為贄，惟上之人好焉。則諸經史類書卷帙叢重者，不逾時集矣。朝貴達官，多有數萬以上者，往往狼復相揉，芟之不能萬餘。精綾錦標，連窗委棟，朝夕以享群鼠，而異書秘本百無二三。蓋殘編短帙，筐館所遺，羌雁弗列。

這說明明代書帕本盛行的結果，使那些達官貴人都成了「連窗委棟」的大藏書家，然而這些書帕本的質量卻糟糕得很，「異書秘本，百無二三」。正是由於書帕本質量低劣，所以《四庫全書》除了正式收錄《醫壘元戎》、《記纂淵海》、《丹鉛錄》、《三事忠告》4種之外，其他16種一概打入存目，即使正式收錄的4種書，也在提要中多所貶斥。

當然，書帕本的名聲雖然不好，但它從一個側面反映了明代刻書之盛。隨便一個官吏進京述職，都可以刻一本書作為進見之禮，可見刻書對於明人來說，是多麼輕而易舉。在官方的影響下，民間交往也多以書帕為禮，這在明代章回小說裏有不少記載。〔註59〕

五、明代家刻

明代家刻多如繁星，著名者有李瀚、朱承爵、張習、許宗魯、張綖、洪楩、袁褧、顧元慶、顧起經、郭勳、郭雲鵬、聞人詮、范欽、胡宗憲、范惟一、王世貞、張佳胤、杜思、吳勉學、吳培、馮夢禎、屠隆、張燮、李之藻、曹學佺、臧懋循、徐熥、張溥、胡正言、毛晉，等等。現簡要介紹於下：

李瀚，字叔淵（一字冰心），沁水人。成化十七年（1481）進士，任河南布政使、南京戶部尚書等職。刻有《三輔黃圖》、《中州集》、《韋蘇州集》、《遺山先生文集》、《二程全書》、《容齋隨筆》、《莊靖集》、《陵川文集》、《呂氏春秋訓解》等。

朱承爵，字子儋，號左庵，別號舜城漫士，室名存餘堂，江陰人，著名藏書家。刻有《浣花集》、《黃太史精華錄》、《庾開府詩集》、《樊川詩集》、《西京雜記》等。《浣花集》刻有書耳，書耳中有江陰朱氏文房六字，《四部叢刊》即

〔註59〕王國強：《以〈金瓶梅詞話〉看明代的書帕本》，載《圖書館研究與工作》1987年第4期。

據此帙影印。

張習，字企翱，室名金蘭館，吳縣人。刻有《雁門集》、《靜居集》、《夷白集》、《僑吳集》、《槎軒集》、《姑蘇雜詠》、《北郭集》等。另外，還用銅活字印書數種。

許宗魯，字東侯，號伯城，正德十二年（1517）進士，《古文音釋》、《太白山人詩》、《韻補》、《爾雅》、《六子書》等。許氏刻書喜用篆體，既費工費時，又不通俗。

張綖，字世文，室名玩珠堂，高郵人。正德舉人，著有《杜詩通》、《南湖集》等，刻有《西崑酬唱集》、《杜工部詩釋》、《淮海集》等。《西崑酬唱集》書口下有「玩珠堂」三字，卷次以上下命名，《四部叢刊》即以此帙影印。

洪楩，字子美，室名清平山堂，錢塘人，著名藏書家。刻有《清平山堂話本》、《六臣注文選》、《路史》、《唐詩紀事》、《新編分類夷堅志》、《輯刊醫藥攝生類八種》、《雨窗欹枕集十二種》等。其中《清平山堂話本》共收話本小說 60篇，現存 29 篇，其中大多是宋元時代的作品，是我國現存最早的話本原作，是研究小說史的重要資料。

袁裦，字尚之，號謝湖，室名嘉趣堂，吳縣人，著名藏書家，著有《田舍集》等。刻有《六家文選注》、《大戴禮記注》、《楚辭集注》、《世說新語》、《國寶新編》、《夏小正戴氏傳》、《金聲玉振集》、《奉天刑賞錄》等。其中《六家文選注》刻印時間長達 16 年之久，可見其用心之苦。

顧元慶，字大有，室名夷白堂，長洲人。藏書甚富，著述亦豐。刻有《梓吳四十種》、《顧氏文房叢刊四十種》、《陽山顧氏文房小說四十種》。

顧起經，字長濟（一字元緯），號羅浮外史，室名奇字齋，無錫人。刻有《類箋唐王右丞詩集》、《國雅》、《標題補注蒙求》等。其中《類箋唐王右丞詩集》目錄之後附有開局氏里姓名表：

> 無錫顧氏奇字齋開局氏里
> 寫勘：吳應龍、沈恒，俱長洲人；陸廷相，無錫人。
> 雕梓：應鍾，金華人；章亨、李煥、袁宸、顧廉，俱蘇州人；
> 陳節，武進人；陳汶，江陰人；何瑞、何朝忠、王誥、何應元、何應
> 亨、何鈿、何鑰、張邦本、何鑒、何銷、王惟案、何鈴、何應貞、何
> 大節、陸信、何昇、余汝霆，俱無錫人。
> 裝潢：劉觀，蘇州人；趙經、楊金，俱無錫人。

程限：自嘉靖三十四年十二月望授後，至三十五年六月朔完局。

冠龍山外史謹記。

《類箋》一書不過五六百頁，刻工多至 24 人，刻書時間長達五個半月。顧氏為了避免差錯，特邀建州陳延鶴、姑蘇黃姬水等名家 19 人任校閱。刻版之前，顧氏又親為復校，增補漏字 59 個，其認真態度，由此可知。另外，由卷末標識可知：卷一刻於待沐園，卷二刻於長康外圃，卷三刻於宛在亭，卷四刻於祇沮館，卷五刻於對山開卷之閣，卷七刻於清華亭，卷八刻於木瓜亭，卷十刻於靜思之堂，可知顧氏私人擁有園林之富。

郭勳，明開國功臣、武定侯郭英五世孫，襲爵武定侯。《明史》稱其桀黠有智數[註60]，人品雖不足道，然其刻書甚多。刻有《元次山集》、《白樂天文集》、《三家世典》、《將鑒通論》、《水滸傳》、《三國志演義》、《英烈傳》等。其中，《水滸傳》是 20 多種版本之中刻印最早的版本之一。水滸故事從南宋末流傳以來，多以口頭和戲劇形式傳播，明嘉靖中郭勳等刊本，對於《水滸傳》的廣泛傳播具有重要意義。當然，郭勳刻書，除了附庸風雅之外，也有其他目的，例如他刻印《英烈傳》，編造了陳友諒被郭英射死（實為中流箭而死）的故事，不僅達到為郭英樹碑立傳的目的，也為他自己飛黃騰達作了輿論準備。刻印《三家世典》（三家指徐達、沐英、郭英），也可能出於同一目的。

郭雲鵬，吳縣人，室名濟美堂、寶善堂等。刻有《曹子建集》、《分類補注李太白詩》、《歐陽先生文粹》、《編選四家宮詞》、《河東先生集》、《文章備覽》等。

聞人銓，字邦正，餘姚人。嘉靖五年（1526）進士。刻有《舊唐書》、《陽明先生文錄》、《周禮注疏》、《儀禮注疏》、《甘泉文集》、《禮記集說》、《藝文類聚》等。在《新唐書》流行之後，《舊唐書》幾乎失傳，聞人銓本對《舊唐書》的流傳作了重要貢獻。

范欽，刻有《范欽奏議》、《阮嗣宗集》、《范氏奇書二十一種》、《天一閣集》、《天一閣帖八種》、《司馬溫公稽古錄》等。《四部叢刊》中《京氏易傳》、《穆天子傳》、《商子》等均據《范氏奇書》本影印。

胡宗憲，字汝真，號梅林，績溪人。嘉靖十七年（1538）進士，曾任知縣、御史等職。刻有《陽明先生文錄》、《傳習錄》、《詩說解頤總論》、《十嶽山人詩集》、《歷代史纂左編》、《荊川稗編》等。

[註60] 《明史·郭勳傳》。

范惟一，字於中，華亭人。嘉靖二十年（1541）進士，有《振文堂集》等。刻有《吳興掌故集》、《遜志齋集》、《釋名》、《范文正公集》、《范仲宣公集》、《范文正公奏議》、《張水南文集》等。

王世貞（1526～1590），字元美，自號鳳洲（又號弇州山人），太倉人。嘉靖二十六年（1547）進士，曾任刑部主事等職，著有《弇州山人四部稿》等。刻有《喬莊簡公集》、《滄溟先生集》、《皇明盛事》、《華禮部集》、《唐世說新語》、《尺牘清裁》、《弇州山人四部稿》等。

張佳胤，字肖甫，號居來山人，室名雙柏堂，銅梁人。嘉靖二十九年（1550）進士，著有《居來山房集》、《東巡雜詠》等。刻有《越絕書》、《華陽國志》、《盡言集》、《蟻蠓集》、《天目先生集》、《居來先生集》、《奚囊蠹餘》、《李滄溟集》等。《四部叢刊》中《越絕書》即據嘉靖三十三年（1554）張佳胤雙柏堂刻本影印。

杜思，字子睿，室名資深堂，四明人。嘉靖三十五年（1556）進士。刻有《革朝遺忠錄》、《中論》、《齊乘》、《皇極經世觀物篇釋義》等。《四部叢刊》中《中論》即據嘉靖四十四年（1565）杜思資深堂刻本影印。

吳勉學，字肖愚，室名師古齋，歙縣人。刻有《九經白文》、《資治通鑒》、《性理大全》、《二十二子全書》、《世說新語》、《戰國策》、《花間集》等各類圖書 300 多種、3000 多卷，其中醫書最多，計有《痘科大全》、《劉河間傷寒六書》等 78 種、283 卷。吳氏刻書精審，僅在《中國古籍善本書目》經部就收錄有 24 種、202 卷。

吳琯，字仲虛，號中雲，室名西爽堂，漳浦人。隆慶五年（1571）進士。刻有《新制諸器圖說》、《大唐西域記》、《洛陽伽藍記》、《三國志》、《晉書》、《水經注》、《山海經》、《詩紀》、《古今逸史五十五種》、《唐詩正聲》、《薛氏醫案》、《雍錄》、《寶古堂重考古玉圖》、《王元美先生文選》、《楚辭》、《說略》等。

馮夢禎，字開之，室名快雪堂，秀水人。萬曆五年（1577）進士，曾任南京國子監祭酒，著有《快雪堂集》。刻有《妙法蓮華經》、《陶靖節集注》、《大唐新語》、《由拳集》、《先秦諸子合編》等。

屠隆，字緯真（一字長卿），鄞縣人。萬曆五年（1577）進士，著有《考槃餘事》、《由拳集》等。刻有《董西廂》、《唐詩品匯》、《竹箭編》、《徐孝穆集》、《庾子山集》等。

張燮，字紹和，號海濱逸史，萬曆舉人，家住福建龍溪。刻有魏晉南北朝

詩文別集 72 種、「初唐四子」等。

李之藻，字振之（一字我存），號淳庵居士（一號存園叟），仁和人。萬曆進士，官至太僕寺少卿。與徐光啟等從傳教士利瑪竇學習西方自然科學知識，譯著有《新法算書》、《天學初函》、《同文算指》、《渾蓋通憲圖說》等。刻有《天學初函》、《泰西水法》、《淮海集》、《江湖長翁集》、《左傳補注》、《三事忠告》等。

曹學佺，字能始，號石倉，侯官人。萬曆二十三年（1595）進士，有《易經通論》、《周易可說》、《春秋闡義》、《蜀中名勝記》等。刻有《唐黃御史集》、《歐陽四門集》、《大明一統名勝志》、《五燈會元》、《石倉歷代詩選》（亦名《十二代詩選》）等。其中《石倉歷代詩選》卷帙繁重，《四庫全書總目·石倉歷代詩選》說：「上下兩千年間，作者皆略存梗概，又學修本自攻詩，故所去取亦大都不乖風雅之旨，固猶勝貪多務得、細大不捐者。」

臧懋循（？～1621），字晉叔，號顧渚，長興人。萬曆八年（1580）進士，明代著名戲劇家。曾任南京國子監博士，著有《負苞堂集》等。刻有《古逸詞》、《古詩所》、《唐詩所》、《元曲選》、《校正古本荊釵記》、《玉茗堂四夢》、《改定曇花記》、彈詞《仙遊錄》等三種。其中以《元曲選》一百卷影響最大，該書是所有元曲選本中收集元曲數量較多、質量較高的一種。其中《灰闌記》、《陳州糶米》、《虎頭牌》、《謝金吾》、《凍蘇秦》、《昊天塔》、《救孝子》、《伍員吹簫》、《東坡夢》、《秋胡戲妻》、《抱妝盒》、《神奴兒》、《爭報恩》、《馮玉蘭》、《來生債》等 15 種當時都是孤本，沒有《元曲選》，它們就不會流傳至今。臧懋循不顧經濟條件的限制，「窮年鉛槧」〔註61〕，《元曲選》刻印半年之後，由於底本難覓，加上經濟困難，被迫中輟，他通過親朋好友大事宣傳，疏通發行渠道，等到賣書換錢之後，才得以刻完全書，其《負苞堂集·寄黃貞夫書》云：

> 刻元劇本擬百種，而尚缺其半，搜輯殊不易，乃先以五十種行之。且空囊無以償梓人，姑藉此少資緩急。茲遣奴子齎售都門，亦先以一部呈覽。幸為不佞吹噓交遊間，使不減伯樂之顧，可作買紙計矣。

徐𤊹（1570～1645），字惟起（一字與公），室名紅雨樓，閩縣人，著名藏書家。著有《紅雨樓集》。刻有《唐歐陽先生集》、《幔亭集》、《晞髮集》、《焦山古鼎考》等。

〔註61〕（明）臧懋循：《負苞堂集·回李達亭啟》。

　　張溥（1602～1641），字天如，太倉人。崇禎四年（1631）進士，復社成員。著有《春秋四傳斷》、《春秋書法解》、《春秋列國論》等。刻有《漢魏六朝一百三家集》、《刪定名臣奏議》等，其中《漢魏六朝一百三家集》影響頗大，《四庫全書總目》在該書提要中予以公允評價：「州分部居，以文隸人，以人隸代，使唐以前作者遺篇，略見其梗概，雖因人成事，要不可謂之無功也……溥所撰述，惟《刪定名臣奏議》及此編為巨峽，《名臣奏議》去取未能盡允，此編則原原本本，足資檢核，溥之遺書，固應以此為最矣。」

　　胡正言（1584～1674），字曰從，室名十竹齋，原籍休寧，寄寓南京雞籠山側。刻有《訂補簡易備驗方》、《敬事草》、《薛氏醫案九種》、《袖珍本醫書十三種》、《皇明詔制》、《六書正訛》、《說文字原》、《精選古今詩餘醉》、《古今辭命達》、《牌統孚玉》、《四六霞肆》、《千文六書統要》、《韻法橫圖》、《書法必稽》、《石譜》等。胡氏所刊《十竹齋畫譜》和《十竹齋箋譜》採用蝕版、拱花彩印，是有口皆碑的藝術珍品。

　　當然，上述三十位出版家僅僅是明代家刻的代表。

六、毛晉刻書

　　毛晉是明末清初的著名藏書家和出版家，對於古代文化的傳播作出了重要貢獻。

毛晉的生平

　　毛晉（1599～1659），原名鳳苞，字子晉（一字子九），以字行。號潛在，常熟人。室名有汲古閣、綠君亭、世美堂、載德堂、篤素居、讀禮齋、續古草廬等，其中以汲古閣和綠君亭比較著名。毛晉的父親毛清為鄉間三老，以孝悌著稱。毛晉有五男四女，五子毛度亦喜藏書和刻書。毛晉通明好古，博聞強記。毛晉尤好行善，常自捐資修建鄉間水道橋樑。每逢荒年，常常以米賑濟鄰里。毛晉藏書甚富，據滎陽悔道人《汲古閣主人小傳》：

> 　　（毛晉）性嗜卷軸，榜於門曰：「有以宋槧本至者，門內主人計頁酬錢，每頁出二百；有以舊抄本至者，每頁出四十；有以時下善本至者，別家出一千，主人出一千二百。」於是湖州書舶雲集於七星橋毛氏之門矣。邑中為之諺曰：「三百六十行生意，不如鬻書於毛氏。」前後積至八萬四千冊，構汲古閣、目耕樓以庋之。

毛晉一生，道路坎坷，歷經磨難：其一，天啟、崇禎間，屢試不第，遂絕意場屋，不求仕進；其二，長子毛襄 31 歲早亡，三子毛袞 20 歲早逝，白髮人送黑髮人，在其心靈深處留下難以醫治的創傷；其三，異族入侵，明朝滅亡，對他更是一個沉重的打擊；其四，晚年自然災害頻仍，入不敷出，被迫變賣田產，維持生計。在種種無情打擊面前，毛晉心灰意冷，看破紅塵，遂皈依佛門。

毛晉勤於筆耕，著有《毛詩草木鳥獸蟲魚疏廣要》、《虞鄉雜記》、《香國》、《和古人詩》、《和今人詩》、《和友人詩》、《野外詩》、《隱湖題跋》等，輯有《二家宮詞》、《三家宮詞》、《宋六十名家詞》、《米襄陽志林》等。

毛晉刻書

毛晉一生的主要貢獻在於刻書。毛晉刻書可分為三個時期：明天啟年間（1621～1627）為第一時期。這個時期，毛晉正當青年，開始愛上刻書這個行業。他「不事生產，日招梓工，弄刀筆」〔註62〕。天啟元年（1621）刻《續補高僧傳》，天啟四年（1624）刻《劍南詩稿》，天啟五年（1625）刻《神農本草經注疏》和《三家宮詞》，天啟六年（1626）刻《風騷旨格》，天啟七年（1627）刻《二家宮詞》和《極玄集》。這個時期雖然刻書不多，但是已經小試鋒芒，為終生刻書奠定了一個良好的基礎。清徐康《前塵夢影錄》稱毛氏開工於萬曆中葉，不確，因為毛晉於萬曆中葉剛剛出生（生於萬曆二十七），是不可能刻書的。崇禎年間（1628～1644）為第二時期。這個時期是毛晉刻書的興盛時期，絕大多數毛刻本都是在這個時期刻印的。《十三經注疏》刻於崇禎元年至十三年（1628～1640），《十七史》刻於崇禎元年至十七年（1628～1644），《唐人選唐詩八種》和《楊大洪先生忠烈實錄》刻於崇禎元年（1628），《群芳清玩》刻於崇禎二年（1629），《津逮秘書》刻於崇禎三年（1630），《寶晉齋四刻》刻於崇禎五年（1632），《確庵文集》刻於崇禎七年（1634），《棄草詩集》和《秦張兩先生詩餘合璧》刻於崇禎八年（1635），《元人十種詩》刻於崇禎十一年（1638），《重刻曆體略》刻於崇禎十二年（1639）。崇禎年間還刻有《重修琴川志》、《列仙傳》、《續仙傳》、《疑仙傳》、《四唐人詩》、《元四大家詩》、《說文解字》、《宋十名家詞》、《中吳紀聞》、《六十種曲》、《楚辭意句》、《吳郡志》、《詩詞雜俎》、《文選注》、《明僧弘秀集》等。當然，有些書的少數版片是繼承他人的，並非毛晉自刻，例如《津逮秘書》中就有胡震亨《秘冊匯函》的若干

〔註62〕錢大成：《毛子晉年譜稿》，載《中央圖書館館刊》第 1 期第 4 號。

版片；《丹淵集》由吳蒼木等原刻，由於吳能梓而不能行，終歸毛晉〔註63〕；《南唐書》原由他人刻版，後半燼於武林之火，庚午夏仲，購其焚餘板一百有奇〔註64〕。毛晉善於交際，刻書是其廣交朋友的一種方法。例如他曾代浙江右布政使王象晉刻《二如亭群芳譜》，代文學家馮班刻《馮定遠全集》，代著名學者錢謙益刻《列朝詩集》，代著名文人張溥刻《南史》。入清以後（1644～1659）是第三時期。這個時期，毛晉把主要精力用於已刻版片，收其放失，補其遺亡。例如《十七史》，雖於崇禎末刻完，但由於戰爭等原因，損毀了不少版片，毛晉被迫大事修補，直到清順治十三年（1656）才得以修補完畢。再過三年，即清順治十六年（1659），毛晉溘然長逝，結束了他的刻書生涯。毛晉一生，數十年如一日，「夏不知暑，冬不知寒，書不知出戶，夜不知掩扉」〔註65〕，為刻書事業貢獻了畢生的精力。毛晉死後，毛扆「又補刻書數十種」，以承父志〔註66〕。毛晉到底刻了多少書？毛晉晚年曾說：「吾縮衣節食，遑遑然以刊書為急務，今板逾十萬，亦云多矣。」〔註67〕據統計，毛晉一生刻書 600 餘種、版片 10 萬餘塊，與毛晉所言是一致的。此外，還刻有《嘉興藏》零種 60餘部〔註68〕。毛晉刻書有六大特點：第一，刻書內容自成系列。「窮其源流，審其津涉」〔註69〕，是其刻書選題的指導思想。除了《十三經》、《十七史》之外，還有《周易》系列、唐詩系列、詩話系列、雜劇系列、小說筆記系列、書畫系列等。第二，重視選擇底本。底本來源主要有自編本和古籍善本兩類。如果找不到善本，寧可不刻。第三，重視校勘工作，他與圖書為伍，日事丹鉛，付出了辛勤的勞動。他招聘了周榮起、戈汕、陳瑚、顧夢麟、陸貽典、王咸、馮武等一批學者與之共事丹鉛。為了給他們創造一個良好的工作環境，分別為儒釋道三家名流修了招待所，「汲古閣在湖南七星橋載德堂後，以延文士；又有雙蓮閣在問漁莊，以延緇流；又一閣在曹溪口，以延道流」〔註70〕。第四，多有題跋。每一篇題跋都是一篇版本校勘論文，凝結了毛晉編輯、整理圖書的

〔註63〕　（明）毛晉：《汲古閣書跋・丹淵集》。
〔註64〕　（明）毛晉：《汲古閣書跋・南唐書》。
〔註65〕　毛晉：《重鎸十三經比史緣起》。
〔註66〕　（清）錢泳：《履園叢話・瞥約》。
〔註67〕　（清）毛扆：《汲古閣書跋附編・影宋精鈔本五經文字九經字樣》。
〔註68〕　章宏偉：《十六世紀——十九世紀中國出版研究・毛晉與嘉興藏》，上海人民出版社 2011 年版。
〔註69〕　《汲古閣書跋》附錢謙益《隱湖毛君墓誌銘》。
〔註70〕　《履園叢話・夢幻》。

心血。毛氏自刻《隱湖題跋》152篇，後潘景鄭補至249篇，易名《汲古閣書跋》，1958年由古典文學出版社出版。第五，版式特點：毛晉早期刻本書口有「綠君亭」三字，晚期刻本書口多「汲古閣」三個大字和「毛氏正本」四字小方印，左右雙邊，有界行，行款不一。代刻之書不在此例。第六，影響較大。錢謙益稱「毛氏之書走天下」〔註71〕，未為虛言，地處南疆的雲南麗江土司木增曾遣使到常熟購書，毛晉曾為木增刻印《華嚴懺儀》，二人建立了深厚的感情。由於當時毛刻本影響較大，不法書商作偽者時有發生，據潘天禎先生考證，《詩經闡秘》等跋語均係偽作。〔註72〕

　　為了刻書和抄書，毛晉還招聘了不少工人，據毛扆回憶：「吾家當日有印書作，聚印匠二十人刷印經籍。」〔註73〕一般地說，印書速度快，需人少；刻書速度慢，需人多。除了印工、刻工之外，還有寫工。寫工有兩個任務：一是手寫上版；一是抄書。毛氏許多影宋抄本就出自他們之手。根據「入門僮僕盡抄書」的詩句分析，寫工人數也是不少的。汲古閣「樓下兩廊及前後，俱為刻書匠所居」〔註74〕。毛晉刻書用紙比較講究，每年從江西定造，厚的叫毛邊紙，薄的叫毛太紙。

　　刻書需要大量資金，毛晉刻書經費從何而來？賣書是其經費來源之一。賣書之外，以田養書。毛晉父輩留下數千畝田產，田產收入大多用於補貼刻書。後來刻書日多，經濟越來越緊張，只好賣田刻書，把數千畝良田全部賣光。另外，還把毛家開設的幾個當鋪全部賣掉。正如清錢泳《履園叢話·夢幻》云：「子晉本有田數千畝，質庫若干所，一時盡售去，即以為買書、刻書之用。」刻印《十三經》時，因為連年災荒，債臺高築，一次就賣掉良田300畝。

　　清順治十六年（1659），毛晉去世以後，毛扆繼承父志，繼續購書、校書、刻書和抄書。據毛扆《中吳紀聞》跋：「先君藏書，自經分析，二十年之內，散為雲煙。」〔註75〕也就是說，毛晉藏書和版片在其死後20年間星散四方。《十三經注疏》版片歸常熟小東門外東倉街席氏，《十七史》版片歸蘇州掃葉

〔註71〕《汲古閣書跋》附錢謙益《隱湖毛君墓誌銘》。

〔註72〕《潘天禎文集·毛扆書跋零拾》，北京圖書館出版社、上海科技文獻出版社2002年版。

〔註73〕《汲古閣書跋附編·影宋精鈔本〈五經文字〉〈九經字樣〉》。

〔註74〕《履園叢話·夢幻》。

〔註75〕《汲古閣書跋附編·中吳紀聞》。

山房，《三唐人文集》和《六十家詞》版片歸常熟小東門興賢橋邵氏，《八唐人詩》版片歸山東趙秋谷，《陸放翁全集》版片歸常熟張氏，《十元人集》版片歸無錫華氏，《詩詞雜俎》和《詞苑英華》版片歸揚州商家。還有部分版片是燒掉的，據葉德輝《書林清話》卷七：

> 晉有一孫，未知何名，性嗜茗……購得洞庭山碧螺春茶、虞山玉蟹泉水，獨患無美薪。因顧《四唐人集》板而歎曰：「以此作薪煮茶，其味當倍佳也。」遂按日劈燒之。

其實，這是一個誤傳。實際情況是，「今見《四唐人集》內封面跟《詩詞雜俎》一樣，也有吳門寒松堂印記，可見《四唐人集》板片後來也賣歸他人，並未劈柴燒火」〔註76〕。鄭德懋的「相傳」二字，誤導至今將近二百年，但願到此為止，今後不要繼續誤傳下去。

毛晉刻書的功過

　　長期以來，毛刻本蒙受了不公正的待遇，毀多於譽。我們認為，毛刻本既有過，也有功，功大於過。其功表現在以下兩個方面：（一）不少古籍僅賴毛本得以流傳。例如毛本《南唐書》是明末以來該書的惟一傳本，刻附《渭南文集》，之後的其他本子，已經改其體例，析其卷數；《孔子家語》明代罕傳，到崇禎末年，毛晉始據北宋本刊刻行世；《清閟閣集》明天順、萬曆間雖有刻本，但歲久漫漶，惟有毛刻流傳，後來刻本均據毛刻；《麗則遺音》原刊於錢塘，歲久佚失，明末毛晉始為重刻；李善《文選注》自南宋以來多與五臣注合刊，名曰《六臣注文選》，李善注單行本極為罕傳，毛本之外，更無別本；司馬貞《史記索隱》，宋代以後多與集解、正義合刊，單行本除毛刻之外，亦無別本；《說文解字》元無刻本，明刊僅毛本一種。葉德輝《書林清話》卷七說：「（毛）刻《說文解字》一書，使元明兩朝未刻之本，一旦再出人間，其為功於小學，尤非淺鮮。」宋詞創作繁榮，在文學史上佔有重要地位。南宋時，長沙書坊所刻《百家詞》早已失傳，明吳訥編《唐宋名賢百家詞》抄本流傳不廣，而毛刻《宋六十名家詞》是宋代以後大規模刊刻辭集之始，在清代學者中廣為傳誦，清馮煦曾據以輯為《六十一家詞選》。該書也是 1965 年中華書局本《全宋詞》的主要依據之一。《六十種曲》是一部較好的戲曲傳奇選集，其中除少數元人作品之外，大多數是明人作品。它和臧懋循《元曲選》是歷來並稱的兩個本子。

〔註76〕竇水勇：《書目叢刊·本書說明》，遼寧教育出版社 2000 年版。

（二）不少古籍的毛刻本是傳世惟一的全本。例如明人刻印《武林舊事》往往隨意刪除原作，或 6 卷，或不足 6 卷，惟存故都、宮殿、教坊等門，毛本 10 卷，首尾完具，足資參考；《孔子家語》明有二本：徐㶿本缺 20 餘頁，毛本不缺；明陳繼儒刊《春渚紀聞》僅前 5 卷，而毛晉《津逮秘書》本補其脫遺，始成完書；明《稗海》本《齊東野語》刪去此書大半，與《癸辛雜識》合為一書，毛晉得舊本重刻，乃成完本；明《漢魏叢書》本《神仙傳》據《太平廣記》所引抄合而成，而毛本據原本重刻，與裴松之《三國志注》引文一一相合；《花間集》坊本妄增篇目，殊失其舊，而毛晉重刊宋本，尤為精審，是難得的善本。李一氓《花間集・校後記》云：「（毛本）的好處是目錄完備，雖然刊刻時間較晚（明末），但比起其他萬曆、天啟本子來，還算是規矩的，沒有亂分卷帙、臆改字句之處。」

關於毛本的問題，前人談的最多的是底本和校勘兩個問題。關於底本問題，葉德輝《書林清話》卷七說：毛晉「刻書不據所藏宋元舊本」。其實，毛晉刻書大多以宋本作為底本。他的好友陳瑚最瞭解他，陳瑚說：

> （毛晉）所校諸書，一據宋本。或戲謂子晉曰：「人但多讀書耳，何必宋本為？」子晉輒舉唐詩「種松皆老作龍鱗」為證曰：「讀宋本然後知今本老龍鱗之為誤也。」〔註77〕

毛晉自己在題跋中也多次談到底本。例如《鄭注爾雅》跋說：「予家向藏抄本，未甚精確。容秋從錫山購得殘編數麓，獨斯帙完好，實南宋善版，亟授梓人。」

《劍南詩稿》跋說：「近來坊刻寡陋不成帙，劉須溪本子亦十僅二三。甲子秋，得翁子虞編輯《劍南詩稿》，又吳、錢兩先生嚴訂𡗇天者，真名秘本也，亟梓行之。」由此可見，毛晉作為一個嚴肅的出版家，在選擇底本方面是比較慎重的，大多以宋本付梓刊行。關於校勘問題，孫慶增《藏書紀要・鑒別》說：「毛氏汲古閣《十三經》、《十七史》，校對草率，錯誤甚多。」黃丕烈、葉德輝等也有類似說法。怎樣看待這個問題呢？第一，貴遠賤近的讀者心理是後人貶低毛本的社會基礎。對於錢曾、孫慶增、黃丕烈等人來說，毛刻本近在咫尺，宋元本遠隔數百年，後人往往不分青紅皂白，對包括毛刻本在內的明刻本採取完全否定的態度。第二，毛晉很少臆改宋本，總是儘量按照宋

〔註77〕《書林清話》卷七。

本的本來面目刻印古書，而後世一些佞宋派往往以為宋本十全十美，反而把宋本固有的錯誤推到毛晉身上。第三，清初直至乾嘉時期形成的考據學派，在版本考據方面逐漸達到較高的境地，儘管毛晉重視版本和校勘，但其功底在眾多考據學者面前也不過爾爾，想要得到善於吹毛求疵的考據學者的認可，往往是極為困難的。第四，毛刻本確有不少疏漏之處。除了文字上出現一些錯訛之外，還有一些失考的地方，例如《放翁逸稿》中就收入一些偽作，據孔凡禮考證，該書就混有李綱、鄧肅等人的作品〔註78〕。《羅浮山》等五首詠廣東山水，詩中所提及的李舍人、德夫等都是李綱的朋友，是李綱的作品，而陸游根本沒有到過廣東，怎麼可能寫出這些詩呢？在毛刻《宋名家詞》中也有一些張冠李戴的現象。我們對待毛刻本的這些訛誤要正視它，不要迴避它，但要採取實事求是的態度。毛晉對古代文化的傳播作出了重大貢獻，是應該大書特書的歷史功勳。〔註79〕

七、明代坊刻

明代坊刻主要集中在建陽、蘇州、金陵、新安、杭州、北京等地，下面分別加以論述。

建陽書坊

建陽是古代雕版印刷的發祥地，明代建陽書坊主要集中在麻沙、崇化兩地。明宣德四年（1429）衍聖公孔彥縉經禮部批准，曾不遠千里到建陽購回大批圖書。弘治十三年（1500）麻沙遭受特大火災，書版毀於一旦。朝廷及時派員到麻沙清理書版。嘉靖五年（1526）應福建巡按御史楊瑞等人之請，詔令於建陽設立官署，派翰林春坊官一員，監校麻沙書版。尋命侍讀汪佃領其事。〔註80〕

可考的建陽書坊，余氏有雙桂堂、余新安勤德堂、余良木自新齋、余德彰萃慶堂、余象斗三臺館（雙峰堂）、余南扶、余東泉、余碧泉克勤齋、余良史怡慶堂、余應虯近聖居、余昌祚直方堂、興文堂、余立予存慶堂、余仙源永慶堂、余獻可居仁堂、余楷、余長庚、余寅伯、余成章、余廷甫、余應興、余秀岳、余良進等，葉氏有葉天熹、葉見遠、葉翠軒等，劉氏有劉龍田忠賢堂（喬

〔註78〕孔凡禮：《陸放翁佚稿輯存書目》，載《文史》第3輯。
〔註79〕曹之：《毛晉考》，見《常熟藏書家藏書樓研究》，上海文藝出版社2002年版。
〔註80〕（清）俞樾：《茶香室續抄》卷十三。

山堂）、安正堂、慎獨齋、日新堂等，熊氏有熊沖宇種德堂、熊稔寰燕石居、熊龍峰、熊之璋、熊雲濱等，楊氏有楊江清江書堂、楊先春歸仁齋、楊美生、楊起元、楊居家等，鄭氏有鄭世豪宗文堂、鄭少垣聯輝堂等，其他還有蕭少衢師儉堂、詹易齋西清堂、陳世璜存德堂、羅氏集賢書堂等。其中最著名的有余象斗三臺館、余德彰萃慶堂、劉龍田喬山堂、安正堂、慎獨齋、日新堂、熊沖宇種德堂、鄭世豪宗文堂、清江書堂等。余象斗（一名余世瞻），字仰止（一字文臺），號三台山人。以編刊《四遊記》、《列國志傳》、《諸葛孔明異傳》、《英烈傳》、《唐志傳》、《岳王傳》、《東西晉演義傳》、《皇明諸司公案傳》等通俗小說著稱於世。余氏不僅刻書，而且編書，《皇明諸司公案傳》以及《四遊記》中的《南遊記》和《北遊記》就是他親自編成的。他刻的書一般都有插圖，鄭振鐸《西諦書話·列國志傳》云：

> （余象斗）刻的書有一個特點，那就是繼承了宋元以來建安版書籍的形式，特別著意於「插圖」，就像現在印行的「連環圖畫」似的，上層是插圖，下層是文字，圖文並茂。

建陽不少書坊都是刻書世家。例如日新堂由元代（後）至元四年（1338）一直刻到明嘉靖八年（1529），共191年；宗文堂由元代大德六年（1302）一直刻到明萬曆二十八年（1600），共298年；安正堂由明代弘治十七年（1504）一直刻到明萬曆三十九年（1611），共107年；清江書堂由明宣德六年（1431）一直刻到明嘉靖三十二年（1553），共122年〔註81〕。這麼多刻書世家世代相傳，得以使建陽成為圖書之府。據周弘祖《古今書刻》不完全統計，明代福建刻書470種，其中366種是坊刻，占福建全省刻書總數的78%，而這些坊刻本大多是建陽刻的。昔時建陽書坊今已蕩然無存，今當地立「書林門」，以示紀念。

在相當長的時期中，論者幾乎眾口一詞，對麻沙本口誅筆伐，以為麻沙本「以柔木刻之」。這裡柔木即指榕樹。其實，這完全是臆說。宋梁克家《三山志》云：「榕，州以南為多，至劍則無。」閩諺有「榕不過劍」之說，這裡所謂劍即今之南平。南平在福州西北，位於建陽與福州之間。既然南平絕少榕樹，那麼，位於南平之北的建陽更不可能有榕樹了。謝水順、李班《福建古代刻書·宋代建陽剖書的興盛》云：

> 1978年至1983年間，我們曾先後三次在麻沙周圍進行考察，

〔註81〕方品光：《福建刻書考略》，載《中國圖書館學會第一次科學討論會論文集》。

　　　　均未發現有榕樹及與其有關的文獻記載。所以無論從史籍，或是現
　　　　在的具體情況上看，都足以說明榕樹只生長在福州以南的地方，建
　　　　陽麻沙一帶是沒有榕樹的。

可見現在建陽麻沙一帶有樟、梨、楠等，絕無榕樹。既然麻沙不產柔木榕樹，
何能以柔木刻之？建陽之所以成為圖書之府，除了盛產雜木、交通便利等條件
外，也有其學術淵源，建陽著名刻書者多為閩學者的後代。建陽的閩學人物，
除最著名的朱熹外，較著名的還有劉、蔡、葉、黃、魏、熊諸姓中人，而以刻
書為業者，除余姓外，也以這幾姓為著。〔註82〕

蘇州書坊

　　蘇州自南宋至近代是江南的中心，也是人才薈萃之地，明葉盛《水東日記》
卷十云：

　　　　蘇州自國朝洪武中來，凡斯文盛舉，未嘗乏人。吾所知洪武壬
　　　子簡會試士，十八人授編修等職。

明代蘇州著名文學家有高啟、祝允明、唐寅、文徵明、馮夢龍等多人。蘇州地
區雕版印刷的基礎也比較好，明人胡應麟《少室山房筆叢·經籍會通四》評價
說：「余所見當今刻本，蘇、常為上，其精吳為最。」蘇州書坊知名者有大觀
堂、天許齋、五雅堂、玉夏齋、世裕堂、白玉堂、同人堂、酉西堂、衍慶堂、
清繪堂、陳長卿、貫華堂、童湧泉、敦古齋、開美堂、葉龍溪、葉杏園、葉瞻
泉、葉青庵、葉敬池、葉華生、陳仁錫、楊文奎、鄭子明、擁萬堂、寶鴻堂、
寶翰樓等。其中，陳長卿、陳仁錫、擁萬堂刻書較多。陳長卿刻有《古今醫統
大全》、《劉氏鴻書》、《文心雕龍》、《婦人良方》等。陳仁錫刻有《三國志》、
《石田先生集》、《陳白陽集》、《藏書》、《資治通鑒》等。擁萬堂刻有《古名儒
毛詩解》十六種、《秘書》九種、《呂東萊先生左氏博議》等。蘇州書坊大量刻
印小說戲曲，尤其令人注目。

金陵書坊

　　金陵（即南京）是我國五大古都之一，作過東吳、東晉、宋、齊、梁、陳
六個朝代的都城，明初也曾建都這裡。這裡文化基礎好，刻書歷史悠久。明代
後朝，湖州、歙縣刻工又多移居至此，更加促進了金陵雕版印刷的發展。明胡
應麟《少室山房筆叢·經籍會通四》云：「吳會、金陵，檀名文獻，刻本至多，

〔註82〕謝水順、李珽：《福建古代刻書》，福建人民出版社1997年版。

巨帙類書，咸薈萃焉。海內商賈所資，二方十七。」

金陵書坊知名者有三山書林、周如山大業堂、吳桂宇文樞堂、文秀堂、王慎吾、王鳳翔光啟堂、友花居、友石居、李澄源、吳繼宗、余尚勳、余遇時、宗文書舍、來賓樓、長春堂、周前山、周曰校、周竹潭、周近泉、高謙、許孟仁、陳邦泰、童子山、傅夢龍、葉貴、葉均宇、葉如春、聚錦堂、蔡濬溪、三多齋、積德堂、李潮、環翠堂、翼聖堂、戴尚賓、龔碧川、陳大林繼志齋、唐氏等。其中周曰校、環翠堂、陳大來繼志齋、唐氏等尤為著名。周曰校，字應賢，號對峰，室名萬卷樓。刻有《新刻校正古本大字音釋三國志通俗演義》、《新刊大宋中興通俗演義》、《新鐫全像包孝肅公百家公案演義》、《新刊京版批評百將傳》、《東垣十書》、《新刊舉業利用》、《新刻沈相國續選百家舉業奇珍》等書。環翠堂主人汪廷訥，字昌期（一字無如），號坐隱先生（一號全一真人），原籍休寧人，寄寓金陵。刻有《元本出相西廂記》、《坐隱先生全集四種》、《彩舟記》、《投桃記》等。他刻的書有不少精美插圖。陳大來繼志齋刻印雜劇甚多。唐氏一門蜚聲金陵，可考者有唐鯉耀文林閣、唐富春、唐晟、唐廷揚、唐廷仁、唐鯉飛、唐振吾廣慶堂、唐際雲積秀堂、唐少村興賢堂等。

杭州書坊

明代杭州可考書坊有一初齋、雷氏文會堂、玄覽閣、虞九章更生齋、周兆斗、段斐君、容與堂、翁文溪、翁月溪、徐象樗曼山館、馮念祖臥龍山房、段景亭讀書坊等，其中刻書最多的是容與堂、徐象樗曼山館和段景亭讀書坊。容與堂刻有《李卓吾先生批評忠義水滸傳》、《李卓吾先生批評幽閨記》、《李卓吾先生批評紅拂記》、《李卓吾先生批評玉合記》、《李卓吾先生批評琵琶記》、《李卓吾先生批評北西廂記》、《李卓吾先生批評忠義水滸傳》等大量小說戲曲作品。徐象松曼山館刻有《古詩選》九種、《國朝獻徵錄》、《東坡先生尺牘》、《五言律祖》、《玉堂叢話》、《唐荊川先生纂輯武編》等。段景亭讀書坊刻有《怡雲閣浣紗記》、《孔子家語注》、《古今詩話》79種，《徐文長文集》、《昭代經濟言》、《名山勝概記》、《關尹子注》、《揚子法言注》、《證治醫便》、《五經纂注》等。除了刻書之外，杭州的書業貿易也比較發達。

北京書坊

明永樂以後，建都北京。北京作為全國政治、經濟、文化的中心，除了發達的官刻之外，坊刻也比較發達。可考書坊有永順堂、汪諒、馮氏忠孝堂、晏

氏忠恕堂、金臺岳家、鐵匠胡同葉鋪、趙鋪等，其中永順堂和汪諒刻書最多。
永順堂刻有《新編劉知遠還鄉白兔記》、《新刊全相說唱開宗義富貴孝義傳》、
《新刊全相唐薛仁貴跨海征遼故事》、《新刊全相鶯歌孝義傳》、《新編說唱包龍
圖公案斷歪烏盆傳》、《新刊說唱包待制出身傳》、《新刊說唱包龍圖斷曹國舅公
案傳》、《新刊說唱包龍圖斷白虎精傳》、《新刊全相說唱張文貴傳》、《新編說唱
全相石郎駙馬傳》、《新編全相說唱足本花關索傳》、《全相說唱師官受妻劉都賽
上元十五夜看燈傳》等。汪諒刻《文選注》目錄後刻有鬻書廣告：

> 金臺書鋪汪諒，見居正陽門內西第一巡警更鋪對門，今將所刻
> 古書目錄列於左，及家藏古今書籍，不能悉載，願市者覽焉：翻刻
> 司馬遷正義解注《史記》一部。
>
> 翻刻梁昭明解注《文選》一部。
>
> 翻刻黃鶴解注《杜詩》一部（全集）。
>
> 翻刻千家注《蘇詩》一部。
>
> 翻刻解注《唐音》一部。
>
> 翻刻《玉機微義》一部（係醫書）。
>
> 翻刻《武經直解》一部（劉寅進士注）。
>
> 俱宋元板。
>
> 重刻《名賢叢話詩林廣記》一部。
>
> 重刻《韓詩外傳》一部，十卷（韓嬰集）。
>
> 重刻《潛夫論》（漢王符撰）一部。
>
> 重刻《太古遺音大全》一部。
>
> 重刻《曜仙神奇秘譜》一部。
>
> 重刻《詩對押韻》一部。
>
> 重刻《孝經注疏》一冊。
>
> 俱古板。
>
> 嘉靖元年十二月望日金臺汪諒古板校正新刊。

這個廣告說明兩個問題：其一，說明汪氏刻書之多。限於篇幅，廣告僅列舉書
名14種，還有更多的書名不能悉載。其二，說明汪氏刻書底本之好，均俱宋
元板、俱古板翻刻。其中《史記》據宋黃善夫本翻刻，每為後人所稱道。

　　明代坊刻極為發達，以上所談只是舉例而已。

八、明代刻書的特點

綜觀明代刻書情況，其刻書特點如下：

第一，就刻書地區而言，星羅棋佈，遍地開花。河北、江蘇、安徽、浙江、江西、福建、湖北、湖南、河南、陝西、寧夏、山東、山西、四川、廣東、雲南、貴州等省都刻了不少書。建陽、蘇州、金陵、新安、杭州、北京等地刻家雲集，刻本眾多，是明代刻書的中心地區。此外，大名刻書也比較發達。大名位於河北、河南交通要道，漳、衛二水穿境而過，為歷來河防要地。宋時為京師汴京的屏障，地理位置十分重要。金兵南下，立劉豫為齊帝，建偽都於此。明代在大名設府，轄區大約相當於今天河北的元城、大名和魏縣，河南的南樂、清豐、內黃、滑縣和長垣，山東的東明等地。據有關書目著錄，明代大名刻有《大名府志》、《經驗方》、《山海經》、《遵道錄》、《國語》、《此事難知》、《格致餘論》、《何子十二論》、《元城語錄》、《家規輯要》、《長垣縣志》、《王太傅詩選》、《褚氏遺書》、《古篆體》、《正蒙會稿》、《楊誠齋易傳》、《文公字刻》、《經驗藥方》、《安鼎名臣錄》、《史談補》、《守令懿範》、《皇明三儒言行要錄》、《救荒本草》、《兩京遺編》、《匯刻三代遺書》、《適志集》、《匡氏痘疹方》、《歸田稿》、《華泉集》、《屏居集》、《成氏詩集》、《皇明疏議輯略》、《皇明兩朝疏草》、《記纂淵海》、《槐野先生存笥稿》等。王重民《中國善本書提要·兩京遺編》說：「余嘗謂嘉、萬以來，大名刻書之盛，堪與蘇、寧、徽、杭並駕。刀削之技或稍遜，而樸茂實過之。且所刻之書，皆有經濟實用，則尤與東南異趣。」王重民先生生前曾多次提到大名刻書，久有作考之志，惜其齎志而沒，飲恨九泉。

第二，就刻書數量而言，遠軼前代。明代刻書知多少？至今沒有也不可能有精確統計數字。下面僅以文集、方志、雜史為例加以說明，管中窺豹，或許可以略見一斑。明代文人學者多有文集行世，「數十年讀書人，能中一榜，必有一部刻稿」[註83]。據統計，現存唐文集 278 種，宋文集 347 種，遼金文集 100 餘種，元文集 324 種，而明文集就有 2000 多種，幾乎是唐宋遼金元諸代總和的兩倍。永樂十六年（1418），明成祖詔天下郡國皆修志書，到了萬曆年間，郡縣莫不有志。現存宋方志 28 種、元方志 11 種，而明方志就有 860 種，是宋元兩代總和的 22 倍。明代雜史也多，黃宗羲《南雷文案·談孺木墓表》說：「予觀當世，不論何人皆好言作史。豈有三長，足掩前哲？亦不過此因彼

〔註83〕 （清）蔡澄：《雞窗叢話》。

襲、攘袂公行，苟足以記名姓，輒不難辦。」《明史·藝文志》雜史類著錄雜史 217 種、2244 卷。謝國楨《增訂晚明史籍考》著錄明末雜史 1000 餘種，大多出於明人之手。明代以前，史志目錄均通代為書，而《明史·藝文志》卻一反常規，僅僅著錄一代之書，原因何在？清倪燦《明史藝文志序》云：

> 第有明一代以來，君臣崇尚文雅，列聖之著述，內府咸有開板。而一時作者，亦自彬彬。崇正學者，多以濂洛為宗；尚詞藻者，亦以班揚為志。迨夫博雅淹通之士，著述尤夥，故其篇帙繁富，遠過前人。雖不無蕪蔓，然亦有可採。前代史志，皆錄古今之書，以其為中秘所藏，著一代之所有。今文淵之目，既不可憑，且其書僅及元季，三百年作者缺焉，此亦未足稱記載也。故特更其例，去前代之陳編，紀一朝之著述。

可見「篇帙繁富，遠過前人」是《明史·藝文志》斷代為書的主要原因。知識爆炸，知識生產方式也有了大的變化。另外，明代版本目錄、地方著作目錄的大量出現，也說明了明代刻書之多。再拿私人藏書家來說，據葉昌熾《藏書紀事詩》統計，宋代 184 人、遼代 1 人、金代 4 人、元代 35 人，而明代就有 427 人，幾乎是宋遼金元諸代總和的 2 倍。這也與明代刻本眾多、聚書容易有關。

第三，就刻書內容而言，包羅萬象，應有盡有。原有的書目分類已經顯得陳舊過時，許多圖書無類可歸，圖書分類也需要做出相應的調整。針對這種情況，不少書目紛紛增加新類。例如高儒《百川書志》共分 93 門，其中經志 16 門，增設總經、儀注、道學、蒙求四子目；史志 21 門，增設御記、姓譜、史詠、文史、野史、外史、小史等子目；子志 30 門，增設德行、崇正、政教、隱家、格物、翰墨、衛生術、房中術、占夢術、刑法家、雜藝術、子抄、類書等子目；集志 26 門，先依時代分為秦漢六朝文、唐文、宋文、元文、聖朝御製文、睿製文、名臣文、漢魏六朝詩、唐詩、宋詩、元詩、聖朝御製詩集、睿製詩集、名臣詩集，又依文體分為詔制、奏議、歌詞、詞曲等。祁承爜《澹生堂藏書目錄》共分 46 類，其中約史、理學、詔制、叢書等類是新增的。在門類繁多的明刻本中，小說戲劇圖書和西學圖書尤其令人矚目。明代小說戲劇盛行。明人袁宏道在《東西漢通俗演義序》中曾經談及小說盛行之狀：

> 今天下自衣冠以至村哥里婦、自七十老翁以至三尺童子，讀及劉季起豐沛、項羽不渡烏江、王莽篡漢、光武中興等事，無不能細數顛末，詳其姓氏里居，自朝至暮，自昏徹旦，幾忘食忘寢。

明人范濂曾經在《雲間據目鈔》卷二中談及戲劇盛行之狀：

> 各鎮貨馬二三百四，演劇者皆穿鮮明蟒衣靴革，而挨頭紗帽滿
> 綴金珠翠花，如扮狀元遊街，用珠鞍三條，價值百金有餘；又增妓
> 女三四十人，分為寡婦征西、昭君出塞色名，華麗尤甚；其他彩亭
> 旗鼓兵器，種種精奇，不能悉述。街道橋樑，皆用布幔，以防陰雨。
> 郡中士庶，爭挈家往觀，遊船馬船，擁塞河道，正所謂舉國若狂也。
> 每鎮或四日或五日乃至，日費千金。

既然，小說戲劇為人喜聞樂見，刻書家也就投其所好，大量出版。據傅惜華《明代雜劇全目》和《明代傳奇全目》著錄，明代雜劇有 523 種，傳奇有 950 種。儘管小說戲劇圖書在專制社會是不登大雅之堂的玩意兒，然而有明一代，這類圖書確實太多，影響確實太大，古籍書目再也不能迴避現實了。高儒《百川書志》在史部野史、外史、小史三類中著錄演義、傳奇，成為該目的一大特色。晁氏《寶文堂書目》、趙琦美《脈望館書目》、周弘祖《古今書刻》等也著錄了不少小說、戲劇圖書。15 世紀中葉以後，隨著資本主義國家對外進行擴張侵略，西學東漸。意大利傳教士羅明鑒、利瑪竇、熊三拔，德國傳教士湯若望，比利時傳教士南懷仁等先後叩開了中國的大門。明代翻譯出版了一百多種反映西方科學技術的書籍，其中有利瑪竇的《同文算指》、《測量法義》、《乾坤體義》、《萬國輿圖》等；熊三拔的《泰西水法》、《表度說》等；湯若望的《渾天儀說》、《遠鏡說》等。鑒於西學圖書的大量出現，趙琦美《脈望館書目》專門增設了「大西人術」一類，專門著錄這類圖書。

第四，就印刷技術而言，巧奪天工，爐火純青。明代印刷技術之精，主要表現在以下幾個方面：（一）活字印刷的普及。活字印刷技術比雕版印刷複雜得多，自從宋代畢昇發明泥活字以後，在相當長的一個時期內，沒有廣泛使用，到了技術力量雄厚的明代，才得以普及四方。（二）套版印刷廣泛應用。套印技術難度較大，變一版為數版，沒有精湛的技術，不克成功。（三）插圖本的大量出現。插圖講究線條、形象，一般的刻工難以勝任。（四）餖版、拱花的發明。餖版、拱花技術難度更大，尋常刻工望塵莫及。

第五，就刻本形式而言，弘治以前，多四周雙邊，趙體字，粗黑口；正德以後多白口，書口刻有字數、刻工姓名，序目、卷末等處多刻牌記，仿宋體字，多白綿紙；萬曆以後，仍多白口，多竹紙，匠體字，有諱字。

明刻本的缺點也不少，主要表現在：

第一，校勘不精，脫漏甚多。明楊慎《丹鉛續錄》卷三云：

> 古書轉刻轉謬，蓋病於淺者妄改耳，如近日吳中刻《世說》，「右軍清真」謂清致而真率也，李太白用其語為詩「右軍本清真」，是其證也。近乃妄改作「清貴」。「兼有諸人之差」，謂各得諸人之參差，近乃妄改作「美」。「聲鳴轉急」，改「鳴」作「氣」。「義學」改作「學義」，皆大失古人語意。

顧炎武《日知錄》卷十八亦云：

> 山東人刻《金石錄》於李易安後序「紹興二年玄黓歲壯月朔」，不知「壯月」出於《爾雅》，而改為「牡丹」，凡萬曆以來所刻之書多「牡丹」之類也。

明監本《史記》張守節注，訛脫 1000 餘條，其中一條長達 170 餘字。

第二，隨意竄改古書。《四庫全書總目》卷六十一云：「明代刊書者往往竄亂舊本，而沒所由來，諸版競出，混淆彌甚，其風熾於萬曆以後。」例如明杜思刻《別本革朝遺忠錄》係由郁袞《革除遺忠錄》改竄而成，刪去郁書讚語，書首偽冠張芹《備遺錄》、黃佐《革除遺事》、敖英《備遺續錄》三序，序文與內容毫無關係。又如明本薛瑄《薛子道論》係由薛瑄《讀書錄》中摘出，別成一書。明人竄改古書的現象存在兩種不同的意見，多清人被清儒帶偏了，而黃侃大唱反調，孰是孰非，值得深究。

第三，多序。明代晚期有一種風氣，一本書刊印之前，總要拉一些名人吹噓一番，拉大旗作虎皮，以抬高自己的身價。當然，序言也大有價值。

第四，作偽較多，作偽手段千奇百怪。詳見後面有關部分。

第八章　清代刻書

繼明代之後，清代前期雕版印刷持續繁榮。康乾盛世，把雕版印刷推向一個新的高峰。清代官刻以內府、地方官書局刻書為代表，內府刻書又以武英殿為著。清代家刻舉不勝舉，集學者、藏書家、刻書家為一身的出版家比比皆是。清代坊刻集中在北京、南京、蘇州、杭州等地。清代後期隨著近代機械印刷術的傳入，雕版印刷日漸式微。

一、武英殿刻書

清代康熙、雍正、乾隆三朝經濟繁榮、國力強盛，為刻書提供了雄厚的財力；清政府在大興文字獄，對百姓進行殘酷的壓迫和民族迫害的同時，又把刻書作為籠絡知識分子的一種手段。因此，清代官方刻書也取得較大成績。在清代官刻之中，武英殿刻書成績最大。

武英殿的編制

武英殿刻書始於康熙十九年（1680），該年於清廷內務府設立武英殿造辦處，在製作內廷所需文具、工藝品的同時，兼事刻書。《欽定日下舊聞考》卷七十一：「康熙十九年，始以武英殿左右廊房，共六十三楹，為修書處，掌刊印書籍裝潢之事。」康熙四十四年（1705），把與刻書無關的作坊劃歸養心殿造辦處管理，武英殿造辦處才成為內府專門的刻書機構〔註1〕。章乃煒《清宮述聞》卷三曾經談及武英殿造辦處的編制情況：「向以親王領殿事，而設總裁、提調、總纂、纂修、協修等官，其下則為校錄之士、收掌之員，若刮劇、裝訂

〔註1〕金良年：《清代武英殿刻書述略》，載《文史》第 31 期。

工匠尤夥。」武英殿造辦處後易名武英殿修書處，下設監造處、校刊翰林處、檔案房等。監造處又有書作、刷印作、銅字庫、聚珍館等機構。書作又叫裝潢作，主要負責書籍裝潢工作，有工匠 44 名；刷印作又叫刻字作，主要負責圖書刻印工作，有工匠 40 名；銅字庫負責銅活字印書；聚珍館負責木活字印書。校刊翰林處負責武英殿所刻圖書的校刊工作，檔案房負責收發文稿。工匠刻書按勞取酬，據章乃煒《清宮述聞》卷三：

> 凡刊刻御筆，每個寸字工價錢一分，萬字錦邊寬一寸、長八寸，合一工，值銀一錢五分四釐。凡書刻宋字、刻軟字，每百字工價銀八分。刻歐字，每百字工價銀一錢四分，棗木版加倍。凡刻畫圖，每見方寸合一工，值銀一錢五分四釐。凡書寫宋字，每百字工價銀二分、軟字三分、歐字四分。凡畫圖，每見方寸二寸合一工，值銀一錢五分四釐。

武英殿工作人員的生活待遇也相當優厚，「修書翰林等照南書房翰林飯食例：每員每日肉菜半桌、稻米一倉升、茶葉一錢，跟役老米一倉升」，「修書處自五月朔，始逐日賜尚方冰，供以巨盤」〔註2〕。可見平時除有肉吃之外，炎夏還有冷冰供應。

康熙年間刻書

康熙一朝刻有《日講易經解義》、《日講書經解義》、《日講四書解義》、《御纂周易折衷》、《御纂性理解義》、《御纂朱子全書》、《御製耕織圖詩》、《御定詞譜》、《聖祖仁皇帝御製文集》、《幸魯盛典》、《萬壽盛典初集》、《親征平定朔漠方略》、《清涼山新志》、《清文鑑》、《孝經衍義》、《御選四朝詩》等。另外，還有不少書由大臣出資刻印，例如《全唐詩》為通政使曹寅刻，《歷代賦彙》為詹事府詹事陳元龍刻，《佩文齋詠物詩選》為翰林院編修高輿刻，《歷代題畫詩類》為翰林院編修陳邦彥刻，《歷代詩餘》為司經局洗馬王奕清刻，《佩文齋書畫譜》為候補主事王世繩等刻，《御批通鑑綱目》為吏部尚書宋犖刻，《佩文齋廣群芳譜》為河南道監察御史劉源刻，《全金詩》為內閣中書郭元釪刻，《歷代紀事年表》為翰林院檢討馬豫刻，《康熙字典》為翰林院侍讀陳世館刻，等等。這是什麼原因呢？朱彭壽《安樂康平室隨筆》卷一云：

〔註 2〕《清宮述聞》卷三。

　　　　蓋其時士大夫皆以校刻天府耕籍、列名簡末為榮，故多有竭誠
　　報效者。

在大臣刻印諸書中，以曹寅刻《全唐詩》比較有名。

　　曹寅（1658～1712），字棟亭，號荔軒，曹雪芹的祖父，曾任江寧織造等
職，創揚州詩局（或稱揚州書局）。據潘天禎《揚州詩局雜考》，揚州詩局的刻
書內容約有三類：一是奉旨校刊之書，如《全唐詩》、《佩文韻府》等；二是曹
寅自藏之書，如《棟亭藏書十二種》、《曹棟亭五種》、《隸續》等；三是其他著
作，如《周易本義》、《太平樂事》、《棟亭集》、《綠意詞》等〔註3〕。《全唐詩》
刻於康熙四十四年（1705）。該年三月十九日，「上發《全唐詩》一部，命江寧
織造曹寅校刊，以翰林彭定求等九人分校〔註4〕。曹寅領旨後，積極籌備，於
當年五月一日開局於揚州天寧寺。因為原頒《全唐詩》是季振宜據錢謙益所輯
唐詩殘稿重編的 717 卷抄本，並非完整書稿，所以，在刻印之前，還要進行編
輯整理的工作。彭定求、楊中訥、汪士鋐、徐樹本、俞梅等編校人員翻閱了胡
震亨《唐音統籤》等有關書籍，補其所遺，將《全唐詩》增益為 900 卷，收錄
2200 餘位唐代詩人的作品 48900 餘首。為了刻好這部大書，曹寅曾給康熙皇
帝上過七件奏摺，康熙皇帝對刻書的細節問題一一作了批覆。《全唐詩》刻成
後，康熙皇帝同意把曹寅等人的名字刻在書上，曹寅感恩不盡，他在康熙五十
一年（1712）三月十日的奏摺中說：

　　　　臣同諸官不過校字督工，今准翰林諮，奉聖諭並抄列臣等銜名，
　　刊刻款式到臣，謹遵旨補入刊刻。但臣係何人亦得列名其上，永垂
　　不朽。巨不勝感愧無地，不知何幸得至於此，謹具香案九叩。〔註5〕

《佩文韻府》於康熙五十一年（1712）三月十七日開雕，承辦者除了曹寅之
外，還有蘇州織造兼兩淮鹽差李煦和杭州織造孫文成。孫文成負責在杭州籌
備紙張，曹寅在揚州詩局負責刻印工作。康熙五十一年（1712）七月二十三
日，曹寅死在揚州詩局，由李煦主持刻印工作，到康熙五十二年（1713）九
月十日刻成，歷時十七個月。為了刻好這部書，挑選名工巧匠 100 多人。根
據康熙皇帝的旨意，刷印了 1000 部。

　　這裡順便說明一個問題：通常所謂「殿版」，並非全在武英殿刊行，上述

〔註3〕《潘天禎文集》，北京圖書館出版社、上海科學技術文獻出版社 2002 年版。
〔註4〕（清）宋犖：《西陂類稿》卷四二。
〔註5〕故宮博物院明清檔案部：《關於江寧織造曹家檔案史料·江寧織造曹寅奏謝刊
　　　刻〈全唐詩〉得列銜名摺》。

大臣出資所刻書便是一例。此外，武英殿成立以前的內府刻本也多稱為殿版，例如順治間內府刻《資政要覽》、《勸善要言》、《內則衍義》等。還有個別私人刻版繳入內府者，也多稱為殿版，例如康熙四十四年（1705）康熙南巡，張玉書以馬驌撰《繹史》進呈，備受稱道，遂以書版繳入內府。以上各書雖稱殿版，但有殿版之名，無殿版之實，我們姑且稱之為準殿版。那麼怎麼區別殿版和準殿版呢？凡是真正的武英殿刻本均列校刊銜名，再結合字體、紙張及有關文獻資料，即可加以區別。不過，嚴格地說，那些非武英殿刻版者還是不稱殿版為宜。

雍正以後刻書

雍正一朝，除了用銅活字擺印《古今圖書集成》64 部外，刻有《御定駢字類編》、《聖諭廣訓》、《上諭八旗》、《庭訓格言》、《欽定訓飭州縣規條》、《聖祖仁皇帝御製文四集》、《御製朋黨論》、《大清會典》、《欽定書經傳說彙纂》、《清漢文孝經》、《御製律曆淵源》、《御定音韻闡微》、《悅心集》等。

乾隆一朝，刻書最多。據陶湘《故宮所藏殿版書目》統計，乾隆年間刻書多至 100 餘種，其中最著名的是《十三經》、《二十四史》等。

乾隆四年（1739）弘曆以經史並重，在校刊《十三經注疏》之後，覆命校刊《二十一史》，卷末考證，一遵諸經之例。《二十一史》加上《明史》和《舊唐書》，合為《二十三史》。乾隆三十六年（1771）敕輯《遼史語解》十卷、《金史語解》十二卷、《元史語解》二十四卷，御製改譯遼金元三史序，分弁三史簡端。乾隆四十一年（1776）又敕館臣重輯《舊五代史》，題詩冠首，於乾隆四十九年（1784）刊成，一併列入，終成《二十四史》。乾隆皇帝非常重視刻書，經常到武英殿檢查工作，有時還親自參與校勘工作。根據乾隆皇帝的意旨，武英殿還採用刻印大部頭書所剩的零星木料，刻印了 9 種袖珍本，這 9 種書是：《古香齋袖珍四書五經》、《古香齋袖珍史記》、《古香齋袖珍通鑑綱目三編》、《古香齋袖珍古文淵鑑》、《古香齋袖珍朱子全書》、《古香齋袖珍淵鑑類函》、《古香齋袖珍初學記》、《古香齋袖珍施注蘇詩》和《古香齋袖珍春明夢餘錄》。

嘉慶一朝刻有《欽定勝朝殉節諸臣錄》、《欽定蘭州紀略》、《高宗聖訓》、《全唐文》、《欽定明鑑》等。嘉慶以後，武英殿刻書日漸衰落。到光緒初年，武英殿刻書已到徒有其名、不可收拾的地步。又據《清朝野史大觀》卷一：

> 清初武英殿版書籍，精妙邁前代。版片皆貯殿旁空屋中，積年既久，不常印刷，遂為人盜賣無數。光緒初年，南皮張文襄之洞官

翰林時，擬集資奏請印刷，以廣流傳，人謂之曰：「公將興大獄耶？
是物久已不完矣，一經發覺，凡歷任殿差者，皆將獲咎，是革數百
人職矣，烏乎可？」文襄乃止。殿旁餘屋乃為實錄館，供事盤踞其
中，一屋宿五六人、三四人不等，以便早晚赴館就近也。宿於斯，
食於斯，冬日炭不足，則劈殿版圍爐焉。又有竊版出、刨去兩面之
字，而售於廠肆刻字店，每版易京當十泉四千（合制錢四百文），版
皆紅棗木，厚寸許，經二百年無裂痕，當年不知費幾許金錢而成之
者，乃陸續毀於若輩之手。

另外，同治八年（1869）和光緒二十七年（1901）武英殿兩遭回祿之禍，使武
英殿也蒙受了重大損失。當然，武英殿所刻版片除了收藏在本殿之外，也有不
少版片寄藏國子監、翰林院、欽天監、太醫院等處。其中國子監在乾隆間就收
藏了（《十三經》、《二十三史》、《舊五代史》除外）51 種圖書的版片。收藏單
位僅僅負有保管責任，版權仍歸武英殿所有，武英殿隨時可將版片收回。例如
乾隆二十一年（1756）收回國子監藏《四書》版片 1028 面；乾隆三十四年
（1769）收回國子監藏《古文約選》、《性理大全》、《朱子全書》等 9 種圖書的
版片。儘管武英殿採取了種種措施保護版片，但是版片並沒有得到有效的利
用，不少版片僅僅刷印一次就棄而不用了。

以上就是武英殿刻書的大概情況。武英殿刻書知多少？陶湘《故宮殿本
書庫現存書目》著錄有 300 多種，其實，遠遠不止這些。縱觀殿本內容，欽定
之書不下一百五六十種，這說明殿本姓官，是官方加強封建統治的產物。所有
殿本書的整理、刻印和發行，均據上諭，武英殿不過是遵旨而已。

二、國子監刻書

清代國子監承明代北京國子監之餘緒，繼續刻書。前人未嘗注意，特此表
而出之。

清國子監對待刻書一事，非常嚴肅，書稿不得隨意付諸梨棗，否則以違紀
論處。早在順治九年（1652），上諭國子監云：「所作文字不許妄行刊刻，違者
聽提調官治罪。」〔註6〕

清國子監藏有大量書版，其來源有三：一是武英殿書版；二是明代北京國
子監遺留書版；三是本監所刻書版。清國子監刻了哪些書？據《欽定國子監志》

〔註 6〕《欽定國子監志》卷二。

（乾隆）記載，單是乾隆二年（1737）就刻《御纂周易折衷》版1021面，《御纂性理精義》版420面，《欽定春秋傳說彙纂》版1906面，《欽定詩經傳說彙纂》版1617面，《欽定書經傳說彙纂》版1176面，以上五書版片共計6140面。這些書版都是監臣楊名時請旨據殿版重刻的。國子監主要從事教育工作，刻書是其餘事。在短短的一年中，刻版6000多面，平均每日刻書17面，其刻書之多，於此可見一斑。可惜清國子監所刻其他書版，由於文獻無徵，已經不得而知了。國子監除了新刻書版之外，還對明監遺留版片進行了一些修補工作。康熙二十二年（1683）祭酒王士禎《請修經史刻板疏》云：

> 竊惟列聖道法之傳莫備於經，歷代治亂之跡莫詳於史。古帝王內聖外王之學，不外經史而畢具矣。我皇上聰明天縱，宵旰不遑，猶日御講筵，研精經史，又以刊刻經書講義頒賜諸臣，典學之勤，二帝三王蔑以尚矣。查明代南北兩雍，皆有《十三經注疏》、《二十一史》刻板，今南監版存否完缺，久不可知。惟國學所藏原版莊置御書樓。此版一修於前朝萬曆三十三年，再修於崇禎十二年，自本朝定鼎迄今四十餘載，漫漶殘缺，殆不可讀。所宜及時修補，庶幾事省功倍，伏乞敕下部議，查其急宜修補者，早為鳩工，俾刊缺悉為完書，亦仰裨聖朝文教之一端也。〔註7〕

到《明史》修好後，如其所請，清國子監修補了不少明監殘版。

清國子監對書版的管理相當嚴格，「本監版刻及武英殿寄監存貯版刻均立冊詳識數目。凡書籍刻版之冊，皆鈐以監印。新舊交代則詳驗而悉數之」〔註8〕。夏天天氣熱的時候，及時曝曬書版，以防潮濕發黴。每到年終，都要盤查書版一次，將存缺情況記入檔案，「或歲久書蠹板湖，隨時修補」〔註9〕。康熙二十四年（1685）再次重申監規：「御書樓書籍版片，不時查閱……火燭尤宜小心」〔註10〕。當然，國子監在嚴格管理書版的同時，也鼓勵人們就版刷印，只不過要求愛護版片罷了。

清國子監除了自己刻版、補版外，還有向武英殿提供書稿的任務，據《高宗實錄》卷七十六：

> 乾隆三年九月壬子，大學士等議覆國子監奏稱太學所貯《十三

〔註7〕《欽定國子監志》卷五三。
〔註8〕《欽定國子監志》卷二九。
〔註9〕《欽定國子監志》卷二九。
〔註10〕《欽定國子監志》卷二九。

經注疏》、《二十一史》版片模糊，難以修補，請重加校刻，以垂久
遠，應如所請。令國子監購覓原本各一部，分派編檢等官校閱，交
武英殿繕寫刊刻，即將版片交國子監存貯，以備別印。再國子監奏
有寫本《舊唐書》一部，亦請刊刻，以廣流傳。得旨：版片不必國
子監查辦，著交於莊親王於武英殿御書處等處查辦。

可見，殿版《十三經注疏》、《二十一史》等書的底本均由國子監提供，版片刻
好後，交國子監收藏。

關於清代國子監刻書的其他情況，有待進一步鉤稽。

三、官書局刻書

官書局是清代末期地方官刻的重要代表。它產生於雕版印刷日趨沒落、
新的印刷技術日漸興旺之際，有承前啟後的作用。

官書局的創立

清代官書局創建於何時？況周頤《蕙風叢書・蕙風簃二筆》云：

咸豐十一年八月，曾文正公克復安慶，部署粗定，命莫子偲大
令採訪遺書，商之九弟沅圃方伯刻《王船山遺書》。既復江寧，開書
局於冶城山，延博雅之儒校讎經史，政暇則肩輿經過，談論移時而
去，住南城者有南匯張文虎、海寧李善蘭、唐仁壽、德清戴望、儀
徵劉壽曾、寶應劉恭冕，此江南官書局之椒落也。

這裡，江南官書局即金陵官書局的前身，它是各省官書局中創建最早的一個。
清張文虎《行狀》云：「曾公方刊其先輩王船山先生書，厇局皖垣，即延先生
及儀徵劉伯山先生（毓崧）分任校讎。甲子大軍克江寧，文正公移節之任，先
生與偕，以書局自隨。」〔註11〕由此可知，金陵官書局始創於安慶，後遷至金
陵冶城山。至於金陵書局創建的具體時間，《曾國藩日記》同治五年五月三日
明確記載：「同治二年，沅甫弟捐資，全數刊刻（《王船山遺書》），開局於安慶，
三年移於金陵。」就是說，金陵官書局在安慶開業的時間是同治二年（1863），
遷至金陵的時間是同治三年（1864）。

過去，在金陵書局創建的時間、地點等問題上有不少訛傳，安慶治山之說
便是一例，即認為金陵書局創始於安慶治山。其實，治山應作冶山，冶山地處
金陵，而非安慶。冶山即冶城山之簡稱，其故址在今南京市江寧縣西，本是三

〔註11〕　（清）張文虎：《覆韻集》附件。

國時期孫吳冶鑄之所，有朝天宮等古蹟。張文虎在《覆瓿集‧舒藝室詩存》中曾詳細談到過移局冶山的經過：

> 同治三年初，復金陵，入城訪冶城山朝天宮廢址，見飛霞閣羌棟僅存，戲謂安得修葺為登眺地。其明年官紳議以宮址改建郡學，巴州廖君督其工，稍葺此閣居之，同人屢來遊宴，去秋竣事，廖君請移書局於此。合肥李宮保以為然。今春湘鄉相侯回江督任，尋前議，遂遷焉。

可見書局遷至冶城山是經過曾國藩批准的。在金陵官書局的帶動下，浙江、江西、湖北、安徽、山西、山東、直隸、貴州、雲南、四川、廣東、福建、湖南等地也相繼建立了官書局。朱士嘉《官書局書目彙編‧緣起》指出：「官書局創始於同治，極盛於光緒。」這兩句話是對官書局發展情況的最好總結。

金陵書局和浙江書局

金陵書局刻的第一部書是《王船山遺書》。如上所述，此書始刻於同治二年（1863），用了不到三年的時間，到同治四年（1865）十月刻完。金陵書局一開始就很重視校勘工作，以為「刻書機會實為難得」，「但求校讎之精審，不問成書之遲速」〔註12〕。張文虎、劉毓崧、戴望等「江介名宿分任審閱編校之役」〔註13〕。張文虎，字孟彪（一字嘯山），南匯（今屬上海）人，有《覆瓿集》行世。張氏在去金陵書局之前，為金山錢氏校書凡三十年，《守山閣叢書》、《指海》、《小萬卷樓叢書》等均出自張氏之手。劉毓崧為劉文淇之子，從父受經，著述甚富。劉毓崧及其子劉壽曾都曾在金陵書局工作過，據《清史稿‧儒林傳》：

> 毓崧主金陵書局，為曾國藩所重。毓崧卒後，招壽曾入局中，所刊群籍，多為校定。

除了名儒參與校勘之外，曾國藩還親自出馬，校閱《王船山遺書》中的《禮記章句》四十九卷、《張子正蒙注》九卷、《續通鑑論》三十卷、《宋論》十五卷、《四書易書詩春秋諸經稗疏考異》十四卷，「訂正訛脫百七十」〔註14〕。金陵書局在避諱方面是非常謹慎的，不敢有半點馬虎。《王船山遺書》共332卷，其版式特徵是：左右雙邊、粗黑口、雙魚尾，魚尾中有書名、卷次和頁數。半

〔註12〕張文虎：《覆瓿集續刻‧尺牘‧覆湘鄉相侯》。
〔註13〕金陵書局刻本《重刊船山遺書‧凡例》。
〔註14〕（清）曾國藩：《王船山遺書序》。

頁十行、行二十二字。《王船山遺書》刻印不久，又刻印了《幾何原本》、《西人重學》二書，這兩種書原是張文虎為金山錢氏校刻的，後來毀於兵火，張文虎以這兩種書「尤切於當世之用，請於文正公重援以行」〔註15〕。同治七年（1868），金陵書局還刻印了《五種遺規》，這五種書（即《養正遺規》、《教女遺規》、《訓俗遺規》、《從政遺規》和《在官法戒錄》）。此外，金陵書局還刻印了《十三經讀本》、《老子章義》、《楚辭》、《文選李善注》、《唐人萬首絕句選》、《讀書雜志》、《五言詩》等。

　　浙江書局是同治六年（1867）浙江布政使楊昌濬、按察使王凱泰呈准巡撫馬新貽設立的，書局初設於杭州小營巷報恩寺內，以後局址遞有變遷，該局「選士子有文行者，總而校之，集制艦氏百十人，以寫刊之，議有章程十二條，自丁卯（即同治六）開局，至光緒乙酉（即光緒十一）凡二十年，先後刊刻二百餘種」〔註16〕。其中經部有《御纂七經》、《鄭氏佚書》、《四書集注》、《四書約旨》等；史部有《孔子編年》、《九通》、《入幕須知》、《竹書統箋》、《御批通鑑集覽》、《胡端敏奏議》、《漢書藝文志考證》、《續資治通鑑長編》等；子部有《張氏醫書七種》、《二十二子》、《玉海》等；集部有《沈氏三先生文集》、《古文淵鑒》、《蘇詩編注集成》、《王文成公集》、《箱軒錄》、《唐宋文醇》等。民國二十四年（1935）曾經進行過一次統計，計得浙江書局書版163000片，其中各家捐贈39893片，自刻122000餘片。浙江書局也很重視校勘工作，譚獻、王詒壽、楊文瑩、張大昌、黃以周等著名學者都曾在此任職。著名學者俞樾還曾在此主持工作，總辦浙江書局。〔註17〕

崇文書局與廣雅書局

　　湖北崇文書局於同治六年（1867）六月十五日在武昌候補街正覺寺正式成立，據《湖北通志·宦績傳》：「李瀚章，同治初，再署湖廣總督，旋實任。奏設崇文書局，刊刻經籍。」李瀚章委派張炳坤、胡鳳丹兩名官員到書局主持工作。崇文書局發展很快，不久就擁有十間房子作為刻印、裝訂圖書的作坊，刻書工人多達六七十人。據統計，崇文書局先後刻書250餘種，書版144700片，其中經部有《經典釋文》、《說文解字》、《康熙字典》、《說文義證》、《說文提要》、《小學鉤沉》、《十一經音訓》等；史部有《湖北輿地》、《湖北通志》、《武功縣

〔註15〕　《覆瓿集》附《州判銜侯選訓導張先生行狀》。
〔註16〕　（清）丁申：《武林藏書錄·浙江書局》。
〔註17〕　《清史稿·儒林傳》。

志》、《長江全圖》、《武漢城鎮合圖》、《鄂省全圖》、《吏部則例》、《清會典》、《牧令輯要》、《史通削繁》、《明通鑒》、《十六國春秋》、《稽古錄》等；子部有《子書百家》、《徐氏醫書六種》、《沈氏尊生書》等；集部有《唐四家詩》、《唐宋八大家類選》、《文選》、《文章軌範》、《吳梅村詞》、《精刊太白集》等。崇文書局刻本流佈甚廣，左宗棠在西北任職時，曾專門訂購崇文書局刻本發往西北。不過，崇文書局刻本大多行款密集，字體扁平，墨色不勻，讀起來頗費眼神。張之洞對於崇文書局的發展多所幫助。同治六年（1867），張之洞出任湖北學政，「仿浙之詁經、粵之學海，創建經心書院，擇歲科高等生肄業其中，人文興起，學業臻盛」〔註18〕，為崇文書局發展刻書事業創造了一個良好的社會環境。當時主持崇文書局工作的胡鳳丹與文士往還甚密，多所唱和，張之洞親為其唱和集作序，交崇文書局刊行。另外，張之洞還將科試湖北各府州生員的佳作彙編為《江漢炳靈集》（五集），付崇文書局印行。光緒十五年（1889）張之洞出任湖廣總督，對於崇文書局，的發展更加關心，他指使善後局每月撥銀數千兩，作為崇文書局的刻書經費。光緒十六年（1890）還將前任學政趙尚輔三餘草堂搜集校刊的《湖北歷代名賢著述》版片以白銀4000兩購回，交崇文書局刷印。

廣雅書局建立於清末光緒十二年（1886），茲有張之洞《光緒十三年十月二十五日開設書局刊布經籍摺》為證：「上年（即光緒十二），即經臣之洞捐資設局……將省城內舊機器局重加修葺，以為書局，名曰廣雅書局。」〔註19〕廣雅書局的提調是王秉恩，著名學者屠寄、繆荃孫、廖廷相、陶福祥、王秉恩、黃士陵、王仁俊、葉昌熾等都曾參與校勘工作。廣雅書局先後刻書300多種，其中經書40多種、400餘卷；史部120多種、3500餘卷；子書10多種、40餘卷；集部100多種、1950餘卷。《廣雅叢書》收書159種，影響最大。廣雅書局刻書的版式特點是：半頁11行、行24字，四周單邊，黑口，單魚尾，書口上記書名，下有「廣雅書局刊」數字，書耳記該頁字數，字體長方。

其他書局

除了金陵書局、浙江書局、崇文書局、廣雅書局之外，湖南書局、淮南書局、四川書局、江西書局、山東書局、港文書局、敷文書局、福州書局、貴州書局、雲南書局等也刻了不少書。湖南官書局亦名湘南書局、湖南省城書局。

〔註18〕 《湖北通志·宦績傳》。
〔註19〕 （清）張之洞：《張文襄公奏稿》卷十六。

該局創立於同治十三年（1874），刻過《王船山遺書》、《曾國藩全集》等。光緒十七年（1891），湖南官書局與傳忠書局均附屬於思賢講舍，改稱思賢書局，地址在長沙曾公祠。刻有《漢書補注》、《後漢書集解》、《周禮正義》、《墨子閒詁》、《宋元名家詞》、《皮氏經學叢書》等。淮南書局在揚州，刻有《十三經注疏》、《毛詩注疏》、《四書集注》、《說文解字》、《南北史補志》、《兩淮鹽法志》、《東都事略》、《春秋繁露》、《初唐四傑文集》等。四川書局同治年間創立於成都，又名成都書局，刻有《史記》、《漢書》、《後漢書》、《三國志》等。江西書局同治間創立於南昌，刻有《御纂七經》、《重刊宋本十三經注疏》、《五朝紀事本末》、《御纂醫宗金鑒》、《王荊公詩注》、《黃文節公正集》等。山東書局設在濟南，刻有《十三經讀本》、《通德遺書所見錄》、《農政全書》等。濬文書局設在太原，是山西省的地方官書局，刻有《十三經讀本》等。敷文書局是安徽省的地方官書局，刻書情況不詳。另外，還有直隸書局，該局於光緒七年（1881）由天津知縣勞乃宣奏准成立，由於經費無著，沒有刻什麼書，後來乾脆變成專事發行圖書的部門，出售商務印書館、文明書局、李光明莊等印製的圖書。

書局之間的合作

為了縮短出書週期，書局之間還通力合作，刻印大部頭書。例如金陵、淮南、江蘇、浙江、崇文等五個書局曾聯合刻印《二十四史》。其中金陵書局刻《史記》、《漢書》、《後漢書》、《三國志》、《晉書》、《宋書》、《南齊書》、《梁書》、《陳書》、《魏書》、《北齊書》、《周書》、《南史》、《北史》等14種；淮南書局刻《隋書》一種；江蘇書局刻《遼史》、《金史》、《元史》3種；浙江書局刻《舊唐書》、《新唐書》、《宋史》3種；崇文書局刻《舊五代史》、《新五代史》、《明史》3種。局本《二十四史》的版式大同小異：左右雙邊（只有崇文書局所刻3種是四周雙邊），白口，單魚尾，半頁十二行、行二十五字。金陵書局刻14史，每卷首末二頁書口魚尾下有「汲古閣」三字並「毛氏正本」方印、卷末有「金陵書局仿汲古閣本刊」長方篆文木記。淮南書局刻《隋書》，每卷首頁書口魚尾下有「揚州書局仿汲古閣刊」長方篆文木記。崇文書局刻《新五代史》，每卷首頁書口魚尾下有「汲古閣毛氏正本」雙行小字。諸局所刻其他各書的所有書口均無「汲古閣毛氏正本」字樣，卷末亦無長方篆文木記。這說明五個書局在刻印《二十四史》之前，預先商定了版式行款的統一問題，允許各書局在刻印過程中有所變通，並不強求一律。為了擴大發行渠道，書局之間還建立了

圖書代銷業務。社會有關單位也經常為各地書局提供圖書展銷場所。為了降低成本，便民購買，各書局還刻印了不少袖珍本。

總而言之，官書局是清末地方官刻的主要代表。局本之中，經史居多，子書次之，詩文較少。為了擴大發行量，也刻印了不少定價低廉的普及讀物。因為官書局去今未遠，很多局本至今完整地保藏在圖書館裏。據《中國叢書綜錄》所著錄的 41 個收藏單位統計，現存的局本叢書就有 40 餘部。

四、清代家刻本

清代前期，官方大規模地組織編書和刻書，對民間刻書產生了深遠的影響，刻書成為一件功德無量的事業，稍具條件者，皆躍躍欲試。清代考據學的發達，使人們清醒地認識到圖書版本的重要，於是學者爭先刻書，力糾誤本弊病。清代私人藏書之盛，使刻書成為宣揚善本、交換圖書、補充藏書的重要手段。清代家刻的代表人物有周亮工、朱彝尊、徐乾學、黃叔琳、盧見曾、盧文弨、袁枚、鮑廷博、吳騫、孫星衍、張敦仁、張海鵬、黃丕烈、阮元、梁章鉅、孔繼涵、秦恩復、金山錢氏、蔣光煦、伍崇曜、汪士鍾、胡克家、繆荃孫、王先謙、劉喜海、黎庶昌、葉德輝、羅振玉等人。下面重點介紹一下周亮工、鮑廷博、張海鵬、黃丕烈、金山錢氏、伍崇曜、繆荃孫、王先謙、葉德輝、羅振玉等人的刻書情況。

周亮工（1612～1672），字元亮，號棟園，河南祥符（今開封市）人。明崇禎進士，授監察御史。仕清後，任戶部右侍郎等職，曾被劾下獄，有《賴古堂集》、《書影》、《讀畫錄》、《印人傳》等。周亮工是清代家刻的先驅人物，刻有《天中四君子集》、《黃漢臣集》、《王王屋文集》、《盛此公文集》、《馬元御賦》、《中左史宮詞》等。周亮工一生「大要有三善：一曰篤故舊，二曰獎人才，三曰搜遺佚」〔註20〕。在刻書方面也是如此，所謂「篤故舊」，就是千方百計刊行親朋故友的有價值的著作。其友王於一為「一時文人傑士」，「交遊半天下」，然死日「囊無一錢，至不辦棺殮」，遑論刻書。周亮工不負亡友，多方籌資，刊行《王於一遺稿》〔註21〕。其友黃漢臣於彌留之際，「以大集見屬」，周亮工慨然肩負刻書之任，還寫了一篇《追報亡友黃漢臣書》〔註22〕。所謂「獎人才」，就是千方百計刊行曠世之才的著作。例如王王屋少挺傑，姿名滿天下，中州之士

〔註20〕（清）周亮工：《賴古堂集》附《墓誌銘》。
〔註21〕（清）周亮工：《賴古堂集・王於一遺稿序》。
〔註22〕（清）周亮工：《賴古堂集・追報亡友黃漢臣書》。

皆震懾，周亮工雖未交王屋，而悲王屋抱才而厄，因刻《王王屋文集》。所謂
搜遺佚，就是千方百計網羅放失，刊行遺稿，例如南陵盛於斯（字此公）著述
甚豐，惜多不傳，周亮公專門派人到盛家抄其遺書，盛母含著淚說：「兒著書咸
為人竊去，惟存詩若干。老年人坐則懸之肘，臥則枕之。老年人不即填溝壑者，
憐吾兒並數寸之書亦不傳耳，今且託之周君。」〔註23〕周亮工刻的許多書都是
在明末清初戰火紛飛的社會環境中完成的，對於文化典籍的流傳作出了貢獻。
然而，周亮工對於自著自刻之書卻非常審慎，其死前竟然將生平自著自刻之書
板全部銷毀，劉聲木《萇楚齋續筆》卷七云：

> 國朝閩縣周棟園侍郎亮工，生平撰述宏富，久已陸續刊行。忽
> 於卒之前一年，歲逢辛亥，一夕盡取《賴古堂文集》、《詩集》、《印
> 人傳》、《讀畫錄》、《閩小記》、《字觸》、《尺牘》、《書影》等百餘種
> 自撰書板，悉行自毀。此見於雍正三年重刊《書影》其子在延序中，
> 可稱怪事。

鮑廷博（1728～1814），字以文，號源飲，安徽歙縣人，後僑居杭州，著
名藏書家。鮑氏精於鑒賞，「每一過目，即能記其某卷某頁某訛字，有持書來
問者，凡某書美惡，所在意旨，所存見於某代某家目錄，經幾家收藏，幾次抄
刻，真偽若何，校誤如何，無不矢口而出，按之歷歷不爽」〔註24〕。鮑氏築室
貯書，取《禮記》中「學然後知不足」之語，名其齋曰「知不足齋」。鮑氏從
乾隆三十四年（1769）始刻《知不足齋叢書》，到嘉慶十九年（1814）鮑氏去
世為止，共刻 27 集。其子繼承遺志，完成未竟之業，至道光初年又刻 3 集。
經過兩代人五十年的艱苦努力，總共刻印 30 集、207 種、780 卷。《知不足齋
叢書》是以精善著稱的大型綜合性叢書，無論在形式上，還是在內容上都在古
代書林中獨樹一幟，大放異彩。

張海鵬（1775～1816），字若雲，號子瑜，江蘇常熟人，著名藏書家。張
氏精研經學，並以製艇自任，他說：

> 藏書不如讀書，讀書不如刻書。讀書只以為己，刻書可以澤人，
> 上以壽作者之精神，下以惠後來之沾漑，其道不更廣耶？〔註25〕

張氏生活簡樸，然在刻書方面卻不遺餘力，所刻《學津討原》、《墨海金壺》、

〔註23〕（清）周亮工：《賴古堂集·盛此公傳》。
〔註24〕《清史列傳·鮑廷博》。
〔註25〕《藏書紀事詩》卷六。

《借月山房匯鈔》三大叢書，共計 442 種、2058 卷。《學津討源》多收有關經義實學、朝章典故、遺聞軼事之書，間及書畫譜錄，去取頗為審慎。《墨海金壺》廣搜四部，博採九流。《借月山房匯鈔》專收明清兩朝著述，「論必雅而不俚，事必信而可考，言必實而可施〔註26〕。此外，張海鵬還刻有《太平御覽》等書。

黃丕烈（1763～1825），字紹武（一作紹圃），號蕘圃、蕘夫、復翁等。江蘇吳縣人。一生無意仕進，不喜聲色犬馬，一意藏書、讀書、校書和刻書。據《士禮居刊行書目》著錄，黃氏刻有《國語》、《汲古閣書目》、《國策》、《博物志》、《季滄葦書目》、《百宋一廛賦》、《梁公九諫》、《焦氏易林》、《宣和遺事》、《輿地廣記》、《藏書紀要》、《論語音義》、《儀禮》、《汪本隸釋刊誤》、《船山詩草選》、《周禮》、《洪氏集驗方》、《夏小正》、《傷寒總病論》、《同人唱和集》等20 種書。黃氏刻書慎選底本，以宋本作為底本的有《國語》、《國策》、《宣和遺事》、《輿地廣記》、《儀禮》、《洪氏集驗方》和《夏小正》7 種；以影宋本作為底本的有《三經音義》、《傷寒總病論》和《博物志》3 種；以稿本作為底本的有《季滄葦書目》、《百宋一廛賦》、《汪本隸釋刊誤》和《同人唱和集》4 種。晚出之本，只要刻得好，同樣可以作為底本，例如《周禮》即據明嘉靖本刻印，黃氏《周禮》重刻序云：

> 舊藏嘉靖本字大悅目，頗宜老眼，末有經注字數，其出宋本無疑。仿此開雕，行款悉遵，而幅式稍狹於經注。訛舛之字，悉校宋刻正之，董本（即宋董氏集古堂本）為主，此外參以家藏之岳本、蜀大字本，又借諸家之小字本、互注本、校余氏本，集腋成裘，以期美備。至於嘉靖本之獨勝於各本者，其佳處不敢以他本易之，存其舊也。此刻係校宋本，非覆宋本，故改字特多，然必注明以何本改定，非妄作也。若字之可疑者仍之，而於校語中標出字缺疑之義也。刊成之日，附校語一卷，以俟讀是書者取證焉。嘉慶戊寅孟冬。

由此可見，黃氏刻書態度之嚴謹。開雕之前，網羅眾本參校，集腋成裘，以期美備；開雕之中，絕不妄改古書，字之可疑者仍之，缺疑之義附於卷末校語中。

金山錢氏是刻書世家。錢氏從乾隆三十六年（1771）開始刻書，一直刻到光緒年間。其刻書時間之長、刻書數量之多，在清代家刻中是首屆一指的。錢

〔註26〕《借月山房匯抄·自序》。

氏刻書著名者有錢樹本、錢樹芝、錢樹堂、錢熙祚、錢熙載、錢熙輔、錢培益、
錢培名、錢潤道、錢潤功等。其中錢樹本刻有《左傳》、《公羊傳》、《穀梁傳》、
《國語》、《國策》等；錢樹堂、錢樹立刻有《經餘必讀》、《醉經樓經驗良方》
等；錢樹芝刻有《溫熱病指南集》等；錢熙祚刻有《守山閣叢書》、《指海》、
《珠叢別錄》等；錢熙彥、錢熙載刻有《元詩選》、《元史類編》等；錢熙輔刻
有《藝海珠塵》、《壬癸集》等；錢培名刻有《小萬卷樓叢書》等；錢潤道、錢
潤功刻有《錢氏家刻書目》等。

　　伍崇曜，字紫垣，南海人。其父經商，為南海巨富，這是伍崇曜從事刻書
活動的經濟基礎。另外，著名學者譚瑩寄食門下，是伍崇曜從事刻書活動的學
術基礎，據清陳康祺《郎潛紀聞初筆》卷十四：

　　　　（伍氏）近刻《粵雅堂叢書》百八十種，校讎精審，中多秘本，
　　幾與琴川之毛、鄔鎮之鮑，有如驂靳。每書卷尾必有題跋，皆南海
　　譚玉生舍人瑩手筆，間亦嫁名伍氏崇曜。蓋伍為高貲富人，購書付
　　雕，成籍其力，故讓以己作云。頃閱《南海縣志》，知伍氏所刻書尚
　　有《嶺南遺書》六十二種、《粵東十三家詩》、《楚庭耆舊集》七十二
　　卷，覆影刊元本王象之《輿地紀勝》，皆舍人為之排訂。編璠載貝，
　　闡滯揚幽，賢主嘉賓，可謂相得益彰矣。

繆荃孫刻的書有《雲自在龕叢書》5 集 36 種、《對雨樓叢書》5 種、《藕香零
拾》39 種、《煙畫東堂小品》24 種等〔註27〕。田洪都《藝風堂藏書再續記序》
云：「（繆荃孫）一生與刻書為緣，孤稿秘籍，多賴流佈，廣人見聞，裨益文化
之功，可謂至鉅。」除自刻書外，還為姚彥侍校刻過《咫進齋叢書》，為盛宣
懷校刻過《常州先哲遺書》和《續刻常州先哲遺書》。繆氏晚年還為劉聚卿、
劉翰怡、張石銘等編刻過叢書。

　　王先謙（1842～1917），字益吾，號葵園，湖南長沙人。同治進士，歷官
編修、國子監祭酒、江蘇學政等職，著有《漢書補注》、《荀子集解》、《尚書孔
傳參正》、《後漢書集解》、《莊子集解》、《日本源流考》等。刻有《東華錄》、
《東華續錄》、《魏鄭公諫錄》、《文貞年譜》、《文貞故事拾遺》、《新舊唐書合
注》、《郡齋讀書志》、《天祿琳琅書目》、《皇清經解續編》、《南菁書院叢書》、
《十家四六文鈔》、《六家詞選》、《世說新語》、《鹽鐵論》、《合校水經注》、《漢
書補注》、《後漢書集解》、《駢文類纂》、《日本源流考》、《律賦類纂》、《虛受堂

─────────────

〔註27〕王海剛：《繆荃孫文獻學研究》，2005 年武漢大學碩士學位論文。

文集》等。以上各書或王氏所自著，或王氏所自校，或以著者稿本作為底本付刻，或以舊本作為底本付刻，質量也是比較好的。

葉德輝（1864～1927），字煥彬，號直山（一號郎園），湖南長沙人。葉氏熱心古書的收藏和校勘工作，是清末著名的藏書家和版本學家。著有《觀古堂藏書目》、《藏書十約》、《書林清話》等。張之洞《書目答問・勸刻書說》云：

> 凡有力好事之人，若自揣德業學問不足過人，而欲求不朽者，莫如刊布古書一法。但刻書必須不惜重費，延聘通人，甄擇秘籍，詳校精雕（刻書不擇佳惡，書佳而不讎校，猶糜費也），其書終古不廢，則刻書之人終古不泯，如歙之鮑、吳之黃、南海之伍、金山之錢，可決其五百年中必不泯滅，豈不勝於自著書、自刻集者乎？且刻書者，傳先哲之精蘊，啟後學之困蒙，亦利濟之先務，積善之雅談也。

葉氏非常贊同這番議論，他在《書林清話》一開篇就引用了這段話，並身體力行。據有關資料統計，葉氏刻書多達 160 餘種。由於他精研版本，尤重刻印書目著作，《觀古堂書目叢刊》匯輯了包括《南雍志・經籍考》、《萬卷堂書目》、《古今書刻》在內的 15 種書目。《郎園讀書志》是葉德輝藏書題跋的匯輯。

羅振玉（1866～1940），字叔言，號雪堂，浙江上虞人。辛亥革命後，勾結日本帝國主義，圖謀復辟。後又積極參與製造偽滿洲國的漢奸活動。羅氏從事甲骨文的收集和研究工作，有《殷墟書契前編》、《殷墟書契後編》等著作。羅氏刻印書籍甚多。宣統二年（1910）刻《玉簡齋叢書》22 種，宣統三年（1911）刻《宸翰樓叢書》5 種。民國時期，羅氏影印有《永慕園叢書》、《雲窗叢刊》、《吉石庵叢書》、《鳴沙石室古籍叢殘》、《嘉草軒叢書》；石印有《七經堪叢刊》、《百爵齋叢刊》等；排印有《雪堂叢刊》、《貞松老人遺稿》等。

以上 10 位出版家僅是清代家刻的代表。

五、北京琉璃廠招書及其他

> 細雨無塵駕小車，廠橋東畔晚行徐。
>
> 奚童私向典夫語，莫典春衣又買書。

這是清人潘際雲寫的一首詩〔註 28〕。清代文人客居北京，無不往遊琉璃廠訪書。王士禎、孫星衍、黃丕烈、李慈銘、張文虎、葉昌熾、繆荃孫等都在琉璃廠留下他們的足跡。琉璃廠在北京南城，本名海王村。明清兩代在此設窯

〔註28〕孫殿起：《琉璃廠小志・概述》。

燒製琉璃磚瓦，供營建宮殿、王公邸舍之用。從明代開始，琉璃廠即有書市出現，書市至清而大盛，據孫殿起《琉璃廠小志·概述》：

> 琉璃廠書市發展時期，當在乾隆三十八年四庫開館之日起。當時參與工作者多係翰詹中人，且多寓居宣南，而琉璃廠地點適中，與文士所居密邇，又小有林泉，可供簽賞，故為文人學士所常至，書市乃應其需要而設。

除了書市貿易之外，不少書坊還從事刻書活動。

清代琉璃廠計有文光樓、富文堂、晉華書局、文盛堂、同善堂、善成堂、文匯閣、近文齋、三槐堂、半松居士、文明齋、二酉齋、懷文堂、龍威閣、正文齋、九經閣、有益堂、希古堂、奎文堂、文道堂、寶經堂、宏文堂、藜光閣、純華閣、書業堂、修本堂、酉山堂、玉生堂、來鹿堂、鑒古堂、文遠堂、文瀾堂、榮祿堂、松筠閣、榮錦書屋、文寶堂、文華堂、宏道堂、宏遠堂、文貴堂、榮華堂、修文堂、文友堂、多文堂、翰文堂、古芬閣、書業公司、龍文閣、會文齋刻書鋪、龍雲齋刻字鋪、聚魁堂、五柳居等書肆120餘家。其中富文堂、文盛堂、善成堂、近文齋、半松居士、二酉齋、龍威閣、正文齋、有益堂、奎文堂、寶經堂、藜光閣、書業堂、酉山堂、來鹿堂、鑒古堂、文瀾堂、榮祿堂、榮錦書屋、文寶堂、宏道堂、文貴堂、榮華堂、文友堂、翰文齋、書業公司、會文齋刻字鋪、龍雲齋刻字鋪、文富堂、聚魁堂、五柳居等30餘家書肆都在清代刻過書。

富文堂（亦名雙峰書屋）主人饒玉成，字新泉，撫州人，咸同間設肆於廠東門內路北。刻有《皇明經世文編》、《餘墨偶談》、《十三經注疏》、《全唐詩》、《寶繪錄》、《昭明文選》等。

文盛堂主人王氏，江西人，光緒間設肆於廠西門外。刻有《關帝事蹟徵信編》、《元龍雜字》、《六部成語》等。

善成堂主人湯樣瑟，道光間設肆於廠東門內路南。門口有大字廣告和對聯，廣告云：「內藏各省新舊書籍，照行發兌。」對聯云：「善言善行，其則不遠；成己成物，斯文在茲。」該堂於諸肆之中刻書最多，計有《監本書經》、《唐詩三百首補注》、《說唐前傳》、《徐氏十二種》、《證道秘書十種》、《第一才子書》、《古文辭類纂》、《南北宋志傳》、《詩義折衷》、《幼學故事瓊林》、《本草原始》等49種。〔註29〕

〔註29〕孫殿起、雷夢水：《記廠肆坊刊本書籍》，載《琉璃廠小志·書肆變遷記》。

近文齋主人不詳，道光九年（1829）刻《產科四十三症》。

半松居士姓氏不詳，刻《貳臣傳》、《南疆繹史勘本》等。另有木活字本《明季南略》、《明季北略》等。

二酉齋主人徐春祐，江西人，光緒四年（1878）設肆於廠東門內路南，刻《鑒撮》等。

龍威閣主人李氏，江西人，咸豐間在廠設肆，刻《北徼彙編》等，另有木活字本《小腆紀年附考》。

正文齋主人譚錫慶，字篤生，河北冀縣人，光緒二十五年（1899）開肆於文昌會館，刻《長安獲古編》等。

有益堂主人鄧存仁，字峻山，河北束鹿人，光緒二十五年（1899）在廠設肆，刻《匯刻書目》、《五方元音》、《兒女英雄傳》等。

奎文堂主人魏清彬，字文甫，河北冀縣人，光緒間在廠設肆，刻《客窗閒話》正續集。

寶經堂主人程永年，河北冀縣人，光緒間在廠設肆，刻《繡像第一才子書》等。

藜光閣主人姓氏不詳，江西人。咸豐間設肆於廠東門內。刻有《三字經注解備要》、《百家姓考略》、《千字文釋義》等。

書業堂主人崔貞禮和韓均。崔貞禮，字玉峰，山西長治人；韓均，字重恒，河北深縣人。同治間在廠設肆，刻《景德鎮陶錄》等。

酉山堂主人李澎，字月潭，河北冀縣人，光緒間在廠設肆，刻《十五家妙契同岑集謎選》等。

來鹿堂主人王永田，河北深縣人，咸豐間在廠設肆，刻《平易方》、《太上感應篇圖說》、《芥子園詩經》等。

鑒古堂主人韋氏，湖州人。何時設肆於廠，時間未詳。刻有《輯宋詩鈔》等書。

文瀾堂主人孫占喜，光緒間在廠設肆，刻《東塾讀書記》等。

榮祿堂主人丁福毓，字蘊卿，河北束鹿人，光緒十年（1884）在廠設肆，刻《朝市叢載》、《洗冤錄詳議》、《經略洪承疇奏對記》、《奏摺譜》、《庸吏庸言》、《都門紀略》等。

榮錦書屋主人不詳，刻《滿洲名臣傳》、《欽定宗室王公功績表傳》、《漢名臣傳》等。

文寶堂主人曹氏，江西人，同治間在廠設肆，刻《字法舉一歌》等。

宏道堂主人程存立，字書屏，河北冀縣人，光緒間在廠設肆，刻《笠翁對韻千家詩》等。

文貴堂主人魏顯泰，字履庵，河北冀縣人，光緒間在廠設肆，刻《御批歷代通鑒輯覽》等。

榮華堂主人張瑞亭，天津寶坻人，光緒間在廠設肆。刻《圓通廣禪師語錄》等。

文友堂主人孫占良（字殿臣）和孫占雲（字宇翹），河北冀縣人，光緒八年（1882）在廠設肆，刻《吉金志存》、《宸垣識略》、《古今集聯》、《明詩紀事》、《中國藝術家徵略》、《太平廣記》等。

翰文齋主人韓俊華，字星垣，河北衡水人，光緒十二年（1886）在廠設肆。刻《元遺山先生全集》、《潘刻五種》、《貸園叢書初集十二種》、《樊川全集》、《清秘述聞》、《墨緣匯觀計法書》、《士禮居藏書題跋記》、《百宋一廛賦注》、《欽定蒙古源流》、《思補齋筆記》、《恩福堂筆記》等。

書業公司主人劉學江（字子涵）和祁書山（字西峰），河北衡水縣人。光緒三十二年（1906）在廠設肆，刻《冬心先生集》等。

會文齋刻字鋪主人不詳，刻《陰駕文圖說》等。

龍雲齋刻字鋪主人不詳，刻《太上感應篇圖說》等。

聚魁堂主人不詳，設肆於廠西門外南柳巷，以刻印《連鎮跑》、《紅旗掌》、《頭本康有為進書》、《查抄康有為》、《紅燈照歎十聲》等小唱本為業，內容多與時事有關，這些唱本用極為粗糙的毛邊紙刷印，每本僅三五頁。

五柳居主人陶正祥，字庭學，江蘇吳縣人，乾隆時設肆於琉璃廠路北。刻有《十三經注》、《太玄經集注》等。

以上是清代琉璃廠書肆刻書的大概情況。這些書肆除刻經史著作之外，尤重字書、醫書、通俗小說等民間常用書籍的刻印。這些書發行量大，經濟效益顯著。不少書肆主人精通版本目錄之學，據《琉璃廠小志·概述·海王村人物》：

> 至書肆主人，於目錄之學，尤終身習之者也。光緒初，寶森堂
> 之李雨亭、善成堂之饒某，其後又有李蘭甫、譚篤生諸人，言及各
> 朝書版、書式、著者、刻者，歷歷如數家珍，士大夫萬不能及焉。

乾嘉以來，琉璃廠書肆多由江西人經營，代之而起的是河北南宮、冀縣一帶的人。除了琉璃廠之外，清代北京隆福寺等處的著名書肆還有同立堂、聚珍堂、

寶書堂、三槐堂、明經堂、帶經堂、文奎堂、文元堂、鏡古堂、文成堂、老二酉堂等。其中聚珍堂、寶書堂、文成堂、老二酉堂等也出版了不少圖書。聚珍堂主人劉英烈，字魁武，河北束鹿人，以擺印木活字本著稱於世，根據孫殿起、雷夢水《記廠肆坊刊本書籍》記載，該堂擺印的木活字本有《王希廉評紅樓夢》、《紅樓夢影》、《兒女英雄傳》、《御製悅心集》、《想當然耳》、《三俠五義》、《文虎》、《濟公傳》、《聊齋誌異拾遺》、《蟋蟀譜》等。此外，該堂還刻印有《孫子兵法》、《幼學瓊林》、《書經》、《御製翻譯四書》、《清語摘抄》、《初學必讀》、《四書章句》、《經樓夢賦》、《滿文聖諭廣訓》等。寶書堂主人李蘭芳，字香林，河北冀縣人，刻有《蒙古游牧記》等書。文成堂主人高致平，字均亭，河北深縣人，刻有《牛馬經》、《新注韻對千家詩》、《龍文鞭影》、《唐詩三百首注釋》、《繡像升仙傳》、《監本易經》、《監本書經》、《小學集注》、《監本詩經》、《四書備旨》等。老二酉堂主人陳氏，河北束鹿人，刻有《四書章句》、《說岳全傳》等書。

總而言之，北京作為清代都城，不僅是全國政治、經濟的中心，而且也是全國的文化中心，琉璃廠等處書肆刻書就是一個例證。

六、清代刻書的特點

綜觀清代刻書情況，其刻書特點如下：

第一，就刻書時間而言，前期比較發達，康雍乾三朝刻書最多。清代後期，尤其是在石印技術傳入中國以後，雕版印刷步入日暮窮途，不少書坊主要從事書業貿易活動，刻書乃其餘事。

第二，就刻書地區而言，和明代一樣，分布地區較廣，通都大邑，無不刻書。但比較而言，北京和江浙地區刻書最多。北京為清代都城，中央官刻都在這裡進行。清代中期以後，琉璃廠的坊刻也比較發達。江浙地區文化基礎較好，藏書家大多兼事刻書，不少學者仍然把刻書視為不朽之盛事。位於江浙地區的南京為江南一大刻書中心，全國各地的書商常年在這裡販書。在南京眾多書坊之中，欒大、李光明莊尤其著名。欒大，坊名檀園，世居金陵，刻書世家。家中多藏宋本，世罕傳本，雖密親至友，不肯借觀。還藏有內廷供奉曲譜秘本，「半載之間，或購或寫，鄴架所貯，幾及萬卷。所召抄胥者，日凡三百人，一城幾為之空」〔註30〕。李光明，字椿峰，號曉星樵人，室名何陋居，刻書 167

〔註30〕 （清）王韜：《松濱瑣語》卷三，《筆記小說大觀》本。

種。所刻各書版心下有「李光明莊」四字，書首或冠廣告文字，書末或附刻書目錄。另外，東昌、四堡刻書也比較發達，東昌即今山東聊城地區，下屬聊城、堂邑、博平、往平、清平、莘、冠、恩、館陶、高唐十縣，自元代以後，東昌為南北漕運要衝，地理位置比較重要。東昌刻工也有到外地謀生的，例如北京文成堂刻《四書備旨》，《大學》等書就是由東昌府堂邑縣刻工楊金雄雕版的。四堡地處閩西山區的連城縣，毗鄰長汀、清流、寧化，是明末清初全國刻書中心之一。可考的清代書坊有梅園、敬業堂、文海樓、萬竹樓等 40 多個大書坊和 100 多個小書坊。四堡刻書有兩大特點：一是規模大、數量多。可考圖書 900 多種，暢銷 13 省，150 個縣市，可考書商 629 人。二是注意版權。每年正月初一，各個書坊通告自刻新書，表示「版權所有」，其他書坊不得重刻，只能租版刷印。直到今天，四堡書坊的建築仍然鱗次櫛比，是我國古代雕版印刷碩果僅存的聖地之一，已經列為全國重點文物保護單位。〔註31〕

　　第三，就刻本內容而言，叢書較多。《中國叢書綜錄》著錄的 2797 種叢書中，清代叢書占絕大多數。現存歷代郡邑叢書 152 種，清代有 74 種；現存歷代族姓叢書 228 種，清代有 131 種；現存歷代數學叢書 27 種，清代有 24 種。清初叢書往往彙集短書小品，例如《水邊林下》收書 59 種，每種各一卷；《檀几叢書》以「東壁圖書府，西園翰墨林」為序，分為十帙，所收各書均一卷；《昭代叢書》收集 90 種，每種各一卷。曹溶輯《學海類編》810 卷，一反清初叢書的舊制，始向博大發展。該書分經翼、史參、子類、集餘四個大類，集余又分行詣、事功、文詞、記述、考據、藝能、保攝、遊覽等八個小類，收書 441 種，每書不再限於一卷，所收《韻語陽秋》和《夢梁錄》多達 20 卷。規模博大的叢書還有《通志堂經解》、《皇清經解》、《學津討源》、《墨海金壺》、《玉函山房輯佚書》、《藝海珠塵》等。清人匯刻叢書主旨各異：或以匯輯罕見之書為宗旨，例如鮑廷博《知不足齋叢書》所收 207 種書多海內異書，每書均為足本，校勘也比較精審，在清代影響很大，後有高承勳輯《續知不足齋叢書》、佚名輯《仿知不足齋叢書》、鮑廷爵輯《後知不足齋叢書》等。顧修輯《讀畫齋叢書》專收《知不足齋叢書》未收之書，體例全仿鮑氏。金忠淳輯《硯雲甲乙編》50 卷，所收 16 種書大多是流傳較少的寫本。或以匯刻宋元善本為宗旨，黎庶昌輯《古逸叢書》186 卷，所收 27 種書亦多古本逸編。郁松年輯《宜稼

〔註31〕吳世燈：《清代福建四堡刻書業調查報告》，見《中國出版史料》（古代部分）
　　　　第二卷。

堂叢書》255 卷，所收 12 種書皆元明舊本，世不多見。或以校讎精審為宗旨，這類叢書多由著名學者校勘，例如盧見曾輯《雅雨堂叢書》由惠棟校勘；吳騫輯《拜經樓叢書》由江聲校勘；畢沅輯《經訓堂叢書》由孫星衍等校勘；孫星衍輯《平津館叢書》由顧廣圻校勘；錢熙祚輯《守山閣叢書》由張文虎等校勘。除了叢書之外，為了科舉的需要，民間刻印舉業著作也很多。一些號稱「選家」的文人墨客動輒為人選批書籍，其書泛濫成災。

第四，就刻本形式而言，左右雙邊多，白口多。不少刻本都有書名頁，書名頁正中刻大字書名，右上小字刻著者姓名，左下小字刻藏版者或刻印者，這為鑒定版本提供了方便。另外，清代寫刻本較多，王獻唐先生指出：

> 書刻以名人寫抄上版者，亦濫觴於宋，如蘇書陶詩、魏書渠陽詩，輾轉模刻，今世尚存一二。清代此風尤盛，大抵亦分數支：一以秀整圓潤為歸，如《午亭文編》、《庚子銷夏記》、《岳雪樓書畫錄》等是也；一則不拘行草，不計行格，散髻科簪，自成馨逸，如板橋詩文集，冬心詩集，山舟、喬梓合書之唱和詩等是也；一則篤志復古，亦篆亦隸，如江艮庭注《尚書》、阮釋王復齋鐘鼎款識等是也。〔註32〕

清代名家寫版已成風氣，傳世者不一而足。至於清代刻本前後字體的變化，紙張、裝訂、諱字等，請參閱第三編第十章各節。

〔註32〕《雙行精舍書跋輯存・為政忠告》，齊魯書社 1983 年版。